거 래 명 세 서 (공급자 보관용)

T:(031)910-6169

발행일			거래구분	위탁 / 251210-3
2025 년 12 월 10 일			합계부수	PAGE
			1	1/1

	등록번호	107-86-78730
공급자	상호	(주)라닝스페이스(미팩북스,지엠사이,PLQ)
	대표자	최용호
	주소	인천시 미추홀구 인하로298번길 273층
	전화번호	02)857-4877
	팩스번호	02)857-4871

(주)교보(물류)

합계금액 **16,100**

코드	도서명	부수	정가	%	금액	비고
000022	네트워크흐름문서-넷플로우활용	1	23,000	70	16,100	
	======= 이하여백 =======					

	합계	1			16,100	검수

비고

※ 반품은 : 서울지역 - 컴팩크로드북 · 홀김낙개 · 지방 - 드림낙개 모든 전일(교양영업소)도 해 주세요

주 소 : 경기도 고양시 일산동구 동국로 245번길 111
대 표 : 031-975-3013 팩 스 : (031)975-3037

✦ 창고관리대행전문 ✦ 출판물 배본 유통
✦ 전국 24시간 내 배송

거 래 명 세 서

(공급받는자 보관용)

등록번호	107-86-78730		
상호	(주)랜덤스페이스(미팩북스,치명시 E,PLQ)	대표자	최용훈
주소	인천시 미추홀구 인하로298번길 27 3층		
전화번호	02)857-4877	팩스번호	02)857-4871

T.031)910-6169

발행일	년	월	일	거래구분	합계금액
2025		12	10	일반/세금계산서 2531210-3AGE	16,100

파주)교보(물류)

코드	도 서 명	부수	정가	%	금액	비고
0000022	내트워크홈즈부서 넷플로우활용	1	23,000	70	16,100	
	====== 이하여백 ======					

| 합 계 | | 1 | | 합계 | 16,100 | 인수 |

※ 반품 메모

주 소 : 경기도 고양시 일산동구 동국로 245번길 111
대 표 : 031-975-3013   팩스 : (031)975-3037

※ 반품메모 서울지역 – 경파크로드북/휠경남개 · 지방 – 드림날개 또는 철원(고양영업소)로 해 주세요

✚ 창고관리대행전문 ✚ 출판물 배본 유통
✚ 전국 24시간 내 배송

네트워크 흐름 분석

넷플로우 활용

마이클 W. 루카스 지음
최용호 옮김

네트워크 흐름 분석 - 넷플로우 활용

저　자 I 마이클 W. 루카스
옮긴이 I 최용호
펴낸이 I 최용호

펴낸곳 I (주)러닝스페이스
디자인 I 최인섭, 박지숙
주　소 I 서울 서대문구 연희동 340-18, B1-13호
전　화 I 02-857-4877
팩　스 I 02-6442-4871

초판발행 I 2013년 11월 7일
등록번호 I 제 12609 호
등록일자 I 2008년 11월 14일
홈페이지 I www.bpanbooks.com
전자우편 I book@bpanbooks.com

이 도서의 저작권은 (주)러닝스페이스에 있으며 일부 혹은 전체 내용을
무단복제하는 것은 저작권법에 저촉됩니다.

값 23,000원
ISBN 978-89-94797-10-6 (13000)
비팬북스는 (주)러닝스페이스의 출판부문 사업부입니다.

이 도서의 국립중앙도서관 출판시도서목록(CIP)은 서지정보유통지원시스템 홈페이지(http://seoji.nl.go.kr)와 국가자료공동목록시스템(http://www.nl.go.kr/kolisnet)에서 이용하실 수 있습니다.(CIP제어번호: CIP2013021680)

Network Flow Analysis by Michael W. Lucas
Copyright ⓒ 2010 by Michael W. Lucas. Title of English-Language original: Network Flow Analysis, ISBN 978-1-59327-203-6, published by No Starch Press. Korean-language edition copyright ⓒ 2013 by Learning Space Co. Ltd. All rights reserved.

이 책의 한국어 판 저작권은 대니홍 에이전시를 통한 저작권사와의 독점 계약으로 러닝스페이스에 있습니다. 신저작권법에 의해 한국내에서 보호를 받는 저작물이므로 무단전재와 복제를 금합니다.

네트워크 흐름 분석

넷플로우 활용

마이클 W. 루카스 지음
최용호 옮김

목차

서론   13

네트워크 관리와 네트워크 매니지먼트 15
네트워크 관리 툴 16
    MRTG, Cricket, Cacti 16
    RTG 17
    Nagios와 Big Brother 17
    CiscoWorks와 OpenView 17
해결책은 무엇인가? 18
이 책을 읽기 위해 갖추어야 할 사전 지식 19
이 책에서 배울 내용 20

역자 서문   23

1장 흐름 기초   25

흐름이 무엇인가? 26
흐름 시스템 아키텍처 27
네트워크 흐름의 역사 29
    넷플로우 버전 29
        넷플로우 버전 1 29
        넷플로우 버전 5 29
        넷플로우 버전 7 30
        넷플로우 버전 8 30
        넷플로우 버전 9 30
    넷플로우 경쟁 30
    최신 표준 31
실제 세계에서 흐름 31
    ICMP 흐름 32
    UDP 흐름 33

TCP 흐름 34
다른 프로토콜들 36
흐름 내보내기와 타임아웃 36
흐름의 패킷 샘플링 38

2장 콜렉터와 센서   39

콜렉터 고려사항 39
   운영체제 39
   시스템 자원 40
센서 고려사항 40
   위치 41
      인터넷 보더 41
      이더넷 코어 41
   원격 시설 42
   사설 네트워크 세그먼트와 DMZ 43
콜렉터 구현 43
flow-tools 설치 44
   패키지에서 설치 44
   소스에서 설치 44
flow-capture 실행 46
   부팅 시 flow-capture 시작 47
콜렉터의 개수 48
콜렉터 로그 파일 48
콜렉터 트러블슈팅 49
하드웨어 흐름 센서 설정 50
   시스코 라우터 51
   시스코 스위치 51
   주니퍼 라우터 53
소프트웨어 흐름 센서 설정 54
   센서 서버 하드웨어 셋업 54
   네트워크 셋업 55
   센서 서버 셋업 56
   콜렉터에서 센서 실행 57
센서: softflowd 57
   softflowd 실행 58
   softflowd 보기 59
      추적된 흐름 보기 59
      흐름 통계 보기 60

3장 흐름 보기   65

flow-print 사용 65
    프로토콜 이름과 포트 이름 출력 68
    공통 프로토콜과 포트 번호 할당 69
    흐름 레코드 헤더 정보 보기: -p 플래그 70
    와이드 터미널에 출력 70
flow-print 형식 설정: -f 플래그 71
    -f 0 형식: 인터페이스와 포트를 16진수로 보기 71
    -f 1 형식: 시간, 플래그, 16진수 포트가 있는 2라인 72
    BGP 정보 출력 74
    와이드 스크린 표시 74
    IP 어카운팅 형식 75
TCP 제어 비트와 흐름 레코드 76
ICMP 타입 및 코드와 흐름 레코드 79
    ICMP 타입과 코드 79
    흐름과 ICMP 세부 사항 80

4장 흐름 필터링   83

필터 기초 84
    공통 원형 84
    조건과 원형으로 간단한 필터 만들기 86
    필터 사용 87
유용한 원형들 88
    프로토콜 원형, 포트 원형, 제어 비트 원형 88
        IP 프로토콜 원형 88
        포트 번호 원형 89
        TCP 제어 비트 원형 90
        ICMP 타입 원형과 ICMP 코드 원형 91
    IP 주소 원형과 서브넷 원형 92
        IP 주소 92
        서브넷 원형 92
    시간 원형, 카운터 원형, 더블 원형 93
        원형의 비교 연산자 93
        시간 원형 94
        카운터 원형 95
        더블 원형 96
    인터페이스 원형과 BGP 원형 96
        SNMP를 사용해서 인터페이스 번호 파악 97
        인터페이스 번호 원형 98

AS 원형	99
필터 일치문	99
프로토콜, 포트, 제어 비트	100
네트워크 프로토콜 필터	100
출발지 포트 필터와 목적지 포트 필터	100
TCP 제어 비트 필터	101
ICMP 타입과 코드 필터	101
주소와 서브넷	102
센서나 익스포터에 의한 필터링	103
시간 필터	103
클리핑 레벨	104
옥텟 필터, 패킷 필터, 지속 시간 필터	104
pps 필터와 bps 필터	105
BGP 필터와 라우팅 필터	105
AS 번호 필터	105
넥스트 홉 주소 필터	106
인터페이스 필터	106
다수의 필터 사용	107
필터 정의의 논리적 연산자	108
논리적 or 연산자	108
필터 도치	109
필터와 변수	111
변수로 처리되는 필터 사용	111
변수로 처리되는 필터 정의	112
변수 생성	113

5장 보고서 생성 및 분석　115

기본 보고서	116
타이밍과 합계	117
패킷 크기 분포	118
흐름당 패킷	119
각 흐름의 옥텟	119
흐름 시간 분포	120
기본 보고서 수정	120
변수 사용: TYPE	121
변수 사용: SORT	122
보고서에서 개별 흐름 분석	123
보고서 사용자 정의	125
필드 선택	125
헤더, 호스트명, 백분율 표시	126

보고서를 HTML로 제시 128
유용한 보고서 종류 128
  IP 주소 보고서 128
    가장 많은 데이터 교환: ip-address 128
    수신자별 흐름: ip-destination-address 129
    연결이 가장 많이 일어난 출발지: ip-source-address-destination-count 129
    연결이 가장 많이 일어난 목적지: ip-destination-address-source-count 130
  네트워크 프로토콜 보고서와 포트 보고서 130
    사용된 포트: ip-port 131
    흐름의 최초 출발지: ip-source-port 131
    흐름 종료: ip-destination-port 132
    개별 연결: ip-source/destination-port 132
    네트워크 프로토콜: ip-protocol 133
  트래픽 크기 보고서 134
    패킷 크기: packet-size 134
    흐름당 바이트: octets 134
    흐름당 패킷: packets 135
  트래픽 속도 보고서 135
    패킷 세기: pps 136
    특정 시간의 트래픽: linear-interpolated-flows-octets-packets 136
  라우팅, 인터페이스, 넥스트 홉 138
    인터페이스와 흐름 데이터 138
    첫 번째 인터페이스: input-interface 138
    마지막 인터페이스: output-interface 139
    처리량 메트릭스: input/output-interface 140
    넥스트 홉 주소: ip-next-hop-address 141
    트래픽의 출처: ip-source-address/output-interface 141
    트래픽의 행선지: ip-destination-address/input-interface ... 142
    다른 주소와 인터페이스 보고서 143
  센서 출력 보고서 143
  BGP 보고서 144
    AS 정보 사용 144
    트래픽의 시작 네트워크: source-as 144
    목적지 네트워크: destination-as 145
    BGP 보고서와 사용하기 편한 이름 146
보고서 사용자 정의 147
  사용자 정의 보고서: 리셋만 있는 흐름 148
    보고서 형식과 출력 149
    행 제거 150
    보고서에 필터 적용 150
    stat-report와 stat-definition 결합 151

다른 보고서 사용자 정의 152
　샘플링 규모 조정 152
　stat-report 문의 필터 153
　BGP 라우팅별로 보고 153
보고서 외양 사용자 정의 155
　flow-rptfmt 옵션 155
　CSV를 파일로 보내기 156
　직접 출력에 시간 사용 156
　정렬 순서 지정 157
　결과 자르기 158
　다른 출력 옵션 158
　설정 대체 파일 159

6장 Perl, FlowScan, Cflow.pm　161

Cflow.pm 설치 162
　Cflow.pm 테스트 162
　운영체제 패키지에서 설치 163
　소스에서 설치 163
　소스에서 설치 실패 시 해결 방안 163
flowdumper와 전체 흐름 정보 164
FlowScan과 CUFlow 165
FlowScan 선수 조건 166
FlowScan과 CUFlow 설치 166
　FlowScan 사용자, 그룹, 데이터 디렉토리 167
　FlowSacn 스타트업 스크립트 168
　FlowScan 설정 169
　CUFlow 설정: CUFlow.cf 170
　　Subnet 문 170
　　Network 문 170
　　OutputDir 문 171
　　Scoreboard 문 171
　　AggregateScore 문 172
　　Router 문 172
　　Service 문 172
　　Protocol 문 173
　　AS 문 173
　로테이션 프로그램과 flow-capture 174
　FlowScan 실행 175
　FlowScan 파일 처리 176
　CUFlow 그래프 표시 176

흐름 레코드 나누기와 CUFlow 178
　흐름 나누기 179
　흐름 레코드 나누기 스크립팅 179
　필터링된 CUFlow와 디렉토리 셋업 180
Cflow.pm 사용 181
　Cflow.pm 스크립트 샘플 182
　Cflow.pm 변수 182
　Cflow.pm 내보내기 184
　모든 파일에 작용 186
　반환 값 187
　Verbose 모드 187

7장 FlowViewer 189

FlowTracker 및 FlowGrapher 대 CUFlow 190
FlowViewer 보안 190
FlowViewer 설치 191
　선수 조건 191
　FlowViewer 설치 과정 191
FlowViewer 설정 192
　디렉토리와 사이트 경로 193
　웹 사이트 셋업 195
　디바이스와 익스포터 196
　　센서당 한 개의 콜렉터 196
　　모든 센서에 하나의 콜렉터 197
　FlowViewer 스위트 트러블슈팅 197
FlowViewer 사용 197
　흐름 필터링: FlowViewer 이용 198
　　Device 필드 198
　　Next Hop IP 필드 198
　　Start Date 필드, End Date 필드, Start Time 필드, End Time 필드 199
　　TOS Field 필드, TCP Flag 필드, Protocol 필드 199
　　Source IP 필드와 Dest IP 필드 199
　　Source Interface 필드와 Dest Interface 필드 199
　　Source Port 필드, Dest Port 필드, Source AS 필드, Dest AS 필드 200
　리포팅 매개변수 200
　　Include Flow If 필드 200
　　Sort Field 필드, Resolve Addresses 필드, Oct Conv 필드, Sampling Multip. 필드 200
　　파이 차트 201
　　잘라내기 201
　　출력 보고서 202

통계 보고서	202
FlowGrapher	203
FlowGrapher 셋팅	203
Detail Lines 필드	204
Graph Width 필드	204
Sample Time 필드	204
Graph Type 필드	204
FlowGrapher 출력	205
FlowTracker	205
FlowTracker 프로세스	206
FlowTracker 설정 값	206
Tracking Set Label 필드	207
Tracking Type 필드	207
Sampling Multiplier 필드	207
Alert Threshold 필드	207
Alert Frequency 필드	207
Alert Destination 필드	207
General Comment 필드	208
트래커 보기	208
그룹 트래커	208
인터페이스 이름과 FlowViewer	210

8장 특별한 흐름 시각화 213

gnuplot 101	214
gnuplot 시작	214
gnuplot 설정 파일	216
시계열 예: 대역폭	217
총 대역폭 보고서	217
흐름 필터링: 총 트래픽 얻기	218
타깃 그래프	219
첫 번째 그래프	220
그래프 표시 방법 변경	224
클리핑 레벨	225
그래프를 파일로 출력	226
작업 내용 저장	227
단방향 대역폭 보고서	227
흐름 필터링: 단방향 트래픽	227
단방향 그래프 생성	228
인바운드 트래픽과 아웃바운드 트래픽 결합	229
데이터 파일 준비	229

두 그래프를 동시에 표시 230
그래프 생성 자동화 233
그래프 비교 235
    데이터 정규화 235
    시간 척도 236

9장 기타 툴 및 흐름 분석 활용 239

넷플로우 v9 239
    flowd 설치 240
    flowd 설정 240
    flowd 데이터를 flow-tools 형식으로 변환 241
sFlow 243
    sFlow 내보내기 설정: sflowenable 활용 243
    sFlow를 넷플로우로 변환 244
흐름 데이터를 이용해서 문제 해결 245
    문제를 일으키는 소프트웨어 찾기 245
        끊어진 연결 필터 246
        리셋 점검 246
        오류가 발생한 연결 점검 248
    웜 식별 250
    정상적이지 않은 주소로 가는 트래픽 252
    존재하지 않는 호스트로 가는 트래픽 253
저자 후기 254

찾아보기 256

서론

글로벌 MPLS 메시에 400곳의 사업장이 연결된 네트워크를 관리하는 네트워크 관리자든, 세 대의 컴퓨터와 한 대의 프린터로 구성된 네트워크를 맡고 있는 네트워크 관리자든, 모든 네트워크 관리자에게는 한 가지 강렬한 소망이 있다. 그것은 다름 아닌 '사용자가 불만 없이 입을 다물고 있는 것'이다.

네트워크에 대해 '뭐라 하는 것'은 쉽다. 네트워크는 모든 곳에 널려 있다. 기업들은 '네트워크가 완벽하게 돌아간다'는 가정을 하고, 그에 맞추어 모든 의사결정을 내린다. 어떤 사용자가 다른 나라의 파일 서버에 있는 900MB 엑셀 스프레드시트를 열 수 없는가? 네트워크 문제다. 회사의 웹 사이트가 느린가? 이것도 네트워크 문제다. 33.6Kbps 모뎀을 쓰는 어떤 사용자가 적절한 응답 속도를 얻지 못하는가? 이것 역시, 네트워크 문제다. 일반 사용자는 대역폭 비용, 대륙 사이를 연결하는 광섬유의 물리 계층, 빛의 속도 같은 것에 신경 쓰지 않는다. 사용자들이 원하는 것은 '네트워크가 그들의 생각대로 작동하는 것'이다.

네트워크의 이런 문제는 네트워크의 상태를 실제로 볼 수 없는 특징에 의해 악화된다. 라우터와 스위치는 블랙박스다. 이런 네트워크는 케이블에 의해 연결된다. 전통적으로 서버는 네트워크 장비보다 훨씬 더 많은 로그와 보고서를 남긴다. 시스템 어드민은 서버 프로세스의 오류 시점을 알리는 스크립트를 작성하며, 오류 상황을 해결하려는 시도를 한다. 그러나 네트워크를 모니터링하거나 수리하는 장비를 갖추고 있는 네트워크 관리자는 극소수다. 네트워크 장비에 저장되어 있는 정보로는 기껏해야 최근 몇 분 동안의 상황만 알 수 있다. 사용자가 오류를 알려오면 많은 시스템 관리자는 로그를 점검하고 나서, "나는 문제가 없습니다. 분명히 네트워크에 오류가 있는 것입니다."라고 이야기할 것이다. 좀 더 섬세한 네트워크 관리자는 MRTG, CiscoWorks, OpenView 같은 트래픽 측정 툴을 갖추고 있지만, 이런 툴들은 네트워크에 문제가 없다는 것을 입증하지 못한다. 이들 툴은 네트워크에 어떤 문제가 있는지 혹은 무엇이 부족한지를 보고서로 보여주기만 한다. 스위치의 업링크 포트에 연결된 매체에 오류가 있어 보인다는 내용만으로는 그것이 TCP/IP 오류인지 방화벽 문제인지 전혀 알 수 없다. 이렇게 로그 정보가 빈약하면 네트워크 탓으로 돌리기가 매우 쉬우며, 문제의 원인을 입증하기도 어렵다.

요즈음, 네트워크 어드민network administrator은 일반적으로 정규 자격이나 훈련 과정을 밟지 않는다. 네트워크를 관리하기 위해 전산학 학위가 필요한 시절은 오래 전의 일이 되었다. 네트워크 어드민 자격증의 존재 이유는 시스템 어드민을 위해서일 때가 더 많다. 특정 운영체제 벤더에서 만든 네트워크 어드민 자격증을 취득한 어드민은 네트워크 자체에 대한 인증을 받은 것이 아니다. 해당 운영체제가 네트워크에 제공하는 서비스에 대한 인증을 받은 것이다. 예를 들어, 마이크로소프트 DHCP 서버 자격증을 따기 위해 공부하면 네트워킹에 관해 조금 배우기는 하지만 마이크로소프트의 DHCP 서버에 관해 훨씬 더 많이 배운다. 네트워크 서비스 관리는 유용한 스킬로서 여러분에게 많은 도움이 된다. 그러나 네트워크 서비스를 관리하는 것은 최하위 레벨의 네트워크를 관리하는 것과 같지 않다. 네트워크 어드민이 되기 위한 공부는 매우 어렵다.

이런 현실은 애석한 일이다. 왜냐하면 네트워크 어드민은 조직에서 강력한 역할을 요구할 수 있기 때문이다. 네트워크 어드민은 거의 모든 기술적인 이슈를 해결하는 일에 도움을 줄 수 있다. 네트워크 어드민은 조직에서 자신을 매우 유용하고, 없어서는 안 되고, 대체할 수 없는 구성원으로 만들 수 있다. 툴을 마스터하고, 프로토콜을 이해하고, 자신의 대단한 가치를 스스로 낮추려는 본능적인 시도를 자제한다면 회사가 없어지지 않는 이상 네트워크 어드민은 해고되지 않는다.

일부 네트워크 어드민은 이런 사실을 이해하고 있으며, 조직의 누군가를 도울 준비를 항상 하고 있다. 사용자나 시스템 어드민이 문제를 제기하면 네트워크 어드민은 패킷 분석기를 돌리거나 방화벽 로그를 분석해서 제기된 문제를 파악한다. 이렇게 할 수 있다는 것은 사실 대단한 일이다.

어제 혹은 지난 주 혹은 작년에 네트워크에 무슨 일이 있었는지 알려주는 툴이 있다면 어떨까? 네트워크 어드민은 서버와 하드웨어가 변경되었을 때 네트워크가 어떤 영향을 받을 것인지 명확하게 파악할 수 있어야 한다. 시스템 어드민이 새로 설치한 서버가 전송한 것이 위조 트래픽이라는 사실을 시스템 어드민에게 확실하게 말할 수 있다고 가정하자. 확실한 증거도 있다고 가정하자. 그렇다면, 여러분은 네트워크 문제라고 주장하는 시스템 어드민이나 다른 사람들에게 "그 문제는 네트워크 문제가 아니었다"라고 주장할 수 있다. 기존 장비를 이용해서 이와 같은 일을 처리할 수 있을까?

네트워크 흐름 분석을 활용하면 그런 작업을 할 수 있다. 네트워크 문제라고 매도하는 사용자 앞에서 침묵을 지키지 않을 수 있다. 흐름 분석을 이용하면 네트워크에 문제가 일어나기 전에 문제를 파악할 수 있다. 사람들의 질문에 명확하고, 단호하고, 권위 있게 답할 수 있다. 사람들이 무턱대고 네트워크를 비난하는 일을 더 이상 겪지 않아도 된다. 무슨 일이 일어났는지 더 이상 생각만 하고 있지 않을 것이므로 여러분의 업무 스트레스도 줄어들 것이다. 흐름을 분석하면 무슨 일이 일어났는지 알기 때문이다.

이 책을 읽고 나면, 네트워크 어드민은 유닉스 계열 운영체제에서 흐름 기반 네트워크 관리 시스템을 구축할 수 있다. 비용은 들지 않으며, 무료 소프트웨어와 기존의 네트워크 하드웨어를 이용한다.

네트워크 관리와 네트워크 매니지먼트

네트워크 관리와 네트워크 매니지먼트의 차이점은 무엇인가? 네트워크 관리network administration에는 하드웨어를 설정하고, 기술 지원을 위한 전화 업무를 처리하고, 케이블을 관리하는 일이 들어간다. 네트워크 매니지먼트network management에는 네트워크에 관한 의사결정 업무가 들어간다. 네트워크 매니저는 일반적으로 네트워크 어드민에서 시작하기 때문에 네트워크 어드민 업무를 볼 수 있는 능력을 갖추고 있지만 네트워크 매니저의 기술적인 지식은 경영상의 의사결정에 주로 활용된다.

직책을 바꾸려면 경영진이 허락해야 하지만 모든 네트워크 어드민은 네트워크 매니저의 업무를 볼 수도 있다. 네트워크 어드민, 즉 여러분은 장비를 책임지고 있으며, 일부 전산 자원에 접근할 수 있다. 여러분이 업무를 보는데 있어서 가장 어려운 투자는 여러분의 시간일 것이다. 여러분이 사실을 기반으로 사람들에게 응대하고 진단하기 시작하면 사람들은 변화를 감지한다. 시간이 지나면서 경영진은 네트워크에 관한 의사결정을 할 때 여러분을 참여시키기 시작할 것이고, 심지어 비즈니스 프로세스에 관해서도 여러분의 조언을 구하기 시작할 것이다. 이렇게 되면 여러분의 명함에 어떤 직책이 새겨져 있는지에 상관없이 여러분이 사실상의 네트워크 매니저 역할을 맡게 된다.

네트워크 관리 툴

네트워크 관리 시스템에 대해서 꽤 의기양양한 주장을 펼치는 경우가 있다. 특히 기존의 네트워크 관리 시스템에 익숙하면 그 정도가 더 심하다. 많은 사람들은 자신이 운영하는 광대한 네트워크 관리 시스템에 대해 자부심을 보인다. 이번 절에서는 인기 있는 무료 및 유료 네트워크 관리 툴을 몇 가지 살펴보고, 이들 툴이 얼마나 잘 맞는지 살펴보고, 이들 툴에서 흐름 분석을 얼마나 개선할 수 있는지를 확인한다.

MRTG, Cricket, Cacti

MRTG, Cricket, Cacti는 네트워크 인터페이스를 지나가는 네트워크 트래픽의 그래프를 생성하기 위해 SNMP를 사용하고, 결과를 고정된 크기의 데이터베이스에 저장한다. 네트워크를 관리하려면 특정 시간에 얼마나 많은 트래픽이 지나가는지를 꼭 알아야 하며, 이를 위해서 필자도 이들 툴을 많이 이용한다. 고정된 크기의 데이터베이스를 이용하면 네트워크 관리에 대해 많이 걱정하지 않아도 된다. 왜냐하면 고정된 크기의 데이터베이스는 셋업이 쉬우며, 유용한 정보를 신속하게 만들기도 용이하다.

회선이 꽉 찼다는 사실을 알면 연결 속도가 왜 느린지를 설명할 수 있다. 그러나 그 다음에 이어질 질문인 "회선이 무슨 트래픽으로 가득 찼는가?"라는 물음에는 어떻게 답을 해야 하는가? MRTG 스타일의 툴은 이 질문에 대한 답을 주지 못한다. 또한 MRTG 스타일의 툴은 일반적으로 5분 평균 트래픽을 이용한다. 마지막으로, 이들 툴은 히스토리 데이터를 오랜 시간 동안의 평균 데이터로 압축한다. 6개월 전에 일어난 트래픽의 세부 사항을 알고 싶으면 이들 툴을 재설정하거나 다른 툴을 이용해야 한다.

RTG

MRTG 스타일 툴들과 같이 RTG도 장치 인터페이스를 지나는 네트워크 트래픽을 측정하기 위해 SNMP를 사용하고, 데이터를 그래프로 표시한다. MRTG 계열 툴들과 달리 RTG는 훨씬 더 짧은 간격 동안에 일어난 트래픽을 측정하고, 개별 결과를 데이터베이스에 저장한다. RTG는 트래픽 혼잡 상황을 훨씬 더 자세히 보여준다. 1분 동안 네트워크 인터페이스에서 트래픽이 어떻게 바뀌는지 알고 싶으면 RTG가 적절하다. 또한 히스토리 데이터를 자세히 비교할 수도 있다.

데이터베이스가 있다는 것은 데이터베이스에 관해 무언가를 알아야 하고, 데이터베이스가 디스크 공간도 계속 차지해 나간다는 것을 의미한다. 또한 RTG는 트래픽의 내용을 보여주지는 못하며, 트래픽이 얼마나 많이 있는지만 알려준다. RTG는 MRTG 스타일의 툴이 안고 있는 한 가지 문제를 해결하지만 다른 문제들을 해결하지는 못한다.

Nagios와 Big Brother

트래픽 양 측정에 머무르지 않고 한 발 더 나아가서 네트워크의 건강 정도를 점검할 필요가 있다. 이 작업에 Nagios나 Big Brother 같은 무료 소프트웨어는 매우 유용하다. Nagios나 Big Brother를 이용하면 스위치의 이중 전원 공급 장치에 문제가 생길 때, 어떤 포트에서 CRC 에러가 일어날 때, 스위치가 자체적으로 재부팅할 때 경고 메시지를 받을 수 있다. 네트워크 신뢰성을 유지하려면 이런 정보가 있어야 한다는 점에서 Nagios나 Big Brother는 유용하다.

하드웨어가 제대로 운용되고 있다는 것을 아는 일은 중요하다. 그러나 스위치가 정확하게 운용되고 있다고 해서 스위치를 지나가는 트래픽에 문제가 없다고 장담할 수는 없다. 제대로 돌아가는 스위치나 트래픽이 실제로는 이상한 트래픽을 전송할 수 있으며, 그런 트래픽이 신뢰할 수 있다고 판단할 수도 있다.

CiscoWorks와 OpenView

상용 네트워크 관리 제품들도 있다. 이들 제품은 깔끔한 외양을 갖춘 툴 킷으로서 단순한 네트워크에 맞추어 만들어졌다. 이들 툴은 사람들의 마음을 끌기에 충분하다. 사용하기에도 쉬워 보인다. 그러나 이들 툴은 라우터에서 데스크톱에 이르기까지 전체 전산 인프라를 제어하는 용도로 만들어져 있으며, 실제 환경에서 이들 제품을 배치하는 작업은 대개 실패로 끝난다.

그리고 여러분이 원하는 방식으로 작동되도록 이들 소프트웨어 스위트를 셋업하다 보면 흐름 분석 시스템을 자체적으로 구축하는 것만큼 많은 작업을 하고 있다는 사실을 발견하게 된다. 그리고 결정적으로, 매우 많은 비용이 들어가지만 비용 대비 나오는 결과는 경영진을 만족시키기 어렵다.

해결책은 무엇인가?

앞에서 본 바로는 툴이 적절하기 않거나 비싸거나, 아니면 적절하지 않으면서 비싸기만 하다. 이 상황을 어떻게 벗어날 수 있는가? 여러분은 네트워크를 지나가는 트래픽을 기록하고 있다는 점에서 해결의 실마리를 찾을 수 있다.

트래픽을 모두 기록하라고 하면 그것은 분명히 어려운 주문이다. 다행히도, 네트워크 트랜잭션의 모든 내용을 기록하지 않아도 된다. 잠깐 동안, 네트워크 어드민의 임무를 생각해보자. 네트워크 어드민에게는 여러 가지 임무가 있으며, DNS나 DHCP 같은 네트워크 서비스를 제공하는 것도 네트워크 어드민이 해야 할 일이다. 이외에 프록시 서버에 필요한 데이터도 제공해야 하고, 월요일 아침마다 침입탐지시스템에서 아마추어 해커도 차단해야 한다. 일단, 이런 고차원적인 서비스를 제외하고, 네트워크의 기본에 대해 생각해보자.

네트워크의 주된 존재 목적은 한 호스트에서 다른 호스트로 트래픽을 나르는 일이다. 그렇다, 네트워크 어드민은 네트워크의 한 호스트에서 다른 호스트로 트래픽이 가게 만들면 된다.

여러분의 회사에서 여러분이 유일한 IT 요원으로서, 회사에서 발생하는 모든 IT 문제를 책임져야 할 수 있다. 그러나 대부분의 경우에 네트워크 어드민은 시스템 어드민, 데이터베이스 어드민, 헬프 데스크, 기타 IT 전문가와 함께 협업한다. 그런 경우에 네트워크 어드민의 책임은 패킷을 적절한 방법으로 전송하는 것이다. 패킷이 성공적으로 전송되면 네트워크 어드민은 책임을 완수한 셈이다.

패킷이 목적지에 도착했고 목적지에서 수락했다는 것을 입증할 수 있으면 동료와의 관계를 완전히 바꿀 수 있다. 여러분은 증거를 가지고 있기 때문이다. 무언가 일이 잘못되었을 때 네트워크가 비난의 대상이 되는 상황에서 벗어날 수 있다. 물론 일부 오류는 여러분의 책임일 수 있다. 그러나 상당수의 오류의 원인은 네트워크가 아닌 다른 곳에 있으며, 여러분은 문제의 출처가 어디인지를 주장할 수 있다.

여러분의 주장을 펼치기 위해서 트래픽을 모두 기록할 필요는 없다. 호스트들 사이의 네트워크 통신이 성공적으로 이루어졌다는 것을 증명만 하면 된다. 예를 들어서, 어떤 사용자가 내부 웹 서버의 페이지를 표시할 수 없는 경우에, 해당 사용자의 데스크톱과 서버 사이에서 이루어진 네트워크 연결의 내용을 모두 기록하지 않아도 된다. 클라이언트와 서버 사이에서 네트워크 대화가 일어났고, 클라이언트와 서버 사이에서 데이터가 전송되었고, 네트워크단에서 대화가 오류 없이 정상적으로 종료되었다는 것을 입증하는 기록만 있으면 된다. 대화의 모든 이미지나 텍스트를 기록하지 않아도 된다. 그것은 네트워크 어드민의 책임이 아니다. 네트워크가 클라이언트와 서버 사이에서 웹 트래픽을 전송했다는 사실을 입증하면 네트워크가 제대로 돌아간 것이 된다.

이 책을 읽기 위해 갖추어야 할 사전 지식

flow-tools는 흐름 관리 및 분석을 위한 표준 툴 킷으로서 사용 비용이 들지 않는다. 흐름 관리용 툴이 많이 있지만 flow-tools는 가장 많은 곳에서 가장 오랫동안 사용되고 있다. 많은 사람들은 flow-tools를 기반으로 다양한 흐름 분석 인터페이스들을 작성했으며, 이 책에서 일부 인터페이스를 다룬다.

flow-tools는 리눅스, 오픈솔라리스, 다양한 BSD, AIX 같은 상용 OS를 포함하는 유닉스 계열 시스템용으로 개발되었다. 필자의 레퍼런스 플랫폼은 FreeBSD이며, 이 책의 모든 내용은 리눅스에서 돌아간다. 일반적이지 않은 고유한 플랫폼에서는 flow-tools의 사용에 몇 가지 어려움이 있을 수도 있다. 이 책에서는 흐름 관리 툴의 명령어들을 예로 제시하지만 슈퍼유저 권한을 불러오거나 파일 시스템을 관리하는 방법 등을 미리 알고 있어야 한다.

이 책에 나오는 일부 소프트웨어에서 Perl을 사용한다. 그렇다고 해서 Perl을 직접 작성할 필요는 없고, Perl 스크립트를 편집해서 여러분의 회사명이나 IP 주소를 변수 값으로 지정할 수 있을 정도면 된다. 일부 흐름 소프트웨어에는 특별한 Perl 코드가 요구되며, Perl에 능숙한 독자를 위해서 관련 내용도 일부 다룬다.

flow-tools를 이용해서 특수한 흐름 데이터 보고서를 만들어야 하며, 그래프 생성 프로그램이 있어야 한다. 이 책에서는 gnuplot을 설명한다. 데스크톱에 X 서버가 설치되어 있으면 gnuplot을 가장 편안하게 이용할 수 있지만 X 서버 설치가 필수 요건은 아니다.

이외에, flow-tools를 사용하려면 유닉스 에포크 시간epoch time을 이해하고 있어야 한다. 에포크 시간은 1970년 1월 1일 00:00:00부터 1초에 1씩 더한 숫자를 시간으로 환산한 것으로서, 표준시각대는 UTC다. 모든 웹 사이트는 에포크 초를 날짜로 변환하는 기능을 제공한다. 명령어 라인에서 date 명령어를 이용해서 에포크 초를 날짜로 변환할 수 있다. 실제 구문은 유닉스 운영체제마다 조금씩 다르므로 사용하는 운영체제의 매뉴얼을 확인한다.

시간과 관련해서 네트워크 시간이 정확하면 네트워크 관리 능력이 향상된다. 따라서 NTPNetwork Time Protocol를 설치할 것을 권고한다. 네트워크에 사용하는 시간 원천을 권위 있는 곳으로 정한다. 서버 로그의 타임스탬프가 네트워크 트래픽 레코드의 타임스탬프와 일치하면 분석이 한결 더 쉬워진다.

흐름에 BGP 정보가 들어 있을 수 있다. 필자는 이 책에서 BGP 데이터의 관리 방법을 설명한다. 그러나 설명을 할 때 독자 여러분이 BGP에 관해 최소한의 지식을 갖추고 있다고 가정한다. BGP를 사용하지 않으면 흐름 데이터에 BGP 데이터가 포함되지 않는다. 그리고 BGP를 사용하지 않으면 BGP 설명 부분을 읽지 말고 그냥 넘어가도 된다.

마지막으로, 네트워킹을 기본적으로 이해해야 한다. 아마도 이 책을 읽으려고 한다면 네트워킹 기본 지식을 갖추고 있을 것이다. 또한 이 책을 읽으면서 흐름 관리 시스템을 한번 구축하면 네트워킹 지식도 한층 더 늘어나 있을 것이다.

이 책에서 배울 내용

흐름 정보를 가지고 네트워크를 관리할 수 있으려면 흐름이 어떤 작용을 하고, 데이터가 어디에서 오고, 데이터가 어떻게 수집 및 처리되는지를 알아야 한다. 그리고 흐름 기반 관리의 강점과 한계를 알아야 한다. 이것을 1장에서 소개한다.

많은 라우터와 스위치가 흐름 내보내기 작업을 할 수 있다. 흐름을 내보낼 때 하드웨어는 흐름 데이터를 추적하고, 추적한 데이터를 관리 시스템으로 전송한다. 하드웨어가 흐름을 내보내기할 수 없다면 소프트웨어를 이용해서 흐름을 내보내기할 수 있다. 2장에서는 흐름 내보내기의 기본 특징을 설명하고, 하드웨어와 소프트웨어에서 흐름 내보내기 기능을 설정하는 방법을 설명한다. 또한 업계 표준인 flow-tools 소프트웨어 패키지를 이용해서 여러 네트워크 장비에서 흐름 레코드를 수집하는 방법도 설명한다.

3장에서는 수집한 흐름 레코드를 보는 방법을 가르친다. 흐름 레코드에는 매우 많은 정보가 들어 있으며, 여러분에게 맞는 보기 형식을 선택하면 필요한 내용을 더 잘 분석할 수 있다.

흐름 레코드에는 네트워크를 지나가는 모든 트래픽이 포함된다. 그러나 그 중에서 한 회선이나 한 호스트를 지나가는 트래픽처럼 특정 정보에만 관심이 있을 수 있다. 4장에서는 관심 있는 데이터만 보여주기 위해 흐름을 필터링하는 방법을 설명한다.

어떤 때에는, 개별 흐름보다 흐름 데이터의 합계 정보로 보고서를 작성하는 일에 더 관심이 있을 수 있다. 가장 많은 트래픽을 전송하는 호스트는 어느 것인가? 네트워크에서 가장 인기 있는 UDP 포트는 어느 것인가? 어떤 호스트가 다른 호스트에 가장 많이 연결하는가? flow-tools를 이용하면 다양한 보고서를 만들 수 있으며, 5장에서는 이에 대해 살펴본다.

네트워크 트래픽을 시각적으로 표현하는 일이 중요하다. 다시 말해서, 흐름 데이터를 그래프 형식으로 표현할 필요가 있다. 6장에서는 트래픽 상태를 그래프로 표현하는 웹 기반 소프트웨어인 FlowScan을 설명한다. 그리고 FlowScan 작성에 사용된 Perl 모듈인 Cflow.pm도 다루며, 이를 이용해서 여러분 자신의 흐름 분석 소프트웨어를 작성할 수도 있다.

FlowScan이 일반 사용자에게 필요한 기능을 많이 지원하지만, 관리자 입장에서는 더 강력한 툴이 필요하다. 7장에서 다루는 FlowViwer를 이용하면 트래픽을 더 자세히 분석할 수 있다.

웹 기반 소프트웨어를 이용하면 네트워크 상태를 시각적으로 표현하는 작업을 다양하게 할 수 있기는 하지만 시각적인 표현을 자동화하고 특수한 데이터를 그래프로 만드는 일에는 부족하다. 지난주나 지난해와 비교해서 어떤 날의 트래픽을 보여주는 그래프가 필요할 수 있다. 8장에서는 gnuplot을 이용해서 흐름 데이터를 다양한 그래프로 표현하는 방법을 설명한다.

마지막으로, 9장에서는 흐름 수집 사례를 몇 가지 논의하고, 네트워크를 개선하기 위해서 흐름 레코드를 어떻게 활용할 수 있는지를 설명한다.

역자 서문

최근 들어서 빅 데이터가 화두로 떠오르고 있는 시점에 벤더들은 이와 관련된 통합 솔루션을 많이 내 놓고 있다. 그런 통합 솔루션에 넷플로우가 기본으로 탑재되고 있다는 것은 그 만큼 네트워크 흐름을 분석하는 일 역시 네트워크 어드민이나 보안 엔지니어의 중요한 일이 되었다는 것을 의미한다.

네트워크 흐름을 분석해서 흐름 레코드 정보를 가지고 있다는 것은 호스트들이 서로 통신을 했는지, 이 통신이 언제 어떻게 일어났는지를 안다는 것이다. 즉, 요약된 연결 정보를 한 눈에 파악할 수 있다는 것이다.

패킷 전체가 아니라 흐름 정보만 알면 한계가 있다고 생각할 수 있다. 그러나 최근의 빅 데이터 환경에서 전체적인 흐름을 아는 일은 더 중요하다. 왜냐하면 흐름을 알면 전체 네트워크 상황을 파악하고 성능 저해 요인을 없앨 수 있으며, 흐름 양에 따라 네트워크 장비나 소프트웨어를 더 적절한 것으로 교체할 수 있으며, 기업의 다양한 요구에 맞는 QoS도 가능하다. 즉, 성능 향상과 비용 절감을 이끌 수 있다. 또한 보안 측면에서

DoS와 웜이나 각종 바이러스를 사전에 탐지해서 대처할 수 있는 데이터도 확보할 수 있다. 테러에 극도로 민감한 미국의 국가안보국에서는 넷플로우를 활용해서 테러리스트를 미리 색출하기도 한다.

이와 같이 흐름 데이터를 확보하고 있다는 것은 네트워크 어드민이나 보안 엔지니어로서 사용자나 임원이나 여러분에게 책임을 떠 넘기려고 하는 다른 IT 엔지니어에게 반박할 수 있는 증거를 확보하고 있다는 것을 의미한다. 이는 엔지니어로서 살아남기 위해서 반드시 갖추고 있어야 하는 무기다. 또한 무기를 무기로 사용하지 않고 문제를 해결하는 '요술봉'으로 사용한다면 더 할 나위 없을 것이다.

네트워크 분석 및 패킷 분석과 관련해서 많은 툴이 나와 있지만 가장 기본적인 툴에서 가장 기본적인 데이터를 제공하고 가공할 수 있는 가장 기본적인 원리를 설명하는 이 책을 번역하게 되어 기쁘고 감사하게 생각한다. 이 기쁨과 감사를 이 글을 읽는 독자 여러분과 함께 할 수 있다면 더욱 감사하겠다. 또한, 이 책을 통해서 네트워크 흐름에 대한 정보가 다양한 채널을 통해서 많이 공유될 수 있기를 소망한다.

최용호

1
흐름 기초

이 책을 펼치면서, 네트워크 흐름을 알면 여러분이 안고 있는 많은 네트워크 문제를 해결할 수 있다는 생각을 조금은 했을 것이다. 여러분의 그런 생각이 틀리지 않았다는 확신을 주기 위해서 이번 장에서는 흐름이 무엇이고, 흐름이 왜 좋은지, 그리고 흐름을 만들고 분석하기 위해 어떻게 해야 하는지를 자세히 살펴본다. 이번 장에서는 TCP/IP 네트워크에서 일반적으로 볼 수 있는 흐름, 특히 TCP 흐름, UDP 흐름, ICMP 흐름을 중점적으로 살펴본다.

이번 장을 설명함에 있어서, 독자 여러분이 TCP/IP의 기본적인 내용을 이해하고 있다고 가정한다. TCP/IP에 대해 확실히 알고 있다는 확신이 서지 않는 독자라면 The TCP/IP Guide(Charles M. Kozierok, No Starch Press, 2005)를 참고한다. 또한 TCP/IP 트랜잭션을 실제로 보여주는 패킷 스니퍼를 활용할 것도 권장한다. 왜냐하면 네트워크 프로토콜을 실제 환경에서 보는 것만큼 네트워크 프로토콜을 더 잘 배우는 방법은 없기 때문이다.

> **Note**
> 경력이 많은 네트워크 어드민이라면 이번 장에 나오는 내용을 이미 알고 있을지도 모른다. 쓰리웨이 핸드셰이크three-way handshake에 대해 이미 충분히 알고 있고, 0x2를 보고 'TCP 리셋'이 금방 떠오른다면 이번 장을 건너뛰고 싶은 유혹이 들 수도 있다. 그러나 이번 장에서 설명하는 내용은 흐름 관점에서 전개되므로 그냥 넘어가지 말고 한 번 읽어볼 것을 권고한다.

흐름이 무엇인가?

엄밀히 말해서, 흐름flow은 일련의 패킷들로서, 이들 패킷은 출발지 IP 주소, 목적지 IP 주소, 출발지 포트, 목적지 포트, IP 프로토콜을 공유한다. 이것을 '다섯 개의 요소로 이루어진 IP 흐름five-tuple IP flow'이라고도 한다. 또한, 흐름이라는 단어가 개별 흐름들의 집합체를 의미하기도 한다.

흐름 레코드flow record는 흐름 관련 정보가 요약되어 있는 곳이다. 흐름 레코드에는 한 호스트가 다른 호스트와 통신했는지, 그 통신이 언제 일어났는지, 트래픽이 어떻게 송신되었는지가 기록되며, 이외에 네트워크 대화와 관련된 다른 기본 정보가 모두 기록된다. 즉, 네트워크의 모든 연결 정보가 요약되어 있다고 보면 된다.

흐름 분석 시스템flow analysis system은 흐름 정보를 수집하며, 네트워크 어드민은 흐름 분석 시스템을 이용해서 흐름 정보를 검색하고, 필터링하고, 출력할 수 있다.

인터넷 T1 회선에 어떤 종류의 트래픽이 있으며, 클라이언트 PC가 무엇을 하고 있으며, 서버에 어떤 종류의 오류가 발생했는지 알고 싶은가? 이를 위해서 흐름 레코드를 점검하면 된다. 어제 AM 3:00~AM 3:05에 파일 서버가 이상하게 충돌을 일으키면서 재부팅되었는데, 이 때 네트워크에 무슨 일이 일어났는지 알고 싶은가? 그렇다면 어제의 흐름 레코드를 점검하면 된다.

좋은 소식은 대다수의 네트워크 하드웨어가 트래픽 흐름을 리포팅할 수 있다는 것이다. 하드웨어가 흐름 정보를 레코딩 호스트로 전송할 때 많은 자원이 필요치 않으며, 이 작업을 위해 다른 것을 설치하지 않아도 된다.

흐름 레코드에는 네트워크 연결에서 교환되는 데이터가 포함되지 않기 때문에 흐름 레코드의 크기는 작다. 예를 들어, 이 글을 쓸 때 필자의 데이터 센터에는 한 개의 DS3, 여러 개의 T1, 한 개의 기가비트 이더넷 백본이 있고, 규모가 작은 몇 개의 서브넷과

DMZ이 있었다. 그런데도 3년 동안의 흐름 레코드 양은 100GB가 되지 않는다. 물론 이 정도의 디스크 공간이 작지는 않지만 요즘 기준으로 보면 많은 디스크 공간이라고 볼 수는 없으며, 교환되는 전체 콘텐츠의 캡처에 필요한 양보다는 훨씬 더 적은 규모다.

흐름 레코드로 모든 문제를 해결하지는 못한다. 텔넷이나 암호화되지 않은 웹 세션을 보기 위해 패킷 스니퍼를 사용한 적이 있다면 네트워크를 지나가는 모든 것을 캡처하고, 분석하고, 재구성할 수 있다는 것을 알 것이다. 스니퍼를 돌리면 사용자가 어떤 웹 사이트를 방문했고, 무슨 파일을 다운로드했고, 사이트로 무엇을 전송했고, 어떤 사용자 이름과 비밀번호를 사용했는지를 모두 알 수 있다. 그런데 흐름 레코드에는 그런 데이터가 들어있지 않다. 네트워크 어드민이 흐름 레코드에서 알 수 있는 정보는 특정 IP 주소에서 운용되는 웹 사이트를 방문한 클라이언트, 특정 사용자가 해당 사이트에 접속한 횟수, 교환된 데이터의 양이다. 흐름 레코드를 보고 실제로 교환된 콘텐츠를 알지는 못한다.

전체 패킷이 아니라 흐름 정보만 기록한다고 하면 한계가 있는 것처럼 들린다. 그러나 미국의 국가안보국은 전화 레코드를 이와 비슷한 방식으로 분석해서 범죄자와 테러리스트를 잡아낸다. 또한, AT&T의 무선 도청이 넷플로우 분석을 통해 밝혀졌다. 어떤 사람이 누구와 대화했고, 그들이 언제 이야기를 나누었고, 어느 한쪽이 얼마나 많이 말했는지를 알기만 해도, 그것은 굉장히 가치 있는 정보로서 많은 것을 밝혀낼 수 있다.

> **Note**
> **흐름과 세션**
> 여러 프로토콜에서 네트워크 인터랙션을 설명할 때 세션session, 트랜잭션transaction, 컨버세이션 conversation 같은 단어를 이용한다. 이들 단어는 흐름과 어떻게 다른가? 한 흐름의 모든 트래픽은 동일한 방향으로 간다는 점을 기억하기 바란다. 어떤 클라이언트가 어떤 웹 서버에 연결해서 한 개의 파일을 다운로드하면 이때 한 개의 간단한 HTTP 세션이 만들어진다. 그러나 이 한 개의 세션, 즉 한 개의 트랜잭션에는 두 개의 흐름이 있다. 한 개의 흐름은 클라이언트에서 서버로 가고, 다른 한 개의 흐름은 서버에서 클라이언트로 간다. 한 흐름은 다른 흐름을 미러링한다.

흐름 시스템 아키텍처

흐름을 기반으로 하는 일반적인 관리 시스템은 세 개의 구성요소, 즉 센서(여러 개 가능), 콜렉터, 리포팅 시스템으로 이루어진다. 이들 구성요소의 결합 방법에 대해서는 2장에서 자세히 배운다.

센서sensor는 네트워크를 청취하고 트래픽 데이터를 캡처하며, 프로브probe라고 불리기도 한다. 흐름 내보내기flow export 기능이 통합되어 있는 스위치, 라우터, 방화벽이 센서의 역할을 할 수 있다. 아니면 이더넷 탭이나 스위치 포트를 청취하는 소프트웨어를 센서로 할 수도 있다. 센서는 네트워크 연결을 추적하다가, 연결이 종료되었거나 타임아웃에 도달했다는 판단이 서면 데이터를 송신한다.

콜렉터collector는 센서 레코드를 수신해서 레코드를 디스크에 쓰는 소프트웨어다. 흐름 기반 관리 인프라에서 콜렉터는 매우 중요한 곳이다. 아쉽게도, 흐름 레코드를 저장하기 위한 공통의 디스크 형식이 아직 없다. 이로 인해, 분석이 복잡해지고 사용할 수 있는 리포팅 툴에도 제한이 있다. 그러나 이 책에서 해결 방법을 배운다.

마지막으로, 리포팅 시스템reporting system은 콜렉터 파일을 읽어서 사람이 볼 수 있는 형태의 보고서로 만든다. 리포팅 시스템은 콜렉터가 사용하는 파일 형식을 이해해야 한다.

흐름을 기반으로 하는 관리 시스템의 각 구성요소를 다르게 구현한 시스템이 많이 있다. 각 하드웨어 벤더의 고성능 장비에는 흐름 센서가 있으며, 많은 사람들은 자신이 선호하는 운영체제에 맞는 흐름 센서를 작성하거나 구현했다. 많은 콜렉터들이 시장에 나타났다가 없어지기도 했다. 그리고 최신 스크립팅 언어를 마스터했다는 것을 보여주고 싶은 많은 사람들이 특정 요구에 맞는 리포팅 시스템들을 만들어서 배포하기도 했다.

이 분야에 처음 들어온 사람이 보면 선택할 수 있는 시스템이 너무 다양해서 무엇을 선택해야 할지 혼란스러울 수 있다. 더 안 좋은 것은 흐름 관리 소프트웨어 중 많은 소프트웨어가 폐기되어서 더 이상 쓸모없음에도 불구하고 1998년부터 시작된 인터넷 메일링 리스트 어카이브에서는 폐기된 소프트웨어를 강력히 권장하고 있다는 점이다. 초보자가 많은 시간을 들여서 좋아 보이는 소프트웨어를 찾아서 작업을 해 보지만 결국에 가서 최신 컴파일러로는 더 이상 만들어지지 않는 난처한 상황에 자주 직면하곤 한다.

이런 상황은 사람들에게 좌절감을 주고, 결국 많은 사람들이 많은 시간을 허비한 후에 흐름 기반 네트워크 관리에 대한 조사를 포기하는 결과로 이어지게 만든다.

필자는 이런 상황을 알고 있으므로, 이 책에서는 한 개의 소프트웨어 구성요소를 제시한다. 이 구성요소는 지금도 계속 개발 중이며, 넓은 사용자층을 확보하고 있다. 이 책에서 설명할 핵심 플랫폼은 바로 flow-tools 툴킷(http://code.google.com/p/flow-tools)이다. flow-tools는 무료로 사용할 수 있는 흐름 콜렉터와 리포팅 소프트웨어 표준으로 자리잡아가고 있으며, 모든 공통 센서와 호환된다. 또한, 많은 리포팅 툴이 flow-tools의 데이터 형식을 지원하며, 설정만 정확하게 하면 된다. 이 책에서는 인기 있는 다른 툴들과 flow-tools를 통합하는 방법도 배운다.

네트워크 흐름의 역사

고속 라우터와 스위치 하드웨어는 운영체제를 거치지 않고 트래픽을 직접 처리한다. 다시 말해서 각 포워딩 결정을 소프트웨어에서 처리하지 않는다. 패킷 라우팅 결정은 최하위 레벨에서 이루어진다. 즉, 일반적으로 하드웨어 자체에서 이루어진다. 1996년 경에, 시스코는 라우팅 결정이 흐름에 의해 이루어지는 방법을 개발했다. 그 뒤에, 흐름 정보의 가치가 알려지면서, 넷플로우NetFlow라는 기능으로 만들어서 네트워크 어드민들에게 제공했다.

넷플로우 버전

넷플로우는 여러 번의 개정을 거쳤다. 각 버전을 살펴보자.

넷플로우 버전 1

넷플로우 버전 1은 최초의 릴리즈였다. 다른 벤더들은 넷플로우 리포팅 프로토콜을 역공학으로 분석해서 넷플로우 호환 리포팅 시스템을 자체적으로 만들었다. 일부 벤더는 지금도 넷플로우 버전 1을 지원한다. 물론, 넷플로우 버전 1로도 많은 문제를 해결할 수 있다. 넷플로우 버전 1에는 최소한의 흐름 정보만 들어간다.

넷플로우 버전 5

넷플로우 버전 5는 가장 많이 보급된 흐름 레코드 형식이다. 주니퍼나 노키아 같은 많은 벤더가 넷플로우 버전 5 프로토콜로 시스템을 만들었다.

넷플로우 버전 5에는 일곱 개의 값이 들어간다. 출발지 IP 주소, 목적지 IP 주소, 출발지 포트(TCP 프로토콜과 UDP 프로토콜만), 목적지 포트, IP 프로토콜, 흐름이 도착한 시스템의 인터페이스, 서비스의 IP 유형이 그것이다. 또한 버전 5에는 BGP 관련 정보, 익스포터 IP 주소, 기타 트래픽 특징들도 포함된다. 해가 거듭되면서 흐름 레코드가 더 상세해지고 있지만 넷플로우 버전 5 정도면 대부분의 환경에서 충분하다.

넷플로우 버전 7

넷플로우 버전 7은 시스코 고성능 카탈리스트 스위치에서만 지원된다. 버전 7의 흐름 레코드 형식에는 버전 5에서 사용할 수 없는 스위칭 정보와 라우팅 정보가 포함된다. 가령, 흐름의 넥스트 홉의 IP 주소 같은 정보가 포함된다. 넷플로우 버전 7을 지원하는 하드웨어를 보유하고 있다면 이 책에서 버전 7의 이용 방법을 알 수 있다.

넷플로우 버전 8

대역폭이 높은 연결이 많고, 흐름 레코드의 수집 및 분석에 사용할 자원 규모를 최소화해야 한다면 넷플로우 8이 유용할 수 있다. 버전 8을 지원하는 벤더로는 시스코가 유일하다. 그러나 버전 8이 많이 사용되고 있지는 않다. 컴퓨팅 성능과 디스크 용량이 계속 증가하는 상황에서는 넷플로우 버전 8이 큰 주목을 받을 가능성이 별로 없다.

넷플로우 버전 9

넷플로우 버전 9는 시스코의 최종 버전이다. 버전 9는 템플릿 기반으로서 확장도 가능하다. 확장이 가능하다는 말은 서드 파티 벤더가 넷플로우 레코드에 임의의 정보를 추가할 수 있다는 의미다. 또한 버전 9는 IPv6 IP version 6을 지원하는 첫 번째 버전이기도 하다. 넷플로우 버전 9는 소수의 상용 제품에만 배치된다.

넷플로우 경쟁

시스코가 넷플로우 버전을 점점 더 많이 배치하면서 다른 네트워킹 기업들도 흐름 데이터를 내보내기하고 보고서를 작성해서 얻는 이점이 크다는 것을 알았다. 예를 들어, 시스코는 자사의 고객의 요구가 다른 벤더의 고객의 요구와 다르다는 것을 알았고, 자사의 고객의 요구를 충족시키기 위해 넷플로우를 개발했다. 이에, 다른 벤더들도 자사의 고객의 요구를 맞추기 위해 흐름 기반 리포팅을 구축했다. 결과적으로 넷플로우의 경쟁 제품들이 나타났고, 그 중에서 sFlow가 유명하다. 3Com, HP, 익스트림, 주니퍼 같은 벤더의 일부 장비가 sFlow를 지원한다.

> **Note**
> sFlow는 NetFlow가 아니다. 왜냐하면 NetFlow라는 단어는 시스코의 것이기 때문이다. sFlow가 나오면서 사람들은 NetFlow(넷플로우)라는 말 대신에 흐름 내보내기(flow export)라는 말을 사용하기 시작했다.

경쟁 제품이 늘면서 네트워킹 업계에서는 흐름 내보내기 프로토콜의 표준을 정의해야 한다는 요구가 생겼다. 흐름 내보내기 프로토콜의 표준에 대해 살펴보자.

최신 표준

2000년대 초반에, IETF Internet Engineering Task Force는 흐름 형식을 정의하고 흐름 형식의 추가 분화를 막기 위한 워킹 그룹을 만들었다. 워킹 그룹은 넷플로우 버전 9를 기본 프로토콜로 정하고, 친숙성을 더 높이기 위해서 버전 9를 조금 변경했다. 시스코도 워킹 그룹의 한 멤버로 참여하고 있다.

네트워크 흐름 표준의 최신 버전은 IPFIX IP Flow Information eXport다. 많은 하드웨어 벤더가 이전 버전뿐만 아니라 IPFIX를 지원하지만 이 포맷이 많이 배치되어 있지는 않다. IPFIX는 종전의 흐름 버전보다 훨씬 더 복잡하고, 시스템 자원도 더 많이 사용한다. 초기의 넷플로우 버전들 사이에는 차이점이 그렇게 크지 않았지만 넷플로우 버전 9와 IPFIX는 초기 버전들과 큰 차이를 보인다. 또한 사람들은 IPFIX를 이용해서 네트워크 데이터가 아닌 보안 이벤트 같은 것도 조사하고 있다.

이 책에서 살펴볼 솔루션은 넷플로우 버전 1~버전 7을 주로 이용한다. 일반적으로 버전 8과 버전 9가 필요한 경우는 드물다. IPv6은 넷플로우 버전 9 이상을 필요로 하지만 IPv6에 관심을 기울이는 사람은 별로 없으며, IPv4 주소 공간이 모두 소진될 때까지는 IPv6에 계속 무관심할 것이다. 어느 시점에 가서 IPv6이 옵션이 아닌 필수가 되면 벤더들이 IPFIX로 직접 넘어갈 것으로 예상된다. IPFIX가 더 확산되면 사용자들은 이 책에서 다룰 툴에 IPFIX 지원을 추가할 것이다.

> **Note**
>
> **넷플로우 대 흐름 내보내기**
> 이 책에서 넷플로우(NetFlow)라는 단어를 주로 사용한다. 그러나 필자는 어떤 때에 흐름 관리flow management나 흐름 내보내기flow export라는 말을 사용하기도 한다. 이들 단어의 차이점은 시스코가 넷플로우 단어를 소유하고 있고, 다른 벤더들이 넷플로우 호환 흐름 내보내기 기술을 지원하는 것에 있다. 이 책의 독자 여러분이 넷플로우를 사용할 수 있지만, 넷플로우 호환 흐름 내보내기 시스템을 사용할 수도 있다. 이들 단어의 의미가 같다고 보면 된다.

실제 세계에서 흐름

"흐름은 일련의 패킷들로서, 이들 패킷은 같은 출발지 IP 주소, 목적지 IP 주소, 출발지 포트, 목적지 포트, IP 프로토콜을 공유한다."이 말이 무슨 의미인가? 이번 절에서는 이 말을 자세히 분석해서 이 말이 실제로 무엇을 의미하는지 살펴본다. 가장 간단한 네트워크 트래픽인 ping 요청 및 응답을 먼저 살펴보고, 그 다음에 조금 더 복잡한 DNS와 HTTP 요청을 살펴본다.

ICMP 흐름

ICMP라고 하면 가장 흔히 ping 요청을 연상하지만 ICMP는 인터넷 라우팅과 관리에 필요한 가장 기본적인 명령을 나른다. ICMP 리다이렉트 같은 개별 흐름은 유용한 정보를 나를 수 있다. 이번 절에서는 설명을 단순화하기 위해 일반적인 ping을 다룬다.

ICMP에는 TCP 스타일의 플래그가 없으며, 포트도 없다. 그 대신 ICMP 패킷에는 ICMP 타입과 ICMP 코드(옵션)가 할당된다. ICMP 타입ICMP type은 패킷의 일반적인 목적을 나타낸다. ping 요청 메시지와 ping 응답 메시지에는 자체의 ICMP 타입이 있으며, 이 ICMP 타입에는 연계된 ICMP 코드가 있다. ICMP 코드에는 더 상세한 정보가 있다 (ICMP 타입과 ICMP 코드에 대해서는 3장에서 자세히 다룬다).

서버로 ping을 보내기 위해 클라이언트는 ICMP 패킷을 만들며, 이 ICMP 패킷에서 출발지 주소는 클라이언트 주소가 되고, 목적지 주소는 서버의 주소가 된다. 클라이언트는 ICMP 타입을 8, 즉 echo-request로 지정해서, 패킷을 네트워크로 전송한다. 이 ping 패킷은 첫 번째 흐름의 전부다. 즉, 첫 번째 흐름은 이 ping 패킷으로만 이루어져 있다.

서버는 ping에 반응해서 ICMP 패킷을 생성하며, 이 ICMP 패킷에서 서버의 주소는 출발지 주소가 되고, 클라이언트의 주소는 목적지 주소가 된다. ICMP 타입은 0, 즉 echo-response가 된다. 이 ICMP 패킷은 두 번째 흐름이 된다.

클라이언트가 ping 요청을 여러 개 보내면 흐름 시스템은 뒤이어 오는 ping들을 동일한 흐름으로 할당한다. 예를 들어, 윈도우는 일반적으로 다섯 개의 ping 요청을 보내고 다섯 개의 ping 회신을 받을 것으로 기대한다. 흐름 시스템은 다섯 개의 요청이 포함된 한 개의 흐름과 다섯 개의 응답이 포함된 한 개의 흐름을 기록한다.

흐름 센서는 ICMP 흐름의 완료 시점을 알지 못한다. 왜냐하면 트래픽에는 '패킷이 더 이상 도착하지 않을 것이다'라고 알려주는 표시가 없기 때문이다. 센서는 타임아웃 만료시점까지 ICMP 흐름을 메모리에 저장하고, 센서가 흐름 완료를 표시하는 시점에 ICMP 흐름을 콜렉터로 송신한다.

UDP 흐름

UDP 흐름의 작동 방법을 알기 위해 기본적인 DNS 요청을 살펴보자. UDP 세션은 ICMP 흐름보다 조금 더 복잡하다. UDP는 ICMP처럼 타입과 코드를 사용하지 않으며, TCP처럼 플래그도 없다. 그러나 UDP는 TCP 스타일의 포트 번호를 사용한다. 또한 UDP에는 세션이나 트랜잭션 개념도 없기 때문에 UDP를 비연결형connectionless이라고 이야기한다. 그러나 UDP는 애플리케이션 레벨 데이터를 나르며, 대다수의 UDP 트래픽은 세션이나 트랜잭션의 일부다. 네트워크에서 가장 일반적인 UDP 흐름은 DNS 요청이다. DNS 요청은 가장 단순한 네트워크 요청에 속하며, 가장 짧은 흐름을 만든다. bootp 같은 UDP 네트워크 프로토콜은 흐름마다 많은 패킷을 만든다. 여기서는 흐름을 이해하기 위해 간단한 DNS 요청을 살펴본다.

DNS 서버로 연결하는 클라이언트는 UDP 패킷을 만들며, 클라이언트의 IP 주소가 출발지가 되고, 서버의 IP 주소가 목적지가 된다. TCP처럼 UDP 요청은 클라이언트 측의 미사용 포트에서 시작하고, 목적지로는 DNS의 기본 포트인 53번을 사용한다. www.bpanbooks.com의 주소 요청처럼 간단한 DNS 질의는 하나의 패킷 안에 모두 들어간다. 이 단일 패킷은 이번 예제의 세 번째 흐름이 된다.

네 번째 흐름은 서버가 서버의 IP를 출발지로 하고 클라이언트의 IP를 목적지로 한 UDP 패킷을 생성해서 응답을 할 때 시작된다. 출발지 포트와 목적지 포트는 클라이언트가 전송한 패킷과 반대가 된다. 일반적인 사이트의 정보가 들어 있는 DNS 응답은 하나의 패킷 안에 모두 들어간다.

이들 흐름은 이것으로 완료되며, 추가 트래픽은 지나가지 않는다. 이들 흐름을 그림 1.1에서 확인할 수 있다.

UDP는 비연결형이기 때문에 네트워크 트래픽에는 대화 완료 여부를 알리는 표시가 없다. UDP 패킷에는 '완료, 현재 대기중'이라고 이야기하는 TCP FIN 플래그가 없기 때문에 흐름 센서는 흐름의 완료 여부를 모른다. 센서는 타임아웃 만료 전까지 흐름을 메모리에 저장하고, 타임아웃이 만료되는 시점에 흐름이 완료되었다는 것을 표시하고,

흐름을 콜렉터로 송신한다.

그림 1.1 UDP 네트워크 트랜잭션

TCP 흐름

필자가 다룰 네트워크 흐름 중에서 가장 복잡한 흐름은 TCP 흐름이다. TCP 흐름은 웹 서버와 브라우저에 의해 사용된다. TCP 프로토콜에는 UDP가 사용하는 것과 같은 포트가 포함되고, 또한 연결 상태를 나타내는 내부 플래그도 포함된다. TCP는 연결이 요청되었는지, 진행되고 있는지, 진행되지 않고 폐기되었는지를 클라이언트와 서버에게 알린다. 예를 들어, 웹 클라이언트가 www.bpanbooks.com 사이트에 단일이고, 정적이고, 간단한 웹 오브젝트를 요청하는 상황을 예로 살펴보자.

다섯 번째 흐름은 웹 서버에 연결하는 클라이언트가 클라이언트의 IP를 출발지 IP로 하고 서버의 IP를 목적지 IP로 하는 패킷을 서버로 전송하면서 시작된다. 클라이언트는 로컬 시스템의 미사용 포트를 이 연결에 독점적으로 사용되도록 할당하고, 이것이 패킷의 출발지 포트source port가 된다. 일반적으로 웹 서버는 80번 포트에서 돌아가므로, 80번 포트가 패킷의 목적지 포트가 된다. 이번 연결의 첫 번째 패킷에서 클라이언트는 SYN synchronization 요청 플래그를 지정한다(그래서 첫 번째 패킷을 SYN 요청SYN request이라고 함). 클라이언트는 서버에게 '안녕, 이야기를 나눌 수 있을까?'라고 묻는다.

80번 포트에서 SYN 요청을 수신한 서버는 연결 수락 여부를 결정해야 하며, 이를 위해 응답 패킷response packet을 준비한다. 응답 패킷에서 서버의 IP 주소가 출발지 주소가 되고, 클라이언트의 IP 주소는 목적지 주소가 된다. 출발지 포트는 클라이언트가 요청한 포트인 80번 포트고, 앞선 요청 패킷의 출발지 포트가 응답 패킷의 목적지 포트가 된다.

여섯 번째 흐름은 SYN 패킷의 응답으로서 전송된 패킷이다. 따라서 서버는 ACK acknowledgment 플래그를 지정한다. 서버가 이 TCP/IP 대화에서 종전에 아무런 패킷도 전송하지 않았기 때문에 동기화를 요청하기 위한 SYN 플래그도 지정한다. 그래서 이 패킷을 SYN-ACK 패킷이라고 부른다.

한 네트워크 트랜잭션에 두 번째 흐름이 있는가? 그렇다. 기억하라. 하나의 흐름은 같은 출발지 IP 주소와 목적지 IP 주소를 공유한다. 첫 번째 흐름에서는 클라이언트의 IP 주소가 출발지 주소가 되고, 두 번째 흐름에서는 서버의 IP 주소가 출발지 주소가 된다. 한 흐름의 출발지 포트는 다른 흐름의 목적지 포트가 되어서 포트가 서로 같지만, 두 흐름은 별도의 흐름이다. 흐름을 통해서 특정 트랜잭션의 각 방향에서 얼마나 많은 트래픽이 가는지를 알 수 있다.

클라이언트가 서버의 응답을 수신할 때 클라이언트로 오는 패킷은 클라이언트가 서버와 수립하려는 연결과 일치한다. 클라이언트는 할당된 로컬 포트에서 서버로 패킷을 보내서 응답을 한다. 이렇게 하면 연결이 동기화되어서, 클라이언트와 서버는 연결에 관여하는 IP 주소를 알고, 양쪽의 포트 번호도 안다. (이외에, 연결을 고유하게 식별하는 특징들과 일련번호도 안다.) 이 패킷은 기존 연결의 일부이기 때문에 SYN 플래그가 필요하지 않다. 클라이언트는 서버가 마지막 패킷에 포함시킨 SYN 요청에 확인 응답을 해야 하기 때문에 다음 패킷에는 ACK 플래그가 들어간다.

클라이언트에서 서버로 가는 이 패킷은 이번 트랜잭션의 세 번째 패킷이 된다. 그러나 클라이언트가 서버로 보내는 패킷으로는 두 번째 패킷이다. 이 패킷은 트랜잭션의 첫 번째 패킷과 출발지 IP 주소, 목적지 IP 주소, 포트 번호를 공유한다. 두 패킷은 같은 IP 프로토콜(TCP)을 사용한다. 세 번째 패킷은 첫 번째 흐름의 두 번째 패킷이다. 그림 1.2는 쓰리웨이 핸드셰이크를 표현한 것이다.

연결이 성립되면 클라이언트는 실제 데이터(예: HTTP GET 요청)를 송신할 수 있다. GET 요청은 첫 번째 흐름의 일부로서, 클라이언트에서 서버로 간다. 서버의 응답(예: HTML, 이미지, 오류 코드)은 두 번째 흐름의 일부로서, 서버에서 클라이언트로 간다. 이후, 패킷은 왔다 갔다 하며, 여기에는 앞선 패킷의 수신 확인에 필요한 ACK들도 포함된다.

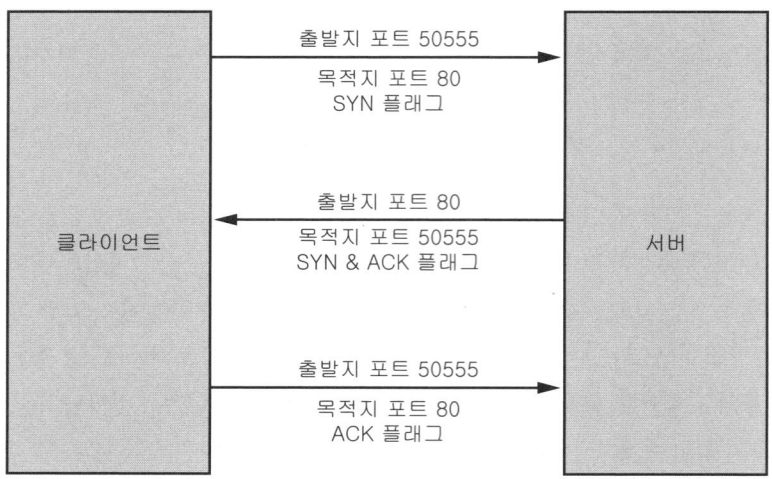

그림 1.2 TCP 쓰리웨이 핸드셰이크

트랜잭션 마지막에, 어느 한 쪽이 다른 쪽으로 보내는 패킷에는 FIN finish 플래그가 있다. 이 패킷을 FIN 요청FIN request이라고 하며, 이것은 TCP/IP 세션의 끝을 나타낸다. FIN 요청을 받은 시스템은 상대방에게 ACK와 FIN을 보낸다. 클라이언트는 마지막 FIN에 대해 ACK를 보내고, 연결을 종료한다. 흐름 센서는 FIN과 ACK를 보고, 양 흐름을 종료하고, TCP 흐름 레코드를 콜렉터로 송신한다.

다른 프로토콜들

흐름 관리 시스템은 ICMP, UDP, TCP 이외에 다른 프로토콜들을 추적할 수 있다. 그러나 이 세 프로토콜이 네트워크 트래픽의 대부분을 차지한다. 흐름 시스템은 IPSec VPN에 사용되는 AH와 ESP 같은 프로토콜의 트래픽을 기록하지만 내부 특징까지 기록하지는 않는다.

일반적이지 않은 프로토콜의 경우, 흐름 시스템은 프로토콜, 패킷 수, 기타 주요 흐름 정보를 기록한다.

흐름 내보내기와 타임아웃

중급 이상인 대부분의 라우터와 스위치는 흐름 데이터를 저장한다. 그러나 사람이 흐름 데이터를 로컬에서 볼 수 있는 방법을 필수로 제공하지는 않는다. 흐름 레코드를 분석하기 위해 스위치나 라우터에서 컴퓨터로 흐름 레코드를 내보내기해야 한다. 센서는 네트워크 활동이 완료되거나 타임아웃이 만료되면 레코드를 내보내기한다.

그러나 내보내기된 레코드가 꼭 완전한 TCP/IP 세션이지는 않다. 예를 들어, 인터넷 사이트에서 ISO 이미지를 다운로드하려면 긴 시간이 걸리며, 다운로드 세션은 여러 개의 연속된 흐름 레코드로 표현된다.

오래 실행되는 세션을 여러 개의 레코드로 쪼개는 이유가 무엇인가? 각 TCP/IP 세션이 끝날 때만 라우터가 흐름 레코드를 내보내기했다고 가정하자. 이제, 사용자 중 한 명이 대용량 다운로드를 시작해서 인터넷 연결을 여러 시간 동안 포화 상태로 만들 가능성이 있다고 가정하자. 이 상황에서 네트워크 어드민은 인터넷이 매우 느리다는 항의 전화를 계속 받을 것이다. 이 문제를 해결하려면 다운로드가 완료되었을 때가 아니라 지난 몇 분 동안 네트워크에 무슨 일이 일어났는지를 확인해야 한다. 오래 지속된 연결의 레코드를 몇 분 단위의 흐름 레코드로 나눔으로써 라우터는 데이터를 실시간에 더 가깝게 보여줄 수 있다. 큰 다운로드가 여전히 진행되고 있는 동안 흐름 레코드를 볼 수 있고 다운로드가 하루 종일 지속되기 전에 문제를 파악할 수 있다. 그리고 문제를 일으킨 사용자의 다운로드를 중단시킬 수 있다. 문제를 일으킨 사용자가 임원이거나 IT 팀원으로서 업무에 필요한 다운로드를 진행하고 있다면 항의 전화를 건 사람에게 현재 태양 복사 간섭으로 인해 인터넷이 잠시 동안 느려지고 있으니 잠시 기다려 달라고 이야기할 수 있다.

네트워크 하드웨어는 설정된 타임아웃timeout, 즉 장비가 개별 흐름을 추적할 수 있는 최대 시간을 기반으로 흐름 레코드를 생성한다. 연결이 지속되다가 타임아웃이 되면 장비는 흐름 레코드를 내보내고 새로운 레코드를 생성한다. 예를 들어, 라우터의 흐름 타임아웃이 1분이면 큰 다운로드의 레코드를 1분마다 내보낸다. 이 레코드에 완전한 TCP 세션이 없더라도 흐름 레코드를 볼 수 있고, '그 1분 동안 가장 많은 대역폭을 차지하고 있는 사용자가 특정 웹 사이트에서 다운로드하고 있는 특정 워크스테이션이다'라는 판단을 할 수 있다. 그리고 필요할 경우 개입을 할 수 있다.

또한 타임아웃을 활용해서 UDP, ICMP, 다른 비-TCP 흐름의 레코드를 관리할 수 있다. 네트워크 장비는 각 트랜잭션의 흐름 레코드를 생성할 수 있다. 타임아웃이 만료되면 장비는 흐름 레코드를 내보내기한다. UDP 흐름의 정확한 종료 시점을 네트워크 장비가 알려줄 수 없더라도 타임아웃을 활용해서 레코드를 내보내기할 수 있다.

필요에 맞춰서 타임아웃을 변경할 수 있으며, 타임아웃을 변경해야 하는 이유에 대해서는 뒤에서 논의한다. 그러나 타임아웃을 변경하면 시스템 자원이 영향을 받는다는 사실을 알아야 한다. 즉, 타임아웃을 늘리면 흐름을 추적하기 위해 장비가 필요로 하는 메모리와 CPU가 증가한다.

흐름의 패킷 샘플링

흐름 내보내기가 처음에는 매우 한정된 하드웨어 자원을 갖춘 라우터에서 나타났다. 그러나 이들 장비에서 인터페이스 대역폭이 증가하면서 모든 패킷을 추적하려면 라우터가 제공할 수 있는 것보다 더 많은 성능이 필요했다. 그렇게 하는 대신, 하드웨어는 흐름 데이터를 만들기 위해 패킷을 샘플링했으며, 장비를 지나가는 트래픽의 특정 부분만 레코딩하고 내보내기했다. 이렇게 만들어진 흐름 데이터는 완전하지 않다.

오늘날, 중소규모 환경에 배치되어 있는 거의 모든 하드웨어는 지나가는 모든 흐름이나 대부분의 흐름을 추적할 수 있다. 10기가비트 네트워크 정도 되면, 100개 중에 한 개나 1000개 중에 한 개의 패킷을 샘플링하는 것이 일반적이다. 하드웨어 용량이 증가함에 따라 더 많이 샘플링하겠지만 그렇게 하면 대역폭도 그 만큼 증가한다. 필자 생각에, 테라비트 이더넷이 일반화되면 10기가비트 이더넷 정도의 흐름을 캡처할 수 있을 것으로 기대한다.

네트워크 흐름을 샘플링하고 싶은가, 아니면 모든 흐름을 레코딩하고 싶은가? 네트워크를 지나가는 모든 트래픽을 레코딩하는 것이 충분히 가능하다. 그렇지만 하드웨어가 전체 흐름 추적을 지원하지 못하면 샘플링을 하면 된다. 데이터가 아예 없는 것보다는 일부 데이터를 샘플링하는 것이 더 좋다. 그러나 가능한 한 더 자세히 레코딩하는 것이 트러블슈팅에 훨씬 더 유용하다.

이제, 흐름 시스템의 작동 방법, 흐름 시스템의 구성 요소들의 특징, 흐름 분석 시스템의 작동 원리를 살펴보았다. 다음 장에서는 flow-tools 콜렉터와 첫 번째 센서를 살펴본다.

2

콜렉터와 센서

콜렉터와 센서는 모든 흐름 시스템에서 꼭 있어야 하는 구성요소다. 왜 그런가? 데이터를 무수히 많은 방법으로 분석할 수 있다. 그러나 그렇게 하려면 데이터를 수집하고 저장해야 한다. 이 작업을 센서와 콜렉터가 한다.

이번 장에서는 콜렉터를 먼저 살펴보고, 그 다음에 첫 번째 센서를 설명한다.

콜렉터 고려사항

콜렉터는 네트워크 장비로부터 레코드를 수신하는 호스트로서, 여러분이 진행할 대부분의 작업이 이루어지는 곳이다. 따라서 콜렉터 관리에 신중을 기해야 한다.

운영체제

콜렉터는 유닉스 계열 운영체제에서 실행된다. 너무 예전에 나온 유닉스 계열 운영체제가 아니라면 상관이 없다. 필자는 BSD 운영체제를 권고한다. (BSD를 사용해 본적이 없다면 필자가 쓴 Absolute FreeBSD나 Absolute OpenBSD를 보면 도움이 될 것이다.)

다시 말해서, 리눅스, 오픈솔라리스, 32비트나 64비트 유닉스 계열 운영체제로서, 최신 GCC 컴파일러와 라이브러리가 있으면 충분하다. 운영체제가 특별할수록 콜렉터와 리포팅 시스템을 구축하는 작업에 더 많은 어려움이 생긴다. 유닉스 계열의 일부 상용 운영체제는 기술적으로는 표준을 준수하지만 다른 유닉스 계열 운영체제와 전혀 다른 행태를 보이기도 한다. 너무 특별하지 않으면서 콜렉터와 잘 돌아간다고 알려진 운영체제를 선택하기 바란다.

어떤 시스템을 선택하든지 그 시스템은 안전해야 한다. 모든 유닉스 계열 운영체제에는 보안 가이드가 있으므로, 보안 가이드를 확보해서 숙지하고 적용한다. 콜렉터는 흐름 관리에 관련된 것 이외의 다른 서비스는 제공하지 않는다. 이와 같이 콜렉터의 목적이 명확하게 하나이므로 보안 가이드만 잘 따르면 시스템을 훨씬 더 안전하게 운영할 수 있다.

시스템 자원

흐름 수집에는 디스크 공간 이외에는 매우 적은 시스템 자원이 사용된다. (필자는 펜티엄 프로 서버에서 흐름 콜렉터를 돌린다.)

디스크 공간이 얼마나 필요한지는 네트워크의 트래픽 유형과 레코드의 보유 예정 기간에 따라 달라진다. 필자의 경우, 평균 5Mbps의 데이터 흐름에 매달 약 2GB의 디스크를 사용한다. 오늘날, 디스크 용량은 네트워크 이용량보다 더 빨리 늘어난다. 더 큰 디스크를 확보하면 모든 데이터를 저장할 수 있다.

메모리와 CPU가 충분하면 흐름 리포팅 속도가 빨라진다. 흐름 수집용 머신을 확보할 때 느리더라도 더 큰 하드 드라이브를 사용하고, 메모리를 추가할 것을 권고한다. 하드 드라이브가 느리면 비용과 전기를 절감할 수 있다. 그리고 메모리가 충분하면 시스템의 버퍼 캐시가 개선되어서 데이터를 더 빨리 분석할 수 있다.

콜렉터용 RAM을 최소한 4GB 이상 확보한다. 최신 유닉스 계열 OS 캐시는 RAM의 디스크 파일에 접근한다. 따라서 메모리가 클수록 보고서의 실행 속도가 더 빨라진다.

센서 고려사항

센서는 네트워크에서 흐름 데이터를 캡처해서 콜렉터로 전달하는 장치나 프로그램이다. 흐름 센서는 흐름 관리 시스템을 구축할 때 가장 어려운 부분이기도 하다. 특히 지리적으로 규모가 넓은 지역에 퍼져 있는 큰 네트워크라면 더 어렵다. 흐름 센서를 설치하기 위해 장거리 출장을 가고 싶지는 않을 것이다!

좋은 소식이 있다. 장거리 출장 계획을 짜지 않아도 된다. 사실, 설정만 아직 안 되었을 뿐 흐름 센서가 이미 설치되어 있을 것이다. 인터넷 보더 라우터border router가 있는가? 그 라우터를 센서로 사용하면 된다. 하이엔드 시스코 스위치가 있는가? 좋다. 그것을 센서로 이용하면 된다.

센서로 사용할 하드웨어가 없더라도 걱정할 필요가 없다. 흐름 센서를 소프트웨어로 구축할 수 있다.

위치

네트워크 규모가 중간 정도 되면 센서 위치를 지정해야 한다는 것을 깨달았을 것이다. 아마도 독자 여러분은 본사에 수십 개의 소규모 스위치와 한 개의 규모가 큰 중앙 코어 스위치를 운용하고 있을 것이며, 이외에 수십 개의 DMZ, 한 개의 인터넷 보더, VPN이나 MPLS를 통해서 연결되어 있는 다수의 원격 설비를 갖추고 있을 것이다. 이렇게 많은 곳 중에서 센서를 어디에 두어야 할까?

인터넷 보더

인터넷 보더부터 먼저 시작하자. 상용 급에 속하는 거의 모든 라우터는 흐름 레코드를 내보내기할 수 있다. 흐름을 분석하면 인터넷 접속이 어떻게 이루어지고 있는지를 알 수 있다. 웹 서핑 트래픽과 VPN 접속 트래픽이 얼마나 많은지를 알면 의사결정을 더 잘 할 수 있다.

이더넷 코어

네트워크의 이더넷 코어를 살펴보자. 내부 LAN에는 WAN 인터넷 연결보다 훨씬 더 많은 트래픽이 있을 것이다. 내부 네트워크의 흐름 데이터를 분석하면 문제, 설정 오류, 성능 이슈를 빠르게 파악할 수 있다. 네트워크 아키텍처를 보면 센서를 어디에 배치할 수 있는지를 알 수 있다.

시스코 4000이나 시스코 7000 같은 고성능 코어 스위치가 있으면, 그런 코어 스위치 자체가 흐름 정보를 내보내기할 수 있다.

이더넷 코어에 여러 대의 스위치가 있으면 모든 스위치에서 흐름을 내보내기해야 한다고 생각할 수 있다. 그러나 그 생각은 지나치다. 사무실 네트워크의 모든 스위치를 지나가는 모든 최종 패킷의 전체 레코드가 필요하지는 않다.

데이터를 캡처할 곳을 생각할 때 장비에서 장비로 트래픽이 어떻게 흐르는지를 생각하고, 중앙의 요충 지점에서만 흐름을 내보내기한다. 예를 들어, 필자는 메인 데이터 센터를 구성할 때 대규모 엔터프라이즈에서 일반적으로 사용하는 방법을 적용한다. 즉, 코어에는 대형 시스코 스위치를 두고, 각 층의 와이어링 클로짓에는 클라이언트 스위치를 둔다. 모든 클로짓 스위치와 모든 서버를 코어 스위치에 직접 연결한다. 이렇게 하면 로컬 스위치에서 나오는 모든 트래픽은 코어 스위치를 지나가야 한다.

필자는 중앙 스위치에서 나오는 흐름 데이터만 수집한다. 이것은 필자가 클로짓 스위치에서 일어나는 트래픽의 정보를 모르지만 모든 클라이언트 브로드캐스트 트래픽과 서버로 가거나 네트워크에서 외부로 나가는 모든 내용을 캡처한다는 것을 의미한다. 클라이언트가 로컬 스위치에 연결된 프린터를 사용하더라도 인쇄 작업은 코어 스위치에 연결된 프린트 서버를 지나가게 되어 있다. 흐름 내보내기 지점을 한 개로 단일화하면 전체 네트워크를 한꺼번에 볼 수 있다.

이더넷 코어가 한 두 개의 소형 스위치로 구성되어 있고, 이들 스위치가 흐름 정보를 내보내기할 수 없더라도 스위치에 '스니퍼' 포트나 '모니터' 포트가 있으면 흐름 기반 네트워크 관리 시스템을 구축할 수 있다. 이들 스위치 중 한 개는 네트워크 코어다. 특정 스위치가 이더넷 코어로 지정되어 있지 않다면 가장 많은 수의 서버에 서비스를 제공하는 스위치를 이더넷 코어로 한다. 이더넷 코어가 정해졌으면 해당 코어 스위치의 모니터 포트에 소프트웨어 흐름 센서를 연결한다(이번 장의 '소프트웨어 흐름 센서 설정' 절 참고).

원격 시설

원격 시설에도 앞에서와 비슷한 추론을 적용한다. 각 원격 시설에는 원격 시설을 글로벌 네트워크로 연결하는 라우터가 최소한 한 개는 있다. 이 라우터는 MPLS 클라우드나 인터넷으로 연결될 것이며, 외부 세계와의 링크가 된다. 이 라우터의 흐름을 캡처한다.

원격 시설에 내보내기 가능한 코어 스위치가 있다면 그 스위치를 이용하면 된다. 사이트에 너무 많은 문제가 있다고 보고되고, 중앙 스위치가 흐름을 내보내기할 수 없다면 소프트웨어 센서를 구축하거나 코어 스위치를 상위 등급의 스위치로 업데이트한다.

모든 것이 정해졌으면 원격 사이트의 흐름을 중앙 콜렉터로 내보내기한다. 관리하는 콜렉터가 여러 개면 작업 부하가 증가하므로 유의한다.

사설 네트워크 세그먼트와 DMZ

코어 네트워크와 인터넷 보더의 흐름을 추적하면 전체 네트워크를 볼 수 있다. 즉, DMZ처럼 고립되어 있거나 사설 네트워크에 있는 서버들까지 살펴볼 수 있다. 다시 말해서, DMZ 서버들이 코어 네트워크나 인터넷과 교환하는 트래픽도 볼 수 있다. 물론, DMZ 서버들 사이의 트래픽을 보지는 못한다.

DMZ에 서버가 한 개나 두 개만 있다면 해당 네트워크 세그먼트에서 흐름 내보내기를 할 필요가 없다. 그러나 서버가 여러 대면 흐름 내보내기를 해야 한다. 코어 네트워크와 보더 네트워크에 흐름 관리 시스템을 설치한 다음에 DMZ의 흐름 내보내기 시스템을 구축하면 된다.

콜렉터 구현

이상으로, 이론적인 내용은 충분히 설명했다. 계획도 세웠다. 이제, 무언가를 실제로 설치할 차례다.

인터넷을 검색하면 무료로 사용할 수 있는 흐름 콜렉터를 많이 찾을 수 있다. 가장 유명한 콜렉터로 cflowd, flowd, flow-tools가 있다. cflowd는 구식으로서, 더 이상 지원되지 않으며, 64비트 시스템에서는 컴파일되지 않는다. 그 다음에, flowd는 비교적 새로 나온 툴이지만 아직까지는 사용자나 서드 파티 소프트웨어에서 폭넓게 지원되지 않는다. 마지막으로, flow-tools는 가장 널리 사용되는 흐름 관리 툴킷이다.

flow-tools는 나온 지 오래되었고, 매우 넓은 사용자층을 확보하고 있다. 최초 개발자인 마크 풀머Mark Fullmer는 2005년에 버전 0.68을 발표하고, 다른 프로젝트로 갔다. 관리되지 않던 flow-tools는 서서히 폐기되는 것 같았지만 2007년에 일련의 사용자들이 flow-tools를 책임지기로 했다. 이들 사용자는 툴의 기능을 개선하고 버그를 고쳤다. 그리고 업데이트된 버전을 계속 발표했다. 다른 소프트웨어처럼 flow-tools에도 여전히 버그가 발견되기는 하지만 flow-tools는 광범위한 사용자를 확보하고 있다.

> **Note**
> 버전 0.68을 사용하지 마라. 0.68에는 사소한 문제들이 많이 있으며, 64비트 시스템에서는 제대로 돌아가지 않는다. (64비트 시스템에서 돌아가는 것 같지만 실제로는 엉뚱한 데이터를 만든다. 이것은 아예 돌아가지 않는 것보다 더 나쁘다.) 이 글을 쓸 당시에 0.68.5 버전인데 이 책이 실제로 나올 때쯤이면 이 보다 높은 버전이 나와 있을 것이다.

flow-tools 설치

운영체제 패키지나 소스에서 flow-tools를 설치할 수 있다. 설치하기 전에 flow-tools의 웹 사이트인 http://code.google.com/p/flow-tools/를 방문해서 최신 버전을 다운로드한다.

패키지에서 설치

대부분의 유닉스 계열 운영체제는 무료 사용 소프트웨어를 사전에 패키지된 버전으로 제공한다. 사전에 컴파일되고 패키지된 소프트웨어를 사용할 수 있으면 그렇게 한다.

그러나 많은 운영체제에는 버그를 없앤 새로운 버전이 아니라 0.68 버전의 flow-tools가 들어 있다. FreeBSD 같은 일부 운영체제에는 새로운 소프트웨어가 있으며, flow-tools-ng라는 패키지로 있다.

flow-tools 패키지의 이름을 확인하는 것이 중요하다. 예를 들어, 최근에 flow-tools의 버전이 0.68.4였다. CentOS flow-tools RPM을 보면 버전 0.68-4로 되어 있으며, 이것이 실제로는 flow-tools 패키지 0.68의 리비전 4다. 얼핏 보기에 이것이 제대로 된 패키지처럼 보이지만 실제로는 그렇지 않으므로 유의하기 바란다.

이 책이 인쇄될 때쯤이면 주요 OS 벤더가 업데이트된 패키지를 제공할 것이다. 그렇지 않다면 소스에서 설치하면 된다.

소스에서 설치

flow-tools의 최신 버전을 소스에서 설치하려면 http://code.google.com/p/flow-tools에서 소스 코드를 다운로드한 후에 압축을 푼다. 압축을 풀려면 GNU make와 GCC가 필요하다. 그리고 운영체제에 맞는 라이브러리와 헤더 파일도 필요하다. 0.68.4 버전이 아닌 다른 버전이라면 해당 버전을 입력하면 된다.

```
# tar -xf flow-tools-0.68.4.tar.bz2
```

압축을 푼 다음에 flow-tools 디렉토리로 가서 INSTALL 파일의 컴파일 과정을 읽는다. 아마, 단계는 configure, make, make install로 이루어질 것이다.

설치하기 전에 ./configure --help 명령어를 실행해서 빌드와 설치 옵션을 확인한다. 설치할 때 가장 유용한 옵션은 prefix다. prefix를 이용하면 소프트웨어를 설치하고 싶은 곳을 지정할 수 있다.

대다수의 유닉스 계열 운영체제는 사전 패키지 소프트웨어를 /usr/local/bin이나 /usr/local/sbin에 주로 설치한다. 그러나 flow-tools 같은 패키지를 소스에서 빌드할 때 설치 과정이 시스템의 패키지 관리 시스템과 딱 맞지 않는다. flow-tools의 설치 위치를 정할 때 시스템의 다른 것이 사용하지 않는 곳을 선택한다. 왜냐하면 운영체제가 업데이트될 때 flow-tools의 일부를 덮어쓰거나, OS에 탑재된 폐기된 버전이 기존에 설치된 flow-tools를 대체할 수 있기 때문이다. (새로운 디렉토리를 포함시키기 위해 PATH와 MANPATH 환경 변수를 꼭 업데이트하기 바란다.)

다음 예제에서는 flow-tools를 /usr/local/flow에 설치한다. 이 책의 모든 예제에서 이 디렉토리를 사용한다.

```
# ./configure --prefix=/usr/local/flow
# make
# make install
```

시스템이 선수조건을 모두 갖추지 못하면 설치 과정에 오류가 생길 것이다. 설치가 성공하면 /usr/local/flow/bin에 명령어들이 있고, /usr/local/flow/share/man에 매뉴얼 페이지가 있을 것이다.

> **Note**
>
> **make clean 사용에 유의**
> 소스에서 flow-tools를 빌드한 다음에 make clean을 실행하지 마라. 트러블슈팅을 위해 가끔 소스 코드로 되돌아가야 할 때가 있다.

flow-capture 실행

flow-capture 프로그램은 들어온 흐름을 내보내기 위해 지정된 특정 UDP 포트에서 흐름을 청취한다. 청취한 다음에 데이터를 캡처하고 흐름 레코드를 디스크에 쓴다. flow-capture는 파일을 어디에 저장해야 할지, 새로운 파일을 얼마나 자주 시작해야 할지, 흐름 정보를 어디로부터 수락해야 할지를 알아야 한다. flow-capture 매뉴얼 페이지에는 많은 옵션이 있지만 다음에 제시된 예제 정도만 알아도 많은 상황에서 충분하다.

```
# flow-capture -p /var/run/flow-capture.pid -n 287 -w /var/db/flows
  -s 5 192.0.2.1/192.0.2.10/5678
```

-p 인수는 PID process ID 파일의 저장 위치를 flow-capture에게 알린다. 위의 예에서 제시한 위치인 /var/ran/flow-capture.pid는 대부분의 유닉스 계열 운영체제에 있는 기본 파일이다.

-n 옵션은 24시간 동안 로그 파일을 몇 번이나 돌릴 것인지를 flow-capture에게 알린다. -n 옵션의 값으로 287이 들어 있으므로 flow-capture는 새로운 로그 파일을 5분마다 만든다. (눈치가 빠른 독자라면 하루 24시간이 288번의 5분으로 이루어진다는 것을 눈치 챘을 것이다. flow-capture는 한 개의 파일을 만든 다음에 새로운 파일을 하루에 287번 돌려서, 하루에 총 288개의 로그 파일을 만든다.) 여러분이 사용하게 될 많은 리포팅 프로그램은 로그 파일이 5분마다 만들어지는 것으로 예상한다.

파일을 어디에 쓸지는 -w 옵션에 의해 정해진다. 어떤 사람은 /var/log/flows를 더 선호하기도 하지만 /var/db/flows 디렉토리가 일반적인 쓰기 디렉토리다. 어떤 디렉토리가 되던 각 콜렉터에는 자체 디렉토리가 필요하다. 따라서 /var/db/flows/internet이나 /var/log/internet_flows 같은 디렉토리를 사용할 수 있다.

-S 5 옵션에 의해 flow-capture는 메시지를 syslog에 로그한다. syslog를 보면 얼마나 많은 흐름이 처리되었는지, 얼마나 많은 패킷이 수신되었는지, 얼마나 많은 흐름이 버려졌는지를 알 수 있다. 인수 5는 메시지를 5분마다 로그한다는 것을 의미한다.

> **Note**
> flow-capture는 syslog LOCAL6을 사용한다. (syslog 메시지의 관리 방법을 배우려면 syslog 튜토리얼을 확인한다.) LOCAL6을 다른 것으로 변경하려면 flow-capture의 소스 코드를 수정해야 한다.

명령어 라인의 마지막 인수인 192.0.2.1/192.0.2.10/5678은 flow-capture의 네트워크 설정이다. 첫 번째 주소는 flow-capture가 청취하는 로컬 머신의 IP 주소다. 위의 명령어 라인에서 알 수 있듯이 예제 콜렉터는 IP 주소 192.0.2.1에서 실행된다. 192.0.2.1 자리에 0을 두면 콜렉터는 머신의 모든 IP 주소의 트래픽을 수락한다. 콜렉터에 IP 주소가 한 개만 있더라도 그 주소를 콜렉터에 지정해서 할당할 것을 권고한다. 나중에 콜렉터에 다른 IP 주소를 추가할 수 있으며, 그때 IP 주소가 명시되어 있지 않으면 flow-capture는 모든 IP 주소의 트래픽을 청취할 것이다.

두 번째 IP인 192.0.2.10은 콜렉터로 데이터 전송을 허가받은 센서의 주소다. 이 자리에 0을 두거나 아예 아무 것도 넣지 않으면 flow-capture는 모든 주소의 흐름 데이터를 수락한다. 그렇게 하면 침입자가 콜렉터로 가짜 데이터를 전송할 위험이 높아진다. 또한 여러 곳으로부터 흐름을 동시에 수락할 수 있는 방법이 되기도 한다.

마지막으로, 5678은 flow-capture가 청취하는 UDP 포트다. 시스코 넷플로우 전용으로 UDP 포트를 할당할 곳은 없으므로 다른 서비스에 예약되지 않은 높은 포트 번호를 사용하면 된다. 6434 포트는 sFlow에 할당되어 있고, 4739~4740 포트는 IPFIX에 할당되어 있으므로 이들 포트 중 하나를 사용할 수 있다. 또한 많은 시스코 NetFlow 제품이 2055 포트를 사용한다. 2055번은 공개적으로 릴리즈되지 않은 제품에 시스코가 할당한 포트다.

여러분의 시스템에 적절한 옵션으로 시스템에서 flow-capture를 시작해 보아라. 몇 분 동안 지켜보면서 잘 돌아가는지 확인한다. 이렇게 하는 이유는 flow-capture를 빌드하고 설치할 때 기본적인 실수를 하지 않았는지를 검증하고, 명령어 라인이 정확한지를 확인하기 위해서다.

부팅 시 flow-capture 시작

운영체제는 부팅할 때 중요한 서비스를 시작한다. 따라서 운영체제가 부팅할 때 flow-capture도 시작해야 한다. 이 과정은 운영체제마다 다르다. 운영체제 벤더가 제공하는 패키지에서 flow-tools를 설치했다면 스타트업 스크립트에 포함되어 있을 것이다. 예를 들어, 레드햇 리눅스 RPM은 스타트업 스크립트를 /etc/init.d에 설치한다. FreeBSD 패키지는 스타트업 스크립트를 /etc/rc.local에 둔다. 캡처된 흐름 파일을 저장할 곳, 파일을 얼마나 자주 반복할 것인지, 흐름 데이터를 수락할 호스트가 무엇인지를 스크립트에 지정해야 한다. 사실, flow-capture에 지정할 모든 내용은 앞 절에서 배웠던 내용이다.

> **Note**
> 선택한 운영체제의 패키지에 스타트업 스크립트가 없으면 flow-capture 명령어를 컴퓨터의 스타트업 시스템에 추가한다. 이와 관련해서 운영체제의 문서를 점검한다. 때때로 명령어를 /etc/rc.local로 복사하기만 하면 되는 경우도 있다. 네트워크와 로컬 스토리지가 시작해야 flow-capture도 시작한다.

시스템을 재부팅해서, 부팅될 때 flow-capture가 시작하는지 확인한다.

콜렉터의 개수

flow-capture를 확보했으므로 들어오는 데이터의 처리 방법을 결정할 차례다. 모든 센서가 데이터를 하나의 콜렉터로 보내게 할 수 있고, 아니면 각 센서가 데이터를 자체 콜렉터로 보내게 할 수 있다.

모든 센서가 레코드들을 하나의 콜렉터로 보내게 하는 것이 간단하다. 이렇게 하려면 한 개의 콜렉터를 설정하고, 콜렉터로 전송할 수 있는 주소를 제한하지 않는다. 모든 센서가 한 개의 콜렉터를 사용하도록 한다. 그러면 콜렉터는 모든 센서에서 오는 모든 흐름 레코드를 공통 로그 파일로 보낸다. 그런데 흐름이 네트워크의 어느 부분에서 왔는지 어떻게 알 수 있는가? 센서 IP 주소를 보면 흐름이 어디서 왔는지 알 수 있지만, 이렇게 하면 분석 단계가 하나 더 늘어난다.

꼭 그렇게 해야 하는 이유는 없지만 필자는 각 흐름 센서에 대해 별도의 콜렉터를 실행할 것을 권장한다. 그렇게 하면 데이터를 별도로 관리하는데 도움이 된다. 모든 flow-capture 인스턴스는 동일한 서버에서 실행될 수 있으며, 동일한 IP 주소를 사용할 수 있고, 각 flow-capture 프로세스에 자체의 UDP 포트와 데이터 디렉토리를 할당할 수 있어서, 각 네트워크 세그먼트에서 온 트래픽을 별도로 분석할 수 있다. 분리된 데이터를 합치는 작업이 합쳐진 데이터를 분리하는 작업보다 훨씬 더 쉽다는 것이 필자의 생각이다.

콜렉터 로그 파일

콜렉터는 센서가 데이터를 보낼 때까지 아무 것도 기록하지 않는다. 그러나 일단 데이터가 콜렉터에 도달하면 콜렉터는 다음과 같은 형식의 로그 파일을 생성한다.

```
tmp-v05.2009-11-15.134501-0500
```

파일명의 가장 앞에 있는 tmp는 이 파일이 임시 파일temporary file이라는 것을 나타낸다. flow-capture는 이 임시 파일로 쓴다. 임시 파일 다음에는 흐름 파일의 생성 연월일이 오고, 그 다음에는 24시간 형식의 타임스탬프가 온다. 여기서 시간은 로그 파일의 완료 및 종료 시간이 아니라 흐름 파일의 생성 시간이다. 이번 예제의 흐름 파일은 2009년 11월 15일 오후 1시 45분 1초에 생성되었다. 마지막에 있는 숫자인 -0500은 UTC의 표준시각대 오프셋이다. 필자의 콜렉터는 동부 표준시에서 돌아가고 있어서 마이너스 5시간이 붙었다. 여러분의 콜렉터가 UTC 서부 표준시각대에서 실행되고 있다면 표준시각대 오프셋 앞에 +가 붙을 것이다. 다수의 표준시각대에 여러 개의 콜렉터가 있다면 모든 콜렉터가 동일한 표준시각대(예: UTC)를 사용하도록 지정하기 바란다.

새로운 파일을 생성해야 할 때 flow-capture는 현재 임시 파일의 이름을 ft-로 시작하는 이름으로 바꾸고, 새로운 임시 파일을 생성한다. 이름을 그대로 유지하면 생성 시간에 따라 흐름 파일들을 쉽게 식별하고 정렬할 수 있다.

콜렉터 트러블슈팅

센서가 데이터를 콜렉터로 보내도록 설정했지만 flow-capture가 몇 분 안에 로그 파일을 전혀 생성하지 않으면 트러블슈팅을 시작한다. 센서가 데이터를 송신하지 않아서 flow-capture가 데이터를 디스크에 쓰지 못할 수 있고, 아니면 센서와 콜렉터 사이의 방화벽이 포트를 막고 있어서 그럴 수도 있다.

트러블슈팅을 시작하려면 로컬 소프트웨어 문제로부터 네트워크 문제를 분리해야 하며, 이를 위해서 센서 데이터가 콜렉터에 도달하는지를 먼저 확인한다. 이 작업에 **tcpdump**를 다음과 같이 이용한다.

```
# tcpdump -p -n -i em0 udp and port 5678
```

옵션 -p가 있으면 인터페이스가 프로미스큐어스 모드promiscuous mode로 되지 않는다. 이렇게 되면 시스템은 로컬 인터페이스에 도달한 트래픽을 스니핑만 한다. (스위치를 적절하게 설정하면 프로미스큐어스 모드 스니핑을 막을 수도 있다. 그러나 -p 옵션을 넣으면 머신이 프로미스큐어스 모드를 아예 시도도 하지 않으므로 더 확실히 할 수 있다.)

-i 인수는 청취하고 싶은 인터페이스 이름을 지정한다. 이번 예제에서는 청취할 인터페이스가 em0으로서 필자 시스템의 네트워크 카드다. (대다수의 리눅스 배포판에서 메인 네트워크 인터페이스는 eth0이다.)

마지막에 있는 5678은 콜렉터가 실행될 포트다.

이 명령어를 실행하면 지정된 포트에서 콜렉터 호스트에 도달하는 모든 패킷의 정보를 볼 수 있다. 콜렉터 호스트에 도달한 데이터를 볼 수 없으면 센서 설정을 점검하고, 센서와 콜렉터 사이에 있는 모든 방화벽의 설정을 점검한다. 그런 다음에 데이터가 멈추는 곳을 찾을 때까지 센서에서 멀리 있는 곳부터 센서 가까이 있는 곳으로 오면서 패킷 스니퍼를 실행한다. 센서에 도착했는데도 회선에서 흐름 내보내기 흔적을 전혀 찾지 못하면 센서 설정을 의심해야 한다.

시스템이 흐름 데이터를 수신하지만 flow-capture가 아무런 로그 파일도 작성하지 않으면 flow-capture 설정을 점검해서 UDP 포트와 디렉토리가 제대로 지정되었는지를 확인한다. flow-capture를 실행하는 사용자가 파일을 지정된 디렉토리로 쓸 수 있는 권한을 가지고 있는지를 점검한다. 또한 /var/log/messages 같은 시스템 로그에서 오류 메시지를 점검한다. (flow-capture가 LOCAL6을 사용한다는 점을 기억하기 바란다. LOCAL6 메시지를 파일로 로그하도록 syslog를 설정했는지도 확인한다.)

하드웨어 흐름 센서 설정

하드웨어 흐름 센서를 설정하는 일은 가장 간단하고, 최고 좋은 옵션이다. 시스코 같은 많은 네트워크 하드웨어 제조업체는 자사의 제품에 흐름 내보내기 기능을 포함시킨다. 시스코 라우터는 1990년대부터 넷플로우를 지원했다. 시스코의 대형 스위치들 중 일부 스위치도 넷플로우를 지원한다. 그러나 최상의 결과를 위해서 스위치를 라우터와 다르게 설정해야 한다. 주니퍼 라우터도 흐름 내보내기를 지원한다. 따라서 이번 절에서는 주니퍼 라우터의 설정 방법도 다룬다. 소규모 라우터 벤더들 중 꽤 많은 벤더도 흐름 내보내기 기능을 지원하므로, 해당 벤더의 문서에서 설정 명령을 점검한다.

이 책에 제시된 예제들은 흐름 콜렉터가 10.10.10.10 호스트의 UDP 포트 5678에서 실행되는 것으로 가정한다. 이 값을 독자 여러분의 환경에 맞게 조정하면 된다.

시스코 라우터

시스코 라우터에서는 넷플로우를 인터베이스별로 설정한다. 로컬 이더넷 인터페이스가 아닌 업스트림 인터페이스(들)에서만 넷플로우가 필요하다. (HSRP나 VRRP 클러스터처럼 이더넷 인프라가 복잡하면 이더넷 인터페이스들의 흐름도 모니터링하고 싶을 수 있다.) 다음 예제에서는 S0/0 인터페이스에서 넷플로우를 활성화한다.

```
Router# conf t
Router(config)# int s0/0
Router(config-if)# ip route-cache flow
Router(config-if)# exit
```

라우터의 업스트림 인터페이스들에서 이 설정을 반복한 다음에 흐름 데이터를 전송할 곳을 라우터에게 알린다. 다음과 같이 하면 된다.

```
Router(config)# ip flow-export version 5
Router(config)# ip flow-export destination 10.10.10.10 5678
```

설정한 내용을 저장한다. 데이터가 콜렉터로 가는 것을 바로 볼 수 있다.

라우터에서 추적된 흐름 정보를 보려면 IOS 명령어 show ip cache flow를 사용한다.

시스코의 일부 모델에서는 구문이 약간 다를 수 있다. 구문이 맞지 않으면 시스코의 웹사이트나 인터넷에서 검색을 하거나 Q&A에 질문을 해서 문제를 해결한다.

시스코 스위치

시스코 스위치용 넷플로우는 라우터보다 늦게 개발되어서 고성능 모델에만 있다. 4000이나 6000 계열 이상의 모듈식 스위치에서만 넷플로우 내보내기 기능을 지원한다. 그 외의 많은 스위치에서는 넷플로우 내보내기 기능을 위해서 넷플로우 카드를 추가해야 하며, 모델에 따라 넷플로우 카드가 있을 수도 있고 없을 수도 있다. 스택형 스위치와 소형의 스탠드 얼론 스위치는 넷플로우 내보기기를 지원하지 않는다.

스위치에서는 넷플로우를 인터페이스별로 활성화하거나 비활성화할 수 없으며, 스위치 전체에서 활성화하거나 비활성화할 수 있다.

넷플로우 지원 방식은 모델별로 다르고 설치되어 있는 IOS 버전별로도 다르다. 필자가 이 책에서 예제 설정을 제시하지만 이 설정이 여러분의 스위치에서 맞지 않을 수 있다. 시스코 스위치에서는 많은 작업을 여러 가지 방법으로 수행할 수 있으며, 필자의 환경에서 이루어지는 작업이 일부 환경에서는 제대로 돌아가지 않을 수도 있다는 점을 염두에 두기 바란다.

스위치에서 넷플로우를 설정하기 전에 여러분의 환경에서 여러분이 보유하고 있는 스위치 모델에서 흐름을 캡처하려면 어떻게 해야 하는지 시스코에서 미리 확인하는 것도 좋은 방법이다. 그러나 여러분의 설정도 다음에 제시된 예제와 매우 비슷할 것이다.

> **Note**
> 한 번 시도해서 어떤 일이 일어나는지 보기만 하려면 설정을 먼저 백업한다. 그리고 네트워크에 사용자가 아무도 없을 때 시도한다.

```
Switch# conf t
Switch(config)# ip route-cache flow
Switch(config)# ip flow ingress
Switch(config)# ip flow ingress layer2-switched
Switch(config)# ip flow-export version 7
Switch(config)# ip flow-export destination 10.10.10.10 5678
```

두 번째 라인에 있는 ip route-cache flow 문에 의해 스위치는 흐름을 활성화한다. 그리고 그 다음 라인의 ip flow ingress 문에 의해 스위치는 흐름을 스위치로 들어오게 한 경로를 기반으로 흐름을 추적한다.

기본적으로 라우팅 기능이 있는 스위치는 스위칭한 이더넷 트래픽이 아니라 라우팅한 흐름에 관한 정보만 내보내기한다. 그러나 로컬 이더넷 트래픽에 관한 흐름 정보도 캡처해야 한다면 2계층 흐름도 캡처하도록 스위치에게 지시해야 한다. 이를 위해서 네 번째 라인과 같이 ip flow ingress layer2-switched 명령어를 사용한다.

시스코 스위치는 넷플로우 버전 7을 지원하므로 여러분도 넷플로우 버전 7을 사용할 수 있다. 이를 위해 ip flow-export version 7 명령어를 실행한다. 마지막으로, 흐름 데이터를 전송할 곳을 스위치에게 알려야 한다. 이번 예제에서는 IP 주소 10.10.10.10에 5678 포트로 흐름 데이터를 전송한다.

설정을 완료한 후에 작업한 내용을 저장한다. 데이터는 저장 즉시 콜렉터로 간다. 시스코 라우터처럼 show ip cache flow 명령어로 현재의 흐름 통계를 볼 수 있다.

주니퍼 라우터

주니퍼 설정은 시스코 설정보다 훨씬 더 길다. 그러나 설정이 어렵지는 않다. 먼저, 흐름 트래픽을 어떻게 샘플링하고, 흐름을 어디로 전송할 것인지를 먼저 지정한다.

```
        forwarding-options {
            sampling {
                input {
                    family inet {
①                       rate 1;
                        run-length 9;
                    }
                }
                output {
②                   cflowd 10.10.10.10 {
③                       port 5678
④                       source-address 172.16.16.16;
                        version 5;
                        no-local-dump;
                    }
                }
            }
        }
```

괄호가 많지만 설정을 이해하기가 어렵지는 않다. 먼저, ①에서 흐름의 샘플링 비율을 정한다. 이번 예제에서는 샘플링 비율을 1로 했다. 이렇게 하면 주니퍼는 1개 패킷 중에 1개 패킷, 즉 모든 흐름을 샘플링한다. 샘플링 비율을 100으로 정하면 주니퍼는 100개 패킷 중에 1개 패킷을 샘플링한다. 이번 예제에서 샘플링 비율을 1로 한 것은 가능하면 모든 트래픽을 기록한다는 필자의 개인적인 성향 때문이다. 트래픽 레코딩 작업으로 인해 라우터에 과부하가 걸리면 하드웨어가 지원하는 수준으로 샘플링 비율을 조정한다. 10GB의 네트워크를 운영하고 있다면 샘플링을 꼭 해야 할 것이다. 네트워크의 가장 적절한 샘플링 비율을 파악하는 유일한 방법은 실험 밖에 없다. 샘플링 비율이 너무 높으면 라우터에 과부하가 걸리고 패킷이 손실될 수도 있다.

앞에서 이야기했듯이 cflowd는 폐기된 흐름 콜렉터다. 주니퍼 하드웨어는 라우터가 흐름을 어디로 전송하는지를 명시하기 위해 cflowd라는 이름을 사용한다. ②에서 흐름 콜렉터가 어디에 있는지를 주니퍼에게 알리고, ③에서 콜렉터가 실행될 UDP 포트를 지정한다. 그리고 ④에서 패킷이 라우터의 어느 주소에서 전송되는지를 지정한다.

이제 흐름 데이터를 캡처할 인터페이스(들) 중에서 샘플링을 활성화한다. 다음과 같이 하면 된다.

```
...
   family inet {
      sampling {
         input;
         output;
      }
...
```

이 설정에 의해 인터페이스의 들어오는 트래픽과 나가는 트래픽이 흐름 내보내기 엔진이나 샘플링 엔진으로 전송된다.

소프트웨어 흐름 센서 설정

네트워크에 흐름 내보내기가 필요하지만 흐름 내보내기를 지원하는 스위치가 없을 수도 있다. 그렇다고 하더라도 걱정할 필요가 없다. 흐름 내보내기를 지원하는 하드웨어를 새로 구매할 수도 있지만 소프트웨어로 흐름 센서를 구축하면 된다.

흐름 센서로 하드웨어가 아닌 소프트웨어를 사용할 때 제한이 있다. 먼저, 소프트웨어를 서버에서 실행해야 하기 때문에 네트워크에 서버 장비를 추가해야 한다. 그리고 관리가 되는 이더넷 스위치에서 오는 데이터만 캡처할 수 있다. 소프트웨어는 모든 트래픽을 캡처하지 못하며, 어떤 트래픽을 캡처하지 못했는지를 알려주지도 않는다. 그리고 네트워크 어드민 입장에서 흐름 센서 소프트웨어는 설정하고 패치하고 유지보수해야 하는 또 다른 소프트웨어다. 네트워크 어드민은 이미 해야 할 일이 충분히 많지 않은가? 그럼에도 불구하고 소규모 네트워크에서는 소프트웨어가 현실적으로 유일한 대안이다.

센서 서버 하드웨어 셋업

흐름 센서 소프트웨어를 설치하기 위해 많은 시스템 자원이 필요하지는 않다. 데스크톱 정도만 있어도 된다. 필자는 Soekris(http://www.soekris.com/) 같은 싱글 보드 컴퓨터에서도 흐름 센서를 효과적으로 실행했다. 그리고 266MHz CPU에 128MB RAM 인 머신에서도 LAN 트래픽을 캡처하는 동안 자원이 거의 사용되지 않을 정도였다.

어떤 하드웨어를 선택하든, 흐름 센서 머신에는 최소한 두 개의 네트워크 인터페이스가 있어야 한다. 한 개의 인터페이스는 초당 많은 패킷을 처리할 수 있어야 한다. 네트워크 카드가 머더보드에 내장되어 있는 구형 데스크톱 머신을 사용할 계획이라면 내장 네트워크 카드가 충분한 속도를 내지 못한다고 보면 된다. 고급형 네트워크 칩셋을 사용하는 데스크톱 머더보드 벤더는 거의 없고, 대부분의 벤더는 많은 사용자들이 가까스로 만족할만한 수준의 저가 칩셋을 사용한다. 어떤 네트워크 카드를 구매할지 확신이 서지 않으면 일반적으로 인텔에서 나온 네트워크 카드 정도면 흐름 센서용으로 적절하다. 서버 급 시스템에 있는 네트워크 카드는 일반적으로 적절하다. 그 정도가 꽤 좋다는 것은 아니고, 그냥 쓰기에 적당한 수준이다.

마지막으로, 흐름 센서용으로 구형 머신을 재활용할 계획이면 하드 드라이브를 새로 장착하기 바란다. 흐름 센서가 사용하는 하드 드라이브 용량은 매우 적다. 그러나 하드 드라이브는 시간이 지나면서 오류를 일으킬 가능성이 높은 부품이다. 흐름 센서를 설치하고 몇 주 동안 작업을 했다가 하드 드라이브에 문제가 생겨서 그 동안 들인 노력을 물거품으로 만들고 싶지는 않을 것이다. (경력이 많은 시스템 어드민은 FreeSBIE 같은 툴킷을 이용해서 부팅 가능한 CD에 흐름 센서를 만들어서 문제 발생 시 쉽게 교체할 수 있는 센서를 만든다.)

마지막으로, 흐름 센서 서버와 콜렉터에 동일한 운영체제를 사용할 것을 권고한다. 물론 이것이 필수 요구사항은 아니다. 그러나 실제 운영할 때 운영체제가 여러 개면 관리에 많은 시간이 들어간다.

네트워크 셋업

소프트웨어 흐름 센서를 사용하려면 포트 미러링port mirroring이나 포트 모니터링port monitoring이 가능한 스위치가 있어야 한다. 이것을 흔히 스니퍼 포트sniffer port 라고도 한다. 스위치는 스위치를 지나가는 모든 트래픽을 모니터 인터페이스로 복사한다. 패킷 스니퍼를 이용해서 복사 상황을 확인할 수 있다.

시스코 시스템에서 모니터 포트를 설정하려면 모니터링할 인터페이스와 트래픽을 보낼 인터페이스를 정의한다. 다음 예제에서 시스코 스위치는 VLAN 1에서 오는 모든 트래픽을 Gi0/4 인터페이스로 복사한다. (많은 스위치 벤더는 웹 기반 설정 툴도 제공하므로 그것을 활용하면 된다.)

```
    router# conf t
①  router(config)# monitor session 1 source vlan 1
②  router(config)# monitor session 1 destination interface Gi0/4
```

①에서 모니터 세션을 정하고, 어떤 VLAN이나 포트를 모니터링할 것인지를 스위치에게 알린다. 그런 다음에 ②에서 모니터링된 트래픽을 어떤 곳으로 복사할 것인지를 스위치에게 알린다. 이 스위치는 이제 메인 VLAN을 지나가는 모든 트래픽을 모니터 포트로 복사한다.

흐름을 내보내기할 수 있는 스위치는 성능이 충분히 높기 때문에 주요 서버를 스위치로 모두 연결해서 주요 트래픽이 스위치를 지나가게 만들고 중요한 것을 모두 캡처할 수 있다. 고성능 스위치가 아니라 소규모 스위치를 사용하고 있다면 주요 서버에서 오는 트래픽을 모니터 포트에서 캡처할 수 있다.

> **Note**
> 와이어링 클로짓 스위치에 있는 모든 트래픽을 캡처하지는 못한다. 물론 모든 트래픽을 캡처하기 위해서 흐름 센서를 모든 스위치에 배치할 수 있다. 그러나 그렇게 하면 복잡하고 느려진다.

센서 서버 셋업

스위치는 모니터 포트에서 정규 트래픽을 수락하지 못한다. 따라서 센서 머신은 네트워크 트래픽을 받기 위해 모니터 포트를 사용할 수 없다. (어떻게 되는지 한 번 해 보기 바란다.) 네트워크를 볼 수 있는 포트는 스니퍼 포트가 유일하다. 센서 박스에서 정규 네트워크 활동을 보려면 두 번째 네트워크 카드가 있어야 한다.

리눅스와 BSD 시스템에서 트래픽을 감지하려면 스니퍼 인터페이스를 먼저 활성화시켜야 한다. 스니퍼 인터페이스가 네트워크에 참여하지 못하도록 스니퍼 인터페이스에서 ARP를 비활성화하는 것이 좋다. 이를 위해 up 명령어와 -arp 명령어를 사용한다. 아래의 예는 em0 인터페이스에서 시작하고 em0 인터페이스에서 ARP를 비활성화하는 명령어다.

```
# ifconfig em0 up -arp
```

em0 자리에 여러분의 스니퍼 인터페이스를 넣는다. 그런 다음에 스니퍼 인터페이스에서 네트워크 트래픽을 보고 있는지를 검증하기 위해 tcpdump를 다음과 같이 사용한다.

```
# tcpdump -n -i em0
```

트래픽 레코드가 길어서 한 화면을 넘어서 지나갈 수 있다. 화면 출력을 중단하려면 Ctrl-C를 누른다.

콜렉터에서 센서 실행

콜렉터가 고급 하드웨어에서 실행되어서 센서가 많이 필요하지 않으면 센서를 콜렉터 머신에서 실행하는 것을 고려할 수 있다. 콜렉터 머신에 네트워크 인터페이스를 하나 더 추가해서, 추가된 네트워크 인터페이스에서 센서를 실행하면 된다. 그런 다음에 센서가 로컬 호스트 IP(127.0.0.1)의 UDP 포트로 송신하도록 설정한다. 그러면 콜렉터는 127.0.0.1에서 오는 연결만 수락한다.

그러나 이 머신은 보안에 매우 민감해진다. 콜렉터에는 네트워크를 지나가는 트래픽 레코드의 히스토리가 있을 뿐만 아니라 현재의 네트워크 활동 정보가 모두 있다. 콜렉터 머신의 보안에 신경을 쓰기 바란다!

센서: softflowd

인터넷을 검색하면 소프트웨어 흐름 센서가 많이 있을 것이다. 그 중에서 softflowd(http://www.mindrot.org/softflowd.html)가 좋다. 사이트에 가서 최신 버전을 확인한다. 여러분의 운영체제에 최신 패키지가 있으면 그 패키지를 사용한다. 패키지가 없으면 소스 코드를 다운로드해서 프로그램을 직접 설치한다. softflowd가 구글 코드(http://code.google.com/p/softflowd/)에도 있다.

프로그램 빌드 방법을 softflowd의 README 파일에서 점검한다. flow-tools처럼 softflowd에도 configure 스크립트가 있다. 필자는 애드온 소프트웨어를 메인 시스템과 다른 디렉터리에 추가하는 것을 선호한다. 왜냐하면 그렇게 하면 애드온 소프트웨어를 별도로 관리하기가 쉽기 때문이다. 여기서는 softflowd를 /usr/local/softflowd

에 설치한다.

```
# configure --prefix=/usr/local/softflowd
# gmake
# gmake install
```

위와 같이 하면 두 개의 프로그램, 즉 softflowd와 softflowctl과 각 프로그램의 man 페이지, 한 개의 README 파일이 설치된다.

softflowd 실행

softflowd를 실행하려면 softflowd가 청취할 인터페이스, 콜렉터의 호스트명이나 IP 주소, 콜렉터가 실행되는 포트를 알아야 한다. 이번 예에서, softflowd는 em0 포트에서 청취하고, 데이터를 IP 주소 10.10.10.10, 포트 5678로 송신한다.

```
# softflowd -i em0 -t maxlife=300 -n 10.10.10.10:5678
```

명령어 중간에 있는 -t maxlife=300은 흐름 타임아웃을 300초, 즉 5분으로 지정한다는 내용이다.

softflowd는 하드웨어 흐름 센서보다 더 유연하다. 유연성이 더 높다는 것은 잘못 설정할 가능성도 더 높다는 의미다. 매뉴얼에는 softflowd의 성능을 조정할 수 있는 방법이 수록되어 있지만 그 방법들 중 대부분은 대다수의 환경에서 유용하지 않다. 한 가지 도움이 되는 옵션이 있다면 softflowd가 한 번에 추적하는 흐름의 상한 개수를 변경하는 기능이다.

기본적으로 softflowd는 한 번에 최대 8,192개의 흐름을 추적하며, 이에 약 800KB의 메모리를 사용한다. 이 정도면 동시 연결 수가 꽤 많은 편이지만 대역폭이 높은 링크를 모니터링하고 있다면 기본 값을 올려야 한다. (softflowd가 특정 시간에 얼마나 많은 흐름을 추적하고 있는지를 파악하는 방법을 다음 절에서 설명한다.) 추적하고 있는 흐름의 상한 개수를 지정하기 위해 다음과 같이 -m 플래그를 사용한다.

```
# softflowd -i em0 -t 5m -m 16384 -n 10.10.10.10:5678
```

이번 예제에서는 일반적인 흐름 개수의 두 배인 16,384개의 흐름을 추적한다.

softflowd 보기

네트워크 어드민은 실행 중인 softflowd 프로세스를 관리하기 위해 softflowctl 프로그램을 사용한다. 여러분은 softflowctl을 사용해서 흐름 수집을 중단하고, 현재 추적하고 있는 흐름을 보고, 추적 중인 모든 흐름을 콜렉터로 보낼 수 있다. softflowctl 매뉴얼 페이지에는 softflowctl의 모든 기능에 대한 내용이 있지만 여기서는 일반적인 상황에서 사용되는 기능들만 다룬다.

softflowctl 명령어들 중에서 가장 간단한 것으로 shutdown 명령어와 exit 명령어가 있다. 현재 추적하고 있는 모든 흐름을 콜렉터로 내보내기한 다음에 스스로 셧다운하도록 softflowd에게 지시하려면 shutdown 명령어를 사용한다. 이 방법이 softflowd에서 권장하는 종료 방법이다.

```
# softflowctl shutdown
```

모든 추가 흐름을 콜렉터로 전송하지 않고 스스로 멈추도록 softflowd에게 지시하려면 exit 명령어를 사용한다. 이렇게 하면 softflowd는 수집은 했지만 내보내기하지 않은 모든 데이터를 잃는다.

```
# softflowctl exit
```

softflowctl의 흥미로운 기능으로, 현재 추적하고 있는 흐름을 보는 기능과 추적된 흐름의 내부 통계를 보는 기능이 있다.

추적된 흐름 보기

softflowd가 현재 추적하고 있는 흐름을 보고 싶으면 softflowctl의 dump-flows 명령어를 사용한다. 명령어의 실행 결과에서 각 라인은 하나의 흐름이다. 흐름이 보이면 softflowd가 작업을 하고 있는 것이다.

```
# softflowctl dump-flows
softflowd[61946]: Dumping flow data:
ACTIVE seq:84 [①192.0.2.253]:②4234 <> [③239.255.255.250]:④1900
proto:⑤17 octets>:314 packets>:1 octets<:0 packets<:0 start:2011-
12-07T15:03:18.541 finish:2011-12-07T15:03:18.541 tcp>:00 tcp<:00
flowlabel>:00000000 flowlabel<:00000000
EXPIRY EVENT for flow 84 now
...
```

이 흐름의 한 쪽에 있는 호스트의 IP 주소는 192.0.2.253(①)이고, 포트는 4234(②)다. 연결의 다른 쪽에 있는 호스트의 IP 주소는 239.255.255.250(③)이고, 포트는 1900(④)이다. 그리고 이 흐름이 사용하는 프로토콜은 17(⑤), 즉 UDP다. 여기에 타이밍 정보도 있지만 이 데이터를 더 편리하게 볼 수 있는 다른 방법들도 많이 있다.

흐름 통계 보기

softflowd는 시작 즉시 흐름을 추적한다. 현재 추적하고 있는 흐름의 특징을 softflowd에게 질의하기 위해 softflowctl의 statistics 명령어를 다음과 같이 사용하면 된다.

```
# softflowctl statistics
```

명령어의 긴 실행 결과를 더 쉽게 이해하기 위해 실행 결과를 여러 부분으로 나누어서 살펴본다.

```
① softflowd[61946]: Accumulated statistics:
② Number of active flows: 16
③ Packets processed: 11898
④ Fragments: 0
⑤ Ignored packets: 46 (46 non-IP, 0 too short)
⑥ Flows expired: 759 (0 forced)
⑦ Flows exported: 784 in 67 packets (0 failures)
⑧ Packets received by libpcap: 12156
⑨ Packets dropped by libpcap: 0
⑩ Packets dropped by interface: 0
```

첫 번째 라인(①)에는 숫자가 하나 있으며, 이 숫자는 여러분이 질의한 softflowd 프로세스의 PID다. 한 머신에서 여러 개의 softflowd 인스턴스를 실행하고 있으면 이 숫자를 보고 원하는 인스턴스에 질의하고 있는지를 확인할 수 있다.

②에 있는 숫자는 몇 개의 흐름이 진행되고 있는지를 나타낸다. 이 숫자는 네트워크에 활성화되어 있는 연결 개수와 같지 않다. 센서는 흐름이 종료되었거나 타임아웃이 만료되었다고 판단할 이유가 없으면 흐름을 추적한다. DNS나 UDP NFS 요청으로 생긴 흐름은 타임아웃이 만료되기 전까지 softflowd의 추적 흐름 목록에 남으며, 그 기간은 대응하는 네트워크 활동이 중단된 후에도 어느 정도 기간 동안 계속된다.

처리되는 패킷의 수(③)는 항상 증가하며, 프래그먼트의 수(④)도 증가하지만 패킷 수만큼 빨리 증가하지 않는다.

버려진 패킷 수(⑤)는 훨씬 더 흥미롭다. 모든 네트워크에는 가끔 '이상한 것'이 지나가기도 한다. 흐름 관리는 TCP/IP와 TCP/IP에 관련된 프로토콜(예: IPv6, SCTP)만 처리한다. softflowd가 DECNet처럼 TCP/IP의 일부가 아닌 패킷을 만나면 그 패킷을 세기는 하지만 실제로 처리하지는 않는다. 버려진 패킷은 잘못된 하드웨어, 잘못 섞인 TCP/IP 스택, 특별한 네트워크 프로토콜, 다른 이상한 오류에 의해 만들어진다. 시스템의 어느 부분에서 패킷이 버려지는지, 또 왜 버려지는지를 알려면 netstat -s 명령어를 이용한다. softflowd는 실제 데이터가 들어가기에 너무 짧은 패킷도 버린다.

⑥에서 만료된 흐름의 수를 알 수 있다. 그리고 ⑦에서 콜렉터로 내보내기된 흐름이 몇 개인지 알 수 있다. 이들 숫자가 반드시 같지는 않다. 왜냐하면 전자는 softflowd의 내부 통계이기 때문이다. 내보내기된 흐름의 수는 콜렉터에서 수신한 흐름의 수와 동일하다. softflowd가 일부 흐름을 강제로 만료시켰고, softflowd가 추적해야 할 흐름 수를 높여야 한다면 -m을 사용한다.

libpcap는 softflowd가 사용하는 패킷 캡처 소프트웨어다. ⑧에서 libpcap가 수신하는 패킷 수는 softflowd가 처리한 패킷 수와 거의 비슷하다. ⑨를 보면 libpcap가 버린 패킷의 수가 매우 낮은데, 이는 데이터 캡처가 적절하게 이루어지고 있다는 것을 나타낸다. 이 숫자가 높으면 문제가 있으므로 그 원인을 조사해야 한다. 운영체제나 하드웨어가 현재 로드를 처리하기에 적절하지 않으면 버려지는 패킷 수가 많을 수 있다.

네트워크 카드가 네트워크의 모든 데이터를 캡처하지 못할 수 있다. 마지막으로, ⑩에서 인터페이스에서 버려진 패킷 수를 알 수 있다. 정상적이라면 그 값은 0이거나 매우 낮을 것이다.

그 다음에는 아래와 같이 만료된 흐름에 관련된 정보가 나온다.

```
Expired flow statistics:    minimum        average        maximum
     Flow bytes:           ① 221          ④ 263570      7564472
     Flow packets:         ② 1            345           9446
     Duration:             ③ 0.00s        ⑤ 22.73s      307.47s
```

흐름 중에서 가장 작은 흐름의 크기는 221바이트다(①). 그리고 흐름에서 가장 작은 패킷의 수는 1이었다(②). 가장 짧은 흐름(③)은 100분의 1초보다 더 짧은 시간동안 지속되었다.

이 데이터를 토대로 몇 가지 추측을 할 수 있다. 예를 들어, 한 개의 패킷에서 221바이트의 흐름이 아주 짧은 시간 동안 지속되었다고 추측할 수 있다. 한 개의 패킷에 바이트 수가 많지 않은 여러 개의 흐름이 포함되어 있을 수 있다. 즉, 221바이트 흐름이 여러 개의 작은 패킷으로 나누어져 있을 수 있다. 특정 흐름에 관한 결론에 도달하기 위해서는 더 상세한 분석을 해야 한다. 최댓값도 최솟값과 비슷하게 볼 수 있다. 즉, 바이트 수가 가장 높은 흐름이 가장 큰 패킷을 가진 흐름이라고 단정 지을 수는 없다.

평균 흐름(④)은 263,570바이트, 약 257KB다. 그리고 약 22초(⑤)동안 지속되었다. 여기서도, 크기가 평균인 흐름이 패킷 수가 평균인 흐름과 동일하다고 가정할 수 없고, 크기가 평균인 흐름이 지속 시간이 평균인 흐름과 동일하다고 가정할 수도 없다.

통계의 마지막 부분을 분석하면 **softflowd**가 흐름을 만료한 이유와 내보내기한 이유를 알 수 있다. 또한 프로토콜별 통계도 목록으로 확인할 수 있다.

```
     Expired flow reasons:
              tcp =         10   tcp.rst =   ① 1   tcp.fin =   ② 1
              udp =        126   icmp =      ③ 0   general =       0
④        maxlife =          5
⑤       over 2Gb =          0
⑥        maxflows =         0
⑦        flushed =          0

     Per-protocol statistics:       Octets    Packets    Avg Life   Max Life
              tcp (6):             32994923     36899     195.36s    330.44s
              udp (17):               46014       135       0.00s      0.03s
```

TCP와 UDP에는 자체 엔트리가 있으며, 여기에는 흐름이 만료된 이유가 들어 있다. 예를 들어서, ①에서 볼 수 있듯이 TCP 흐름은 포트가 닫혔다는 것을 나타내는 TCP RST에 의해 만료될 수 있다. 또한 정상 세션의 끝을 나타내는 TCP FIN(②)에 의해 만료될 수도 있다. ③에서와 같이 닫힌 포트에 대한 UDP 요청에 의해 ICMP 응답이 만들어졌지만 금방 타임아웃될 수도 있다.

또한 softflowctl은 타임아웃 경과로 인해 만료된 흐름의 수를 표시한다(④). 그리고 단일 흐름의 최대 크기 초과로 인해 만료된 흐름의 수도 표시한다(⑤).

softflowd 프로그램은 동시에 일어난 흐름의 최대 개수를 추적한다. softflowd가 추적할 수 있는 것보다 더 많은 흐름을 발견하면 액티브 상태인 흐름을 추적할 충분한 능력을 확보할 때까지 오래되어서 휴면 상태에 있는 흐름을 만료시킨다. 최대 흐름 수(⑥)가 넘치기 시작하면 softflowd가 추적할 수 있는 흐름 수를 높이기 바란다.

마지막으로, 어드민이 softflowctl expire -all 명령어를 실행했을 때 얼마나 많은 흐름이 만료되었는지를 ⑦번 flushed 엔트리에서 알 수 있다.

통계 부분의 마지막에는 프로토콜별 흐름 정보가 목록으로 표시되어 있다.

이번 장에서 몇 가지 데이터를 수집했다. 3장에서는 이들 데이터를 어떻게 볼 것인지를 배운다.

3

흐름 보기

데이터를 송신하는 센서를 확보했고, 콜렉터가 데이터를 디스크에 쓰고 있다. 이제 무엇을 해야 하는가? flow-tools는 흐름 데이터를 보고, 통계를 분석하고, 보고서를 생성하는 여러 프로그램을 제공한다. 먼저, 흐름 파일에 있는 데이터를 표시하는 방법부터 살펴본다.

flow-print 사용

흐름 파일에는 빽빽하게 들어찬 이진 데이터가 있으며, cat나 more로 흐름 파일을 보면 모니터 화면이 금방 넘쳐난다. flow-print를 이용하여 흐름 데이터를 간편하게 볼 수 있다.

각 흐름 파일에는 헤더 정보가 있으며, 이 헤더 정보에는 데이터를 내보내기한 호스트와 캡처 시간 등이 있다. 여러 개의 흐름 파일을 보아야 한다면 데이터를 flow-print로 넘기기 전에 헤더를 따로 빼서, 실제 흐름 데이터를 보는데 방해가 되지 않도록 한다. 이 시점에 flow-cat이 필요하다. flow-cat을 이용해서 여러 개의 흐름 파일을 이어서, flow-print로 온전한 데이터를 보낼 수 있다. flow-cat을 사용하는 것은 선택 사항이지만 헤더 데이터를 따로 살펴보지 않는다면 flow-print와 함께 flow-cat을 항상 사용할 것을 권고한다.

흐름 파일을 조사할 때 flow-cat을 사용해서 데이터를 flow-print로 제공한다. 그런 다음에 다음과 같이 하면 모든 결과를 볼 수 있다.

```
# flow-cat ft-v05.2009-12-01.171500-0500 | flow-print | less
srcIP            dstIP            prot   srcPort    dstPort    octets    packets
36.85.32.9       158.43.192.1     17     2325       53         59        1
158.43.192.1     36.85.32.9       17     53         2325       134       1
36.85.32.37      83.243.35.204    6      25         4115       1035      14
83.243.35.204    36.85.32.37      6      4115       25         1527      12
...
```

리스트 3.1 flow-print의 출력 예

리스트 3.1의 각 라인은 한 개의 흐름을 나타낸다. 첫 번째 행인 srcIP는 흐름의 출발지 IP 주소며, 두 번째 행인 dstIP는 흐름의 목적지 IP 주소다.

prot 행은 이 흐름의 프로토콜 번호다. 리스트에 있는 17번 프로토콜은 UDP고, 6번 프로토콜은 TCP다. 네트워크에서 가장 일반적으로 볼 수 있는 프로토콜을 표 3.1에 요약해 두었다. 그리고 콜렉터 서버의 /etc/protocols 파일에 가면 거의 모든 프로토콜 번호 목록을 볼 수 있다.

srcPort 행은 TCP 흐름이나 UDP 흐름의 출발지 포트고, dstPort 행은 TCP 흐름이나 UDP 흐름의 목적지 포트다. 마지막으로, octets 행은 흐름의 바이트 수를 나타내고, packets 행은 흐름의 패킷 수를 나타낸다.

리스트 3.1의 첫 번째 흐름은 IP 주소 36.85.32.9에서 온다. 이 주소는 필자의 네트워크에 있는 주소로서 IP 주소 158.43.192.1로 간다. 필자가 아무리 생각을 해 보아도 IP 주소 36.85.32.9가 무엇이고, 158.43.192.1과 왜 통신하려고 시도하는지 전혀 알 수 없다. 그러나 이 데이터를 보면 17번 프로토콜이 UDP고, 출발지 포트가 2325고, 목적지 포트가 53이라는 것을 알 수 있다. 53번 포트는 DNS 송신용으로 예약된 UDP 포트이므로 이 흐름이 DNS 질의라는 것을 추론할 수 있다. 또한 octets 행에서 하나의 패킷에서 59바이트가 전송되었다는 것도 알 수 있다.

리스트 3.1의 두 번째 흐름을 보자. 출발지 IP 주소와 목적지 IP 주소가 첫 번째 흐름과 반대다. 원격지 머신은 53번 포트에서 필자의 네트워크에 있는 머신의 2325번 포트로 데이터를 전송했다. 134바이트인 한 개의 패킷은 첫 번째 흐름에서 전송한 질의에 대한 DNS 응답일 가능성이 거의 확실하다. 그러나 100% 확신하기 위해서는 타이밍 정보를 보아야 한다.

세 번째 흐름은 필자의 네트워크에 있는 다른 IP에서 출발해서 앞의 두 흐름에 있는 두 IP가 아닌 다른 원격지의 IP로 간다. 이 흐름은 TCP/IP 트랜잭션으로서 처음 두 흐름과 분리되며, 다르다. 이 트랜잭션은 6번 프로토콜(TCP)에서 진행되며, 출발지 포트는 25번이고, 목적지 포트는 4115번이다. 그런데 이것은 이상하다. TCP 포트 25번은 SMTP, 즉 이메일에 사용된다. 일반적으로 이메일 연결은 25번 포트에서 출발하지 않고 25번 포트를 목적지로 한다는 예측을 할 수 있다. 그런데 이번 네트워크 트랜잭션에서, 목적지 포트가 25번이 아니라 출발지 포트가 25번인 이유가 무엇인가? 모든 네트워크 트랜잭션은 두 개의 흐름으로 이루어진다. 하나는 클라이언트에서 서버로 가는 것이고, 다른 하나는 서버에서 클라이언트로 가는 것이다. 이번 트랜잭션에서 출발지 포트가 25번인 흐름은 클라이언트에서 이메일 서버로 가는 것이 아니라 이메일 서버에서 클라이언트로 가는 것이다.

네 번째의 마지막 흐름을 보자. 이 흐름은 세 번째 흐름과 반대로서 SMTP 트랜잭션의 나머지 반이다. 출발지 포트는 4115번이고, 목적지 포트는 25번으로서, 누군가가 메일을 이메일 서버로 전송한다고 볼 수 있다.

마지막 두 라인에서 알 수 있듯이 flow-print는 트래픽이 발생한 순서대로 흐름을 출력하지 않기도 한다. 예를 들어, 두 호스트의 연결이 매우 짧은 시간 안에 이루어질 경우 연결을 시작하는 흐름과 해당 연결 요청의 응답인 흐름이 연결 시작과 동시에 흐름 레코드에 저장될 수 있다. 이 경우에 flow-print는 흐름 파일에 저장된 순서대로 흐름을 표시한다. (실제 타이밍 데이터를 흐름 파일에서 뽑아내는 방법을 뒤에서 살펴본다.)

> **Note**
>
> **비트, 바이트, 옥텟**
> 대다수의 네트워크 관리 시스템은 트래픽 관련 정보를 비트 단위(예: 킬로비트, 메가비트 등)로 제공한다. 그러나 일부 흐름 분석 시스템(예: flow-tools)은 트래픽 정보를 비트나 바이트 단위가 아니라 옥텟 단위로 제공한다. 바이트를 사용하지 않는 이유는 바이트가 항상 8비트는 아니기 때문이다.
>
> 대부분의 엔지니어들은 1바이트가 8비트라고 알고 있다. 그러나 엄밀히 말해서 대부분의 엔지니어들은 틀렸다. 특정 하드웨어 플랫폼에서 메모리 어드레싱의 최소 단위는 바이트다. 오늘날 가장 공통된 머신인 인텔 8086 CPU와 8086 CPU 계열은 1바이트를 8비트로 보며, 다른 많은 플랫폼도 이것을 표준으로 채택하고 있다. 그런데 상용 하드웨어 중에는 1바이트를 5비트~12비트 사이로 정할 수 있으며, 실험용 하드웨어에서는 1바이트를 몇 비트로 할 것인지 제한이 없다.
>
> 그러나 옥텟은 항상 8비트로서 일반적인 바이트와 같은 크기다. 한 바이트가 8비트가 아닌 시스템을 사용할 경우 바이트라는 단어는 애매하다. flow-tools 같은 일부 소프트웨어는 그러한 애매함을 없애기 위해 옥텟을 이용한다. 옥텟을 사용하는 이유는 거의 모든 네트워크 어드민이 관리하는 하드웨어에서는 한 바이트가 8비트이기 때문이다. (우리 중 대다수는 이상한 네트워크를 관리하고 있지 않다.)

프로토콜 이름과 포트 이름 출력

53번 포트가 DNS용이고, 25번 포트가 이메일의 SMTP 프로토콜용이라는 것을 앞에서 배웠지만 우리 중 대부분은 모든 포트 번호의 용도를 기억하지 못한다. 6번 프로토콜이 TCP고, 17번이 UDP라는 정도는 기억하지만 프로토콜 번호가 무슨 프로토콜을 뜻하는지 일일이 기억하지 못한다. /etc/protocols 파일과 /etc/services 파일에는 포트 번호와 포트 번호의 실제 이름이 들어 있다. flow-print에서 포트 이름과 프로토콜 이름을 표시하려면 다음과 같이 -n 플래그를 사용한다.

```
# flow-cat ft-v05.2011-12-01.171500-0500 | flow-print -n | less
srcIP           dstIP           prot  srcPort  dstPort  octets  packets
36.85.32.9      158.43.192.1    udp   2325     domain   59      1
158.43.192.1    36.85.32.9      udp   domain   2325     134     1
36.85.32.37     83.243.35.204   tcp   smtp     4115     1035    14
83.243.35.204   36.85.32.37     tcp   4115     smtp     1527    12
...
```

이것은 리스트 3.1과 같은 결과다. 다만, prot 행에서 6이 tcp로, 17이 udp로 대체되었다. 이와 비슷하게 srcPort 행과 dstPort 행의 숫자가 domain이나 smtp 같은 서비스 이름으로 바뀌었다. 포트 번호 대신 포트 이름을 사용하는 것에는 의미가 있다. 그러나 IP 주소 대신 호스트 이름을 사용하는 것에는 무리가 있다. 호스트 이름이 네트워크마다 다를 뿐만 아니라 수백 개 혹은 수 천 개나 되는 IP 주소를 호스트 이름으로 바꾸려면 많은 시간이 걸린다.

모든 flow-print가 이름으로 출력하는 기능을 지원하지 않는다. 그런 flow-print에서는 -n 플래그가 무시된다.

공통 프로토콜과 포트 번호 할당

흐름 정보를 몇 번 분석하다 보면 자주 사용되는 포트 번호와 프로토콜 번호를 자연스럽게 알게 된다. 인터넷에서 일반적으로 보는 프로토콜을 표 3.1에 정리해 두었다.

표 3.1 공통 프로토콜 번호

번호	프로토콜
1	ICMP(Internet Control Message Protocol)
6	TCP(Transmission Control Protocol)
17	UDP(User Datagram Protocol)
47	GRE(Generic Routing Encapsulation)
50	ESP(Encapsulating Security Payload)
51	AH(Authentication Header)

내부 네트워크와 공개 네트워크에서 자주 사용되는 TCP 포트와 UDP 포트를 표 3.2에 정리해 두었다. (전체 목록을 보려면 콜렉터 호스트의 /etc/services 파일을 참고한다.

표 3.2 공통 TCP 포트와 UDP 포트

번호	서비스
20	FTP(File Transfer Protocol) 데이터 채널
21	FTP(File Transfer Protocol) 제어 채널
22	SSH(Secure Shell)
23	텔넷
25	이메일(SMTP)
53	DNS(Domain Name Service)
80	HTTP(Hypertext Transfer Protocol), 웹
137	NetBIOS 네이밍 서비스(윈도우 파일 공유)
138	NetBIOS 데이터그램 서비스(윈도우 파일 공유)
139	NetBIOS 세션 서비스(윈도우 파일 공유)

번호	서비스
161	SNMP(Simple Network Management Protocol)
389	LDAP(Lightweight Directory Access Protocol)
443	HTTPS(Secure HTTP)
445	SMB over TCP(윈도우 파일 공유)

물론, 표 3.2나 /etc/services에 없는 포트를 볼 수도 있다. 그 경우, 인터넷에서 검색하기 바란다. 네트워크에서 일부 포트를 확인할 수 없을 때도 있으며, 호스트의 일부 프로그램이 확인되지 않은 포트를 사용하면 해당 호스트의 기본 툴을 사용한다.

> **Note**
>
> **포트와 서비스**
> 특정 프로토콜이 특정 포트에서 꼭 실행되어야 하는 것은 아니다. 시스템 어드민은 모든 포트에서 아무 프로그램이나 실행할 수 있다. 예를 들어, 이메일용인 25번 포트에서 웹 서버를 실행하거나 HTTPS용인 443번 포트에서 FTP 서버를 운용할 수도 있다. 필자가 관리하는 서버들 중 한 서버에서는 23번, 25번, 53번, 80번, 443번 포트에서 SSH를 실행해서, 대부분의 간단한 패킷 필터링 방화벽을 피한다. TCP 기반의 매우 긴 DNS 요청처럼 의심스러운 트래픽을 발견하면 어떤 사용자가 아주 사소한 버그를 일으켰거나 접근 통제를 피하기 위해 무언가를 시도했다고 보면 된다.

흐름 레코드 헤더 정보 보기: -p 플래그

각 흐름 파일에는 헤더 데이터가 있으며, 헤더 데이터에는 콜렉터 호스트 이름, 타이밍과 압축 정보, 기타 캡처 데이터가 기록된다. -p 플래그를 이용하면 흐름 파일의 헤더 정보를 출력할 수 있다. 그리고 흐름의 시작 시간과 정지 시간, 흐름의 실행 시간, 송신 중에 소실된 흐름의 수 등도 보여준다. 이 흐름 데이터가 유용한 경우가 그렇게 많지는 않지만 상황에 따라 도움이 될 때도 있다. 사용 예는 다음과 같다.

```
# flow-print -p < ft-v05.2011-12-01.171500-0500 | less
```

와이드 터미널에 출력

flow-print 보고서에는 많은 정보가 있고, 행들 사이에 충분한 여백이 없다. -w 플래그가 있으면 flow-print는 와이드 터미널이 있는 것으로 간주하고, 행들 사이에 추가 여백을 더해서 화면 출력의 가독성을 높인다. 매우 넓은 터미널이 있으면 포맷 5로 보면 좋다.

> **Note**
>
> **플래그와 제어 비트**
> TCP 프로토콜에는 플래그flag가 있으며, 플래그를 제어 비트control bit라고도 한다. flow-print에는 TCP 흐름을 위한 flags 필드가 있다. 그러나 이 필드가 TCP 이외의 다른 프로토콜에서는 의미가 없다. 필자는 TCP 플래그를 앞으로 계속 제어 비트라고 부를 것이다.

flow-print 형식 설정: -f 플래그

flow-print 기본 결과 화면에 관심 있는 정보가 모두 들어 있지는 않다. flow-print는 다양한 출력 형식을 지원하며, -f 플래그를 사용해서 flow-print 형식을 볼 수 있다.

각 형식에는 숫자가 있다. 예를 들어, 형식 3은 flow-print가 가장 일반적으로 사용하는 기본 형식이다. (넷플로우 버전 8을 사용할 경우 flow-print는 다른 기본 형식을 선택하다.) 여러분에게 가장 적합한 방식으로 흐름 데이터를 표현하기 위해 형식 옵션을 활용할 수 있다. 이 책에서는 여러 옵션 중에서 가장 유용한 옵션만 다룬다. 다른 형식을 알고 싶으면 flow-print의 man 페이지를 참고한다.

-f 0 형식: 인터페이스와 포트를 16진수로 보기

흐름이 통과한 라우터 인터페이스를 알고 싶으면 포맷 0을 사용한다.

```
# flow-cat ft-v05.2011-12-01.171500-0500 | flow-print -f 0 | less
Sif   SrcIPaddress     Dif   DstIPaddress    Pr   SrcP   DstP   Pkts   Octets
0000  36.85.32.9       0000  158.43.192.1    11   915    35     1      59
0000  158.43.192.1     0000  36.85.32.9      11   35     915    1      134
0000  36.85.32.37      0000  83.243.35.204   06   19     1013   14     1035
0000  83.243.35.204    0000  36.85.32.37     06   1013   19     12     1527
...
```

이 결과의 많은 부분은 기본 결과와 같다. 그러나 Sif 행과 Dif 행이 추가된 점에 주목한다. Sif는 출발지 인터페이스source interface를 나타내고, Dif는 목적지 인터페이스destination interface를 나타낸다. 흐름 레코드에는 패킷이 어떤 인터페이스로 들어왔는지를 알리는 정보와 흐름이 어떤 인터페이스에서 출발했는지를 알리는 정보가 있다. 이들 정보를 라우터 인터페이스에 일치시킬 수 있다. 이에 대해서는 4장의 'SNMP를 사용해서 인터페이스 번호 파악' 절에서 자세히 설명한다.

그러나 소프트웨어 흐름 센서는 인터페이스 정보를 기록하지 않는다. 왜냐하면 센서가 그 정보에 접근할 수 없기 때문이다. 소프트웨어 센서는 스위치의 모니터 포트를 청취한다. 그러나 인터페이스 정보를 볼 수는 없다. 이런 특징이 변하지 않는 한 소프트웨어 센서에서 인터페이스 번호는 항상 0이다.

형식 0은 흐름 출력에 인터페이스 번호를 추가하며, 이를 위해 다른 행 제목들 중에서 일부 행 제목을 줄인다. 가령, protocol 행 제목을 Pr로 변경한다.

출력 결과에서 프로토콜 숫자들을 자세히 살펴보자. 첫 번째 흐름의 프로토콜 번호는 11번(/etc/protocols에 따르면 Network Voice Protocol)이고, 출발지 포트는 915번이고, 목적지 포트는 35번이다. 네트워크에서 NVP를 실행할 일은 거의 없는데, NVP가 왜 있을까?

인터페이스 번호를 넣기 위한 공간을 확보하기 위해서 포트 정보와 프로토콜 정보를 16진수로 표기했기 때문에 이런 일이 일어났다. 11은 10진수 17(UDP)의 16진수고, 915는 10진수 2325의 16진수고, 35는 10진수 53의 16진수다. 그렇게 보면 여기에 있는 네 개의 흐름은 앞의 예제에 나온 흐름과 같은 흐름이며, 16진수로 출력되었고, 인터페이스 행이 추가된 것만 다를 뿐이다.

> **Note**
> ICMP 흐름을 보고 있다면 포트 번호를 16진수로 출력하는 것이 유용하다. 80칼럼의 구형 터미널이 아닌 다른 터미널에서 포트와 인터페이스가 있는 TCP 흐름이나 UDP 흐름을 보고 있다면 132칼럼 형식을 사용하기 바란다.

-f 1 형식: 시간, 플래그, 16진수 포트가 있는 2라인

기본 너비의 화면에 흐름의 모든 정보를 표시하는 좋은 방법이 있다. 한 개의 흐름을 두 라인에 표시하는 것이다. 이를 위해서 형식 1을 사용하면 되고, 형식 1을 사용하면 인터페이스 정보과 시간도 볼 수 있다.

이 예제는 앞에 나온 예제에서 보여 준 흐름과 같은 흐름이지만 매우 다르게 보인다. 각 흐름을 두 라인에 표시하고, 흐름들 사이에 빈 라인을 넣어서 각 흐름을 구분했다.

얼핏 보면, 2라인 형식이 헷갈릴 수 있다. 상단에 행 제목이 있지만 가지런하게 정렬되어 있지 않아서 혼란스러울 수 있다. 각 흐름의 첫 번째 라인에는 출발지 인터페이스,

출발지 IP 주소, 목적지 인터페이스, 목적지 IP 주소, 프로토콜, 출발지 포트, 목적지 포트, 패킷 수, 옥텟 수 정보가 있다. (이것들은 앞에서 보았던 것들이다.)

```
# flow-cat ft-v05.2011-12-01.171500-0500 | flow-print -n -f 1 | less
Sif   SrcIPaddress     Dif   DstIPaddress     Pr   SrcP    DstP   Pkts  Octets
      StartTime              EndTime               Active  B/Pk   Ts    Fl

0000  36.85.32.9       0000  158.43.192.1     11   915     35     1     59
①     1201.17:09:46.750      1201.17:09:46.869     0.119   59     00    00

0000  158.43.192.1     0000  36.85.32.9       11   35      915    1     134
      1201.17:09:46.750      1201.17:09:46.869     0.119   134    00    00

0000  36.85.32.37      0000  83.243.35.204    06   19      1013   14    1035
      1201.17:09:46.912      1201.17:09:51.890     4.978   ②73    00    1b

0000  83.243.35.204    0000  36.85.32.37      06   1013    19     12    1527
      1201.17:09:46.912      1201.17:09:51.890     4.978   ③127   00    1b
...
```

각 흐름의 두 번째 라인에는 새로운 항목이 있다. StartTime과 EndTime은 연결의 시작 시간과 종료 시간이다. ①의 1201은 날짜, 즉 12월 1일을 나타낸다. 그 다음에 있는 세 개의 값은 24시간 형식의 시간으로서 17:09:46은 오후 5:09:46을 나타낸다. 마지막 부분인 .750은 밀리세컨드 단위로 흐름 시작 시간을 표현한 것이다. 즉, 0.750초를 나타낸다.

Active 행은 흐름이 활동한 시간을 초로 나타낸다. 즉, EndTime에서 StartTime을 뺀 값이 들어간다.

B/Pk 행은 패킷당 평균 바이트 수다. 첫 번째 흐름의 패킷당 평균 바이트 수는 59바이트다. 세 번째 흐름의 경우 패킷당 평균 바이트 수가 73바이트(②)고, 네 번째 흐름의 패킷당 평균 바이트 수는 127바이트(③)다.

Ts는 ToS Type of Service다. 대다수의 TCP/IP 네트워크는 ToS 플래그를 고려하지 않기 때문에 Ts 값은 항상 0이다. 일반적으로 패킷의 ToS는 실험용 네트워크를 사용하고 있는지, VoIP나 MPLS 같이 복잡한 서비스를 사용하고 있는지, 누군가가 엉뚱한 작업을 하고 있는지를 나타낸다.

Fl에는 흐름의 플래그, 즉 TCP 제어 비트가 들어간다. TCP가 아닌 흐름(예: 처음 두 흐름)의 플래그는 항상 0이다. 세 번째와 네 번째 흐름은 TCP 흐름이며, 두 흐름의 플래그는 1b

다. 1b의 값이 무엇인지에 대해서는 뒤의 'TCP 제어 비트와 흐름 레코드' 절을 참고한다.

BGP 정보 출력

다수의 업스트림 ISP와 BGP Border Gateway Protocol로 대화하는 라우터는 ASN autonomous system number이 들어 있는 흐름 레코드를 송신한다. 형식 4는 포트 번호 대신 ASN을 보여준다. 형식 4로 지정하더라도 BGP가 없으면 여느 때와 마찬가지로 출발지 주소, 목적지 주소, 프로토콜, 옥텟, 패킷 정보를 보여준다.

```
# flow-cat ft-v05.2011-12-01.171500-0500 | flow-print -n -f 4 | less
srcIP              dstIP              prot   srcAS   dstAS   octets   packets
36.85.32.9/0       158.43.192.1/0     udp    0       701     59       1
158.43.192.1/0     36.85.32.9/0       udp    701     0       134      1
36.85.32.37/0      83.243.35.204/0    tcp    0       4713    1035     14
83.243.35.204/0    36.85.32.37/0      tcp    4713    0       1527     12
...
```

흐름에서 srcAS source AS나 detAS destination AS가 0인 흐름이 있다. 값이 0인 흐름의 출발지는 로컬이다. 흐름 센서는 로컬 AS를 추적하지 않는다.

BGP를 사용하지 않으면 이 형식은 여러분과 상관이 없다.

와이드 스크린 표시

충분히 넓은 모니터가 있는데 80칼럼에서 작업하는 것은 짜증나는 일이다. 한 라인에서 모든 정보를 볼 수 있다면 좋지 않을까? 또한 16진수가 아닌 10진수로 표기하면 더 좋을 것이다. 형식 5를 이용하면 이 작업을 할 수 있다. 필자가 네트워크 문제를 조사할 때 이 형식을 자주 사용한다.

이 형식이 와이드 스크린 모니터에서는 괜찮지만 출력 페이지에는 적절하지 않다.

```
# flow-cat ft-v05.2011-12-01.171500-0500 | flow-print -f 5 | less
```

형식 5에는 Start, End, Sif, SrcIPaddress, SrcP, DstIPaddress, DstP, P, Fl, Pkts, Octets 행이 있다.

Start 행과 End 행에서는 흐름의 시작 시간과 종료 시간을 밀리세컨드 단위로 보여준다. 이는 형식 1과 같다.

그 다음에는 Sif source interface, SrcIPaddress source IP address, SrcP source port, DIf destination interface, DstIPAddress destination IP address, DstP destination port 행이 있다. 앞에서 설명한 내용을 이해했다면 이들 행을 읽는데 문제가 없을 것이다.

행들 중에서 P는 프로토콜 번호고, Fl은 10진수로 표시되는 TCP 제어 비트고, Pkts는 흐름의 패킷 수이며, Octets에는 바이트 수가 들어간다.

> **Note**
>
> **시계 동기화**
> 흐름 레코드 파일의 이름 앞에는 파일이 서버에서 수집된 시간이 붙는다. 흐름이 출력될 때 보이는 시간은 흐름 센서의 시간이다. 콜렉터의 시계와 센서의 시계가 맞지 않으면 흐름 레코드의 시간은 레코드가 수집된 시간과 일치하지 않을 것이다. 시계를 동기화하기 바란다!

IP 어카운팅 형식

형식 6을 이용하면 시스코 IP 어카운팅으로 출력할 수 있다.

```
# flow-cat ft-v05.2011-12-01.171500-0500 | flow-print -f 6 | less
Source              Destination         Packets        Bytes
36.85.32.9          158.43.192.1        1              59
158.43.192.1        36.85.32.9          1              134
36.85.32.37         83.243.35.204       14             1035
83.243.35.204       36.85.32.37         12             1527
...
```

여기에는 시스코 형식으로 된 네 개의 흐름 샘플이 있다. 이 출력을 바이트 수로 정렬하면 가장 많은 트래픽을 교환한 호스트를 쉽게 판별할 수 있다. 다음과 같이 하면 된다.

```
# flow-cat ft-v05.2011-12-01.171500-0500 | flow-print -f 6 | sort -rnk 4 | less
36.85.32.36         64.18.6.14          ① 12820        ② 19216320
36.85.32.36         64.18.6.13          12820          19216320
207.46.209.247      36.85.32.4          10977          16458558
84.96.92.121        36.85.32.37         6904           9671951
...
```

전송된 옥텟 수에 따라 흐름의 순서를 정렬해서 가장 큰 흐름부터 가장 작은 흐름까지 순위를 매길 수 있다. 첫 번째 라인은 36.85.32.36 호스트가 64.18.6.14 호스트로 12,820개(①)의 패킷을 전송했고, 12,820개의 패킷은 19,216,320바이트(②)로 이루어져 있다는 것을 보여준다. 같은 호스트인 36.85.32.36이 64.18.6.13 호스트로도 64.18.6.14에게 보낸 것과 같은 양의 트래픽을 보냈다. 추가 필터링과 리포팅을 진행하면 가장 바쁜 이들 호스트 사이에서 전송된 트래픽의 유형을 파악할 수 있으며, 이에 대해서는 뒤의 4장과 5장에서 살펴본다.

원하는 방법으로 트래픽을 볼 수 있으므로 TCP 연결과 ICMP 연결의 세부 사항을 더 자세히 살펴보기 바란다.

> **Note**
>
> **16진수**
> 네트워크는 2진수로 운용되지만 네트워크의 많은 부분은 16진수로 되어 있다. TCP 제어 비트와 ICMP 코드의 타입을 이해하려면 16진수 기본 수학을 사용해야 한다. 앞에 0x가 있는 숫자는 16진수라는 점을 기억하기 바란다.

TCP 제어 비트와 흐름 레코드

모든 TCP 패킷에는 한 개나 그 이상의 제어 비트가 있으며, 이들 제어 비트는 온/오프 스위치 방식으로 패킷의 처리 방법을 알린다. 흐름 레코드는 각 TCP 흐름이 사용하는 제어 비트를 캡처한다. 연결이 정상적으로 이루어질 때는 제어 비트가 크게 유용하지 않고 문제가 발생할 때 가치가 있다. TCP 제어 비트에 익숙하지 않으면 TCP/IP에 대해 잘 설명하고 있는 The TCP/IP Guide(Charles A. Kozierok, No Starch Press, 2005)를 참고한다.

TCP에는 6개의 비트 세트가 있다.

- SYN synchronize 비트. 연결 동기화 요청을 나타낸다. 송신자와 수신자는 TCP 일련 번호를 동기화하고, 각 종단에 일관된 포트를 할당하기 위해 SYN 비트를 이용한다. SYN 비트는 항상 흐름의 첫 번째 패킷에 지정된다.
- ACK acknowledge 비트. 앞선 특정 패킷을 수신했다는 확인 응답이 패킷에 포함되어 있다는 것을 나타낸다.
- PSH push 비트. 데이터를 송신하는 쪽에서 클라이언트의 네트워크 스택이 데이터를 프로토콜 스택으로 즉시 밀어올리기를 원할 수 있으며, 그 때 PSH 비트가 붙는다. PSH 비트가 붙어 있으면 클라이언트는 모든 하드웨어와 커널의 버퍼를 비우고, 모든 데이터는 클라이언트로 넘어온다.
- URG urgent 비트. 클라이언트가 서버에게 혹은 서버가 클라이언트에게 현재의 TCP 흐름과 상관없는 일을 지시하고 싶을 때 사용된다.

- RST reset 비트. RST 비트는 연결을 즉시 종료시킨다.
- FIN finish 비트. FIN 비트가 있으면 호스트는 데이터를 더 이상 전송하지 않지만 다른 곳에서 오는 데이터를 계속 청취한다. FIN 비트는 연결을 끝낼 때라는 신호다.

각 제어 비트는 16진수로 표현되며, 이를 표 3.3에 정리해 두었다.

표 3.3 TCP 제어 비트의 16진수 값

플래그	16진수
FIN	0x01
SYN	0x02
RST	0x04
PSH	0x08
ACK	0x10
URG	0x20

위의 표를 다이어그램으로 표현하면 다음과 같이 된다.

Field 0x20	Field 0x10	Field 0x08	Field 0x04	Field 0x02	Field 0x1
URG	ACK	PSH	RST	SYN	FIN

그림 3.1 TCP 제어 비트

패킷의 제어 비트의 모든 조합을 고유한 숫자로 표현할 수 있다. 가령, 패킷의 제어 비트가 18이면 이 수는 어떤 특정 제어 비트를 나타낸다. 18이 될 수 있는 제어 비트 조합은 한 개밖에 없다.

그림 3.2는 전형적인 SYN/ACK 패킷의 제어 비트다.

Field 0x20	Field 0x10	Field 0x08	Field 0x04	Field 0x02	Field 0x1
URG	ACK	PSH	RST	SYN	FIN
0	1	0	0	1	0

그림 3.2 SYN/ACK 패킷의 TCP 제어 비트

그림 3.2에서 볼 수 있듯이 이 패킷에는 SYN(0x2) 제어 비트와 ACK(0x10) 제어 비트가 선택되어 있고, 다른 제어 비트는 모두 선택되어 있지 않다. 0x2와 0x10을 더해보자. 16진수 10과 16진수 2를 더하면 16진수 12가 된다. 16진수 12를 10진수로 변환하면

18이 된다.

패킷의 제어 비트 값이 18이 되려면 SYN과 ACK가 모두 선택되어야 한다.

흐름은 개별 패킷을 추적하지 않는다. 그렇다면 흐름 레코드가 TCP 제어 비트를 어떻게 추적할 수 있는가? 흐름 센서는 단일 흐름에 있는 모든 제어 비트를 추적한다. 예를 들어, 연결을 시작한 호스트가 연결이 되어 있는 동안 SYN과 ACK를 전송할 때 PSH와 FIN도 볼 수 있을 것으로 예상할 수 있다. 흐름에 이들 플래그가 있으면 흐름 센서는 플래그들을 기록한다. 이것이 비트맵에서는 그림 3.3과 같이 보인다.

Field 0x20	Field 0x10	Field 0x08	Field 0x04	Field 0x02	Field 0x1
URG	ACK	PSH	RST	SYN	FIN
0	1	1	0	1	1

그림 3.3 SYN, ACK, PSH, FIN이 있는 흐름의 TCP 제어 비트

여기서 0x1+0x2+0x8+0x10=0x1b가 되며, 10진수로는 27이 된다.

이번 장의 앞에서 처음 나왔던 TCP 플래그를 보자('-f 1 형식: 시간, 플래그, 16진수 포트가 있는 2라인' 절에 있었던 예). 세 번째와 네 번째 흐름의 Flags 필드에 1b가 있었다. 이것은 세 번째 흐름과 네 번째 흐름에 정상 연결에 필요한 모든 TCP 플래그(SYN, ACK, FIN)가 포함되어 있다는 것을 나타낸다. 또한 정상 연결에서 수락할 수 있는 PSH 플래그가 포함되어 있고, 문제가 있다는 것을 나타내는 RST 플래그가 없다는 것을 의미하기도 한다. 따라서 이 연결은 제대로 돌아간다고 보면 된다. 4장의 'TCP 제어 비트 원형' 절에서는 문제가 있다는 것을 보여주는 제어 비트 조합이 있는 흐름을 살펴볼 것이다.

> **Note**
> **16진수를 10진수와 2진수로 변환**
> 윈도우의 계산기 프로그램으로 16진수, 10진수, 2진수를 각각 변환할 수 있다. '계산기'를 열고, '보기'-'공학용'을 선택한다. Hex, Dec, Oct, Bin 체크박스가 있을 것이다. 변환 대상 기저를 선택한다. 해당 기저의 숫자를 입력한다. 그 다음에, 변환할 기저를 선택한다. 그러면 계산기가 변환을 할 것이다. 16진수 셈법을 충분히 배우지 못했으면 계산기를 사용한다. 대다수의 유닉스 계열 데스크톱 환경에도 16진수/10진수 계산기가 있으므로 활용한다.

ICMP 타입 및 코드와 흐름 레코드

흐름 레코드는 ICMP 타입과 코드를 기록하며, 그것을 목적지 포트 번호로서 표시한다. 이번 절에서는 ICMP 타입과 코드를 먼저 살펴본 다음에 흐름 레코드가 ICMP 타입과 코드를 어떻게 나타내는지를 논의한다.

ICMP 타입과 코드

많은 사람들은 마음속으로 여러 ICMP 요청들을 하나의 큰 바구니에 넣은 다음에 "ICMP가 ping을 보내고 있다"라는 일반적인 문구로 그 상황을 표현한다. 일반적인 사용자에게는 이 말이 틀린 내용이 아니지만 이 책을 읽는 독자 여러분은 일반 사용자가 아니며, 네트워크를 관리하는 관리자이므로 ICMP를 더 깊이 이해해야 한다.

어떤 ICMP 타입ICMP type은 ping 요청이나 ping 회신과 같은 일반적인 ICMP 요청이다. 또, 어떤 ICMP 타입들에는 'host unreachable' 같은 메시지, 라우팅 광고, traceroute 요청, 라우팅 리다이렉트 등이 포함된다. 그리고 일부 ICMP 타입은 수신자에게 응답을 입력하라는 프로토콜을 제시하고, 어떤 ICMP 타입은 주석 없이 수신된다.

또한 일부 ICMP 타입에는 ICMP 코드ICMP code가 있어서 더 자세한 내용의 ICMP 메시지를 줄 수도 있다. 각 ICMP 코드의 의미는 메시지의 ICMP 타입에 따라 다양하다. 예를 들어, ICMP 타입 3, 5, 11에는 모두 ICMP 코드 1이 있지만 이 코드의 의미는 ICMP 타입마다 전혀 다르다.

IANA Internet Assigned Numbers Authority는 ICMP 타입과 코드를 할당하고, 그 목록을 http://www.iana.org/assignments/icmp-parameters/에서 관리한다. 목록의 값이 바뀌는 경우는 거의 없다. 가장 많이 사용되는 ICMP 타입과 코드를 표 3.4에 제시해 두었다. 표의 설명이 자세하지는 않지만 금방 참고할 정도는 충분히 된다.

표 3.4 일반적인 ICMP 타입과 코드

타입	코드	10진수	16진수
0	0	0	에코 회신
3			목적지 도달 불가능
	0	300	네트워크 도달 불가능
	1	301	호스트 도달 불가능
	2	302	프로토콜 도달 불가능
	3	303	포트 도달 불가능
	4	304	단편화 필요, 그러나 Don't Fragment가 설정
	6	306	목적지 네트워크 알 수 없음
	7	307	목적지 호스트 알 수 없음
	9	309	관리상 금지된 목적지 네트워크와 통신
	10(a)	310	관리상 금지된 목적지 호스트와 통신
	13(d)	313	관리상 금지된 곳과 필터링에 의해 통신
5			리다이렉트
	0	500	리다이렉트-서브넷
	1	501	리다이렉트-호스트
8	0	800	에코 요청
11(b)			시간 초과
	0	2816	송신 중 TTL 초과
	1	2817	프래그먼트 재조립 시간 초과
12(c)		3072	매개변수 문제
13(d)		3328	타임스탬프 요청
14(e)		3584	타임스탬프 회신

흐름과 ICMP 세부 사항

흐름 센서는 ICMP 타입과 코드를 흐름의 목적지 포트에 인코딩한다. 목적지 포트와 출발지 포트는 2바이트다. 포트의 첫 번째 바이트는 타입이고, 두 번째 바이트는 코드다. ICMP에는 최초 시작 포트 개념이 없기 때문에 출발지 포트는 항상 0이다. 다음 예제에서는 필자의 테스트 데이터에서 몇 개의 ICMP 흐름을 선택했다.

이 예제는 목적지 포트를 16진수로 표시하는 출력 형식을 사용한다. 포트를 10진수로 표시하는 형식을 사용할 수도 있지만 10진수로 된 목적지 포트를 16진수로 변환해야 한다.

```
# flow-cat ft* | flow-print -f 0 | less
Sif   SrcIPaddress     Dif   DstIPaddress      Pr   SrcP   DstP    Pkts   Octets
0000  80.95.220.173    0000  36.85.32.153      01   0      ①800    2      122
0000  189.163.178.51   0000  36.85.32.130      01   0      ②b00    1      56
0000  64.142.0.205     0000  36.85.32.5        01   0      ③300    1      56
0000  201.144.13.170   0000  36.85.32.130      01   0      ④303    1      144
0000  36.85.32.9       0000  194.125.246.213   01   0      ⑤0      5      420
...
```

첫 번째 흐름은 80.95.220.173에서 36.85.32.153으로 가고, 목적지 포트는 16진수로 800(①)이다. flow-print가 앞의 0을 출력하지는 않지만 800은 실제로 0800이다. 이번 예제에서 ICMP 타입은 8이고 코드는 00이다. ICMP 타입 8에는 연계 코드가 없기 때문에 flow-print는 ICMP 코드를 00으로 한다.

표 3.4를 보면 ICMP 타입 8은 '에코 요청echo request'으로 되어 있으며, 이것을 ping 시도라고도 한다. 즉, 호스트 80.95.220.173은 36.85.32.153으로 ping을 시도하고 있다.

두 번째 ICMP 흐름의 목적지 포트는 b00(②)이다. 즉, ICMP 타입은 b이고, ICMP 코드는 00이다. ICMP 타입 b는 '시간 초과time exceeded'다. ICMP 타입 8과 달리 ICMP 타입 b에는 코드가 있다. 코드 0은 '송신 중 TTL 초과time to live exceeded in transit'이다. 이번 경우에 IP 주소 189.163.178.51은 특정 주소에 도달하기 위해 시간이 너무 많이 걸렸다는 통보를 IP 주소 36.85.32.130에게 한다. 다시 말해서, 이 메시지는 클라이언트 연결이 끊어진 것을 의미한다.

64.142.0.205에서 36.85.32.5로 가는 세 번째 흐름의 목적지 포트는 300(③)이다. ICMP 타입 3 메시지는 '목적지 도달 불가능Destination Unreachable'을 나타낸다. ICMP 타입 3의 코드 0은 '네트워크 도달 불가능Network Unreachable'이다. 이번 경우에 호스트 36.85.32.5가 다른 호스트에 가려는 시도를 했지만 인터넷의 한 라우터에서 타깃 네트워크에 도달할 수 없다는 메시지를 반환했다.

네 번째 흐름의 목적지 포트는 303(④)이다. ICMP 타입 3은 '목적지 도달 불가능'을 나타내고, 코드 3은 '포트 도달 불가능port unreachable'을 의미한다. 클라이언트가 열려 있지 않은 서버 포트로 UDP 요청을 전송할 때 서버는 이와 같은 ICMP 메시지를 반환한다.

다섯 번째 흐름에서 목적지 포트는 0(⑤)이다. ICMP 타입 0은 '에코 회신echo reply', 즉 ping에 대한 응답이다. 이런 흐름이 있으면 다른 방향에서 에코 요청이 가는 것을 볼 것이다.

이상에서 본 것처럼 ICMP 메시지는 다양한 유형의 네트워크 요청에 대한 응답이다. ICMP 메시지는 연결 시도의 결과로서 어떤 종류의 오류가 일어나는지를 정확하게 보여준다. ICMP 메시지의 일치 여부를 확인하려면 흐름 레코드를 검색해야 하며, 일치 여부를 확인하려면 필터링을 이용하는 것이 가장 좋다. 이에 대해서는 4장에서 살펴본다.

4

흐름 필터링

지금까지 세 장을 읽었다. 현재 시점에서 좋은 소식은 이제 여러분의 네트워크에 관한 실제 데이터를 확보했다는 것이다. 나쁜 소식은 네트워크에 관해 너무 많은 데이터를 가지고 있다는 것이다. 인터넷 T1에서는 하루에 수백만 개의 흐름 레코드가 만들어진다. 그리고 트래픽이 많은 이더넷 코어에서는 수십억 개 이상의 흐름 레코드가 만들어질 수 있다. 이렇게 많은 데이터를 어떻게 관리하고 평가할 수 있는가? 관심 있는 흐름만 표시하기 위해 데이터를 필터링해야 한다. flow-nfilter 프로그램을 이용하면 흐름을 적절하게 포함시키거나 배제할 수 있다.

상상할 수 있는 거의 모든 방법으로 트래픽을 필터링할 수 있다. 예를 들어, 특정 서버가 이상하게 작동하면 그 서버의 IP 주소에서 필터링을 할 수 있다. HTTP 트래픽에 관심이 있으면 TCP 포트 80번에서 필터링할 수 있다. 흥미 있는 트래픽만 포함시키기 위해 데이터를 줄일 수 있으며, 이렇게 하면 이슈 판단과 진단에 도움이 된다. 예를 들어, 규모가 큰 내부 사내 네트워크가 있으면 특정 지사와 교환되는 트래픽만 보기를 원할 수 있으며, 이 경우 지사의 네트워크 주소를 모두 필터링하면 된다.

3장에서는 flow-cat을 실행하고 결과 데이터를 flow-print로 보내서 흐름 정보를 보았다. 필터링 작업은 이 두 프로세스 사이에서 일어난다. 즉, flow-nfilter는 flow-cat으로부터 데이터를 받아서 각 흐름을 조사하고, 필터와 일치하는 흐름을 flow-print나 다른 흐름 처리 프로그램으로 넘기고, 필터와 일치하지 않는 흐름을 데이터 스트림에서 뺀다.

필터 기초

이번 장에서는 몇 개의 간단한 필터를 먼저 만든다. 필터의 기본적인 구성 방법을 이해하고 나면 다양한 필터 유형과 기능을 더 자세히 살펴본다.

> **Note**
> 필터는 filter.cfg 파일에 정의되며, 이 파일은 /usr/local/flow-tools/etc/cfg나 /usr/local/etc/flow-tools/에 있다. 정확한 위치는 운영체제의 종류와 flow-tools의 설치 방법에 따라 정해진다.

공통 원형

필터는 원형primitive으로부터 만들어진다. 원형은 간단한 트래픽 특징으로서 'port80', 'TCP', 'IP address 192.0.2.1' 같은 것이다. 예를 들어, 이 세 원형을 조합해서 '모든 TCP 트래픽을 192.0.2.1 호스트의 80번 포트로 보내라'는 필터를 만들 수 있다.

flow-nfilter는 많은 원형을 지원하며, 이들 원형을 많은 방법으로 흐름과 비교할 수 있다. 원형은 다음과 같을 것이다.

```
     filter-primitive 이름
①       type 원형 종류
②       permit 값
```

첫 번째 라인은 필터링 원형을 정의하고, 원형의 이름을 정한다.

①의 type은 일치시키려는 특징(예: IP 주소, 포트, 시간)을 정의한다. (이번 장에서는 가장 유용한 필터 종류를 다룰 것이다.)

②의 permit 문은 찾으려는 값을 정의한다. 기본적으로 원형은 모든 것을 정의하므로 필터가 허용하는 것을 명확하게 지정해야 한다. 대안으로, deny 문을 이용해서 여러분이 찾는 것을 제외한 모든 것에 일치하는 원형을 만들 수 있으며, 이 경우 마지막 라인에 default permit 문을 두면 된다.

예를 들어, IP 주소 192.0.2.1과 일치하는 원형은 아래와 같을 것이다.

```
    filter-primitive ① 192.0.2.1
②      type ip-address
③      permit 192.0.2.1
```

filter-primitive 키워드 다음에 일치하는 IP 주소(①)를 원형 이름으로 사용했다. 이렇게 하지 말고 여러분에게 의미 있는 한 단어를 이름으로 사용할 수도 있다. 가령, 'mailserver'나 'firewall'을 원형 이름으로 사용할 수 있다. ②의 ip-address 원형은 네트워크 주소와 일치한다. 마지막으로, ③에서 이 원형은 192.0.2.1과 동일한 모든 IP 주소와 일치한다. 이 원형을 필터에 포함시키면 192.0.2.1에서 오고, 192.0.2.1로 가는 트래픽만 지나간다.

이와 비슷하게 다음의 원형은 포트 25를 정의한다.

```
filter-primitive ① port25
   type ② ip-port
   permit 25
```

필자는 이 원형을 25라고 부르지만 ①에서는 원형 이름을 port25로 했다. 이렇게 한 이유는 이 원형이 포트와 일치한다는 것을 명확히 하기 위해서다. 단순히 숫자 25라고 하면 25가 초인지, 초당 옥텟이나 바이트 수인지, AS인지, 층수인지 불분명하기 때문이다. (IP 주소는 틀림이 없다. 따라서 IP 주소를 이름으로 사용하면 혼란스럽지 않을 것이다.)

②의 ip-port 원형은 자주 사용되는 필터다. 필터에 이 원형을 포함시키면 필터는 25번 포트의 트래픽만 통과시킨다.

filter.cfg에는 TCP 트래픽에 대한 원형이 들어 있으며, 다음과 같다.

```
filter-primitive ① TCP
   type ② ip-protocol
   permit ③ tcp
```

①에서 원형 이름을 TCP로 했으며, ②의 ip-protocol 원형에서 모든 TCP/IP 프로토콜에 대한 원형을 생성할 수 있다. 물론 폐기된 네트워크 프로토콜이 있다면 프로토콜 원

형을 추가로 만들어야 한다. ③의 permit 문에는 /etc/protocols에 있는 프로토콜 이름이나 프로토콜 번호를 사용할 수 있다.

각 원형에는 한 개의 일치 타입만 포함될 수 있다. 예를 들어, 다음의 예제는 적절하지 않다.

```
    filter-primitive bogus-primitive
①       type ip-port
        permit 25
②       type ip-address
        permit 192.0.2.1
```

이 원형은 포트 번호(①)와 IP 주소(②)에서 일치하는지를 확인한다. 그런데 원형을 이렇게 만들 수는 없다. IP 주소 192.0.2.1의 25번 포트에서 이루어지는 연결을 필터링하려면 여러 개의 원형에서 하나의 필터를 조립해야 한다.

이제, 원형을 몇 개 확보했으므로 첫 번째 필터를 만들 수 있다.

조건과 원형으로 간단한 필터 만들기

원형을 필터에 결합할 수 있으며, 이 작업에 filter-definition 키워드를 사용하면 된다.

```
① filter-definition 이름
②     match 조건 원형1
       match 조건 원형2
       ...
```

모든 필터는 filter-definition(①)과 이름으로 시작한다. 필터의 이름이 원형의 이름과 같을 수는 있지만 한 필터의 이름이 다른 필터의 이름과 같을 수는 없다.

필터에는 여러 개의 match 키워드(②)가 들어가며, match 키워드 다음에는 조건과 원형이 온다. match 키워드는 해당 엔트리가 흐름에서 점검할 부분과 비교할 원형을 지정한다.

조건에는 IP 주소, 포트, 프로토콜, 서비스 종류 같은 것이 포함된다. 필터가 흐름과 일치하려면 지정된 모든 조건이 일치해야 한다. 예를 들어, 다음의 필터는 TCP 원형과 port25 원형을 결합한다.

```
    filter-definition TCPport25
①       match ip-protocol TCP
②       match ip-source-port port25
```

이 필터는 TCP 포트 25에서 오는 모든 흐름을 통과시킨다. 그리고 TCP 포트 25에서 오지 않는 흐름은 필터를 지나가지 못한다.

원형과 조건이 비슷해 보이지만 원형 이름과 조건 이름이 다를 수 있다. 예를 들어, 필터 원형과 필터 조건이 ip-protocol 키워드(①)를 사용한다. 그러나 포트 일치에서 원형은 ip-port 키워드를 사용하고, 필터 정의에서는 ip-port 대신 ip-source-port(②) 키워드와 ip-destination-port를 사용한다.

> **Note**
> 필터링 오류를 일으키는 가장 공통된 이유는 부정확한 키워드를 사용하는 것이다. 필터 키워드는 필터에서만 사용하고, 원형 키워드는 원형에서만 사용한다.

> **Note**
> **필터와 원형의 명명 규약**
> 필터와 원형 이름을 만들 때 주의를 기울이기 바란다. 처음에 모호하게 혼란스러운 이름을 선택하면 필터가 수십 개나 수백 개가 되었을 때 혼란스러워진다. 이름을 지을 때 쉽게 인지할 수 있고, 목적을 반영할 수 있게 한다.
>
> 원형은 필터와 이름을 공유할 수 있다. 예를 들어, 한 개의 원형 이름을 TCP로 하고 한 개의 필터 이름도 TCP로 할 수 있다. 그러나 두 개의 원형 이름을 TCP로 하고, 두 개의 필터 이름을 UDP로 할 수는 없다. 또한 필터 이름과 원형 이름은 대소문자를 구분하지 않는다. 즉, 한 원형 이름을 tcp로 하고, 다른 원형 이름을 TCP로 할 수 없다.

필터 사용

필터와 일치하는 트래픽만 통과시키려면 flow-nfilter의 -F 옵션과 필터 이름을 사용한다. 예를 들어, TCPport25 보고서와 일치하는 흐름만 출력하려면 다음과 같이 한다.

```
# flow-cat * | flow-nfilter -F TCPport25 | flow-print | less
srcIP            dstIP            prot    srcPort    dstPort    octets    packets
192.0.2.37       216.82.253.163   6       25         62627      1294      12
192.0.2.36       81.30.219.92     6       25         63946      1064      15
203.16.60.9      192.0.2.36       6       25         1054       1628      31
...
```

이번 예제에서는 프로토콜이 6(TCP)이고 출발지 포트가 25인 흐름만 볼 수 있다. 메일 이슈를 조사하고 있다면 이 필터가 유용할 것이다. 이 필터는 메일 서버가 25번 포트에서 트래픽을 보냈다는 것을 보여준다. 따라서 네트워크 레벨에서는 메일 시스템이 기능을 수행하고 있다.

유용한 원형들

원형과 필터가 어떻게 함께 작동하는지 이해했으므로 원형을 더 깊이 살펴본다. flow-nfilter는 많은 원형을 지원하지만 여기서는 가장 공통적으로 유용한 원형만 다룬다. flow-nfilter의 man 페이지에 가면 전체 원형 목록이 있다. 그러나 이 책에는 필자가 여러 해 동안 흐름을 분석하면서 사용했던 원형을 모두 넣어두었다.

프로토콜 원형, 포트 원형, 제어 비트 원형

흐름 레코드 목록에서 관심 있는 트래픽만 걸러내는 가장 일반적인 방법은 네트워크 프로토콜 정보와 포트 정보를 필터링하는 것이다.

IP 프로토콜 원형

앞에서 기본적인 IP 프로토콜 원형을 보았다. 그러나 TCP가 아닌 다른 프로토콜을 점검해야 할 수도 있다. 예를 들어, IP에서 실행되지만 TCP나 UDP에서는 실행되지 않는 IPSec이나 OSPF 같은 네트워크 프로토콜을 사용할 경우에 이들 프로토콜도 별도로 보아야 한다. 포트 번호를 공유하는 네트워크 애플리케이션들(예: syslog(UDP/514), rsh(TCP/514)을 구별할 수 있는 유일한 방법은 프로토콜에 따라 필터링하는 것이다.

프로토콜 필터를 정의할 때 /etc/protocols의 프로토콜 이름이나 프로토콜 번호를 사용할 수 있다. 필자는 프로토콜 번호를 선호한다. 왜냐하면 /etc/protocols의 내용이 바뀌어도 트래픽 분석에 영향을 받지 않기 때문이다. 프로토콜 89에서 실행되는 OSPF와 일치하는 필터를 다음과 같이 정의할 수 있다.

```
filter-primitive OSPF
    type ip-protocol
    permit 89
```

이와 비슷하게 IPSec은 두 개의 프로토콜, 즉 ESP(프로토콜 50)과 AH(프로토콜 51)를 사용한다. 다음의 원형은 모든 IPSec 트래픽과 일치한다. (여러 개의 엔트리를 콤마로 구분한다.)

```
filter-primitive IPSec
    type ip-protocol
    permit 50,51
```

IPSec 프로토콜에 포트 번호는 없지만 flow-nfilter를 사용하면 두 지점 사이에서 IPsec VPN이 얼마나 많은 대역폭을 사용하고 VPN 클라이언트가 어디서부터 연결되는지를 알 수 있다.

> **Note**
> filter.cfg에는 TCP 원형, UDP 원형, ICMP 원형이 있다.

포트 번호 원형

대다수의 네트워크 애플리케이션은 하나나 그 이상의 포트에서 실행된다. 관심 있는 네트워크 서비스의 포트만 포함되도록 출력 결과를 필터링하면 트러블슈팅 작업이 쉬워진다. 그렇게 하기 위해서 앞에서 보았던 ip-port 원형을 사용한다.

```
filter-primitive port80
    type ip-port
    permit 80
```

하나의 원형에 여러 개의 포트가 포함될 수 있으며, 포트를 구분하기 위해 콤마를 사용하면 된다.

```
filter-primitive webPorts
    type ip-port
    permit 80,443
```

포트 목록이 길면 한 라인에 한 개의 포트를 두고 주석을 달면 된다. 아래의 예제는 TCP(텔넷과 POP3)와 UDP(SMB)에서 실행되는 서비스를 필터링한다.

```
filter-primitive unwantedPorts
    type ip-port
    permit 23 #telnet
    permit 110 #unencrypted POP3
    permit 138 #Windows SMB
...
```

포트 범위를 위한 원형을 만들 수도 있다.

```
filter-primitive msSqlRpc
    type ip-port
    permit 1024-5000
```

IP 포트 원형에 /etc/services의 이름을 사용할 수 있지만 /etc/services 파일이 변경되거나 오류가 있으면 영향을 받으므로 번호를 사용할 것을 권장한다. 필요할 경우 flow-print와 flow-report를 사용해서 번호를 이름으로 변환할 수 있다.

TCP 제어 비트 원형

TCP 제어 비트로 필터링하면 비정상적인 네트워크 흐름을 식별할 수 있다. 제어 비트로 필터링하려면 ip-tcp-flags 원형을 사용한다. (3장의 'TCP 제어 비트와 흐름 레코드' 절을 참고한다.)

```
filter-primitive syn-only
    type ip-tcp-flags
    permit 0x2
```

이 원형은 'SYN 제어 비트만 있는 흐름SYN-only flow'과 일치한다. 서버는 요청에 응답하지 않고, 방화벽은 연결 요청을 차단하고, 목적지 주소에 서버가 없는 상황이다.

이런 흐름은 바이러스와 포트 자동 스캐너가 모든 인터넷 주소를 계속 탐색하는 인터넷 환경에서 주로 일어나며, 내부 네트워크에서는 거의 일어나지 않는다. 내부 네트워크에서 SYN 제어 비트만 있는 흐름이 발생한다면 소프트웨어 설정이 잘못 되어 있거나, 바이러스에 감염되어 있거나, 실제 침입자가 네트워크에 침입해서 탐색하는 경우다.

이와 비슷하게 'RST 제어 비트만 있는 흐름RST-only flow'을 필터링할 수 있다. RST 제어 비트만 있는 흐름은 연결 요청이 수신되었지만, 그 즉시 거절되었다는 것을 나타낸다. 이의 주된 이유는 호스트가 열려 있지 않은 TCP 포트에 서비스를 요청하기 때문이다. RST 제어 비트만 있는 흐름을 필터링하는 예는 다음과 같다.

```
filter-primitive rst-only
    type ip-tcp-flags
    permit 0x4
```

SYN 제어 비트만 있는 흐름과 RST 제어 비트만 있는 흐름이 어느 정도 수준만 발생하면 문제가 없지만 이런 두 흐름을 지나치게 많이 보내는 호스트를 걸러낼 수 있으면 성능 문제와 불필요한 네트워크 혼잡 문제를 일으키는 곳을 좁힐 수 있다.

다수의 제어 비트 세트가 있는 흐름을 식별하기 위해 제어 비트들을 더한다. 예를 들어, SYN 제어 비트와 RST 제어 비트만 있는 흐름은 시스템에 문제가 있다는 것을 나타낸다고 볼 수 있다. 이런 흐름들을 식별하기 위해서 SYN+RST 패킷과 일치하는 필터를 다음과 같이 작성한다.

```
filter-primitive syn-rst
    type ip-tcp-flags
    permit 0x6 # 0x2 (SYN) plus 0x4 (RST)
```

소규모 네트워크에서라도 TCP 제어 비트를 조사하면 모든 종류의 문제를 발견할 수 있다.

ICMP 타입 원형과 ICMP 코드 원형

여러 ICMP 타입과 코드 메시지로 네트워크 활동을 확인할 수 있다. ICMP 타입과 ICMP 코드를 기반으로 흐름을 필터링할 수 있지만 그렇게 하는 일이 쉽지는 않다.

흐름은 ICMP 타입과 코드를 목적지 포트로서 인코딩한다. 특정 타입 및 코드와 일치하는 원형은 ip-port 원형을 사용한다. ICMP 타입과 코드는 일반적으로 16진수로 표현되지만 ip-port는 10진수 값을 갖는다. (적절한 10진수 값을 파악하려면 표 3.4를 참고한다.)

예를 들어, ICMP 리다이렉트를 전송하는 호스트를 찾고 있다고 가정하자. 리다이렉트는 ICMP 타입 5이며, 두 개의 코드가 있어서 0은 리다이렉트 서브넷이고, 1은 리다이렉트 호스트다. 이는 16진수로 각각 500과 501이 된다. 이의 10진수 값은 각각 1280과 1281이므로 원형을 다음과 같이 작성할 수 있다.

```
filter-primitive redirects
   type ip-port
   permit 1280-1281
   default deny
```

이것을 필터에 사용하면 ICMP, TCP, UDP 흐름이 통과된다. 실제 필터를 작성할 때 ICMP 리다이렉트만 보려면 이 원형과 ICMP 원형을 둘 다 사용한다.

IP 주소 원형과 서브넷 원형

흐름을 주소와 서브넷으로 필터링하면 관심 있는 호스트와 네트워크로 대상 범위를 좁힐 수 있다.

IP 주소

IP 주소의 원형은 ip-address 원형을 사용한다. 원형 이름을 일치하는 IP 주소로 하는 것이 좋다. 왜냐하면 IP 주소를 원형 이름으로 하면 다른 유형의 필터 원형과 명확하게 구분되기 때문이다.

```
filter-primitive 192.0.2.1
   type ip-address
   permit 192.0.2.1
```

한 개의 원형에 여러 개의 주소를 넣을 수 있다.

```
filter-primitive MailServers
   type ip-address
   permit 192.0.2.10
   permit 192.0.2.11
```

위에서 예로 든 MailServers 같은 원형을 이용하면 '모든 웹 서버'나 '모든 파일 서버' 같이 특정 기능을 수행하는 다수의 호스트를 일치시킬 수 있다.

서브넷 원형

ip-address-mask 원형과 ip-address-prefix 원형을 사용하여 서브넷과 일치시킬 수 있다. flow-tools에는 두 개의 서브넷 포맷으로, ip-address-mask와 ip-address-prefix가 있으며, 서브넷을 표현하는 두 개의 공통 표기법과 일치시킨다.

ip-address-mask 원형은 10진수 형식의 넷마스크가 있는 IP 네트워크 주소를 위한 원형이다.

```
filter-primitive our-network
   type ip-address-mask
   permit 192.0.2.0 255.255.255.0
```

이 원형은 IP가 192.0.2.0~192.0.2.255인 모든 호스트와 일치한다.

ip-address-prefix 원형은 프리픽스(슬래시) 표기법을 사용한다.

```
filter-primitive our-network
   type ip-address-prefix
   permit 192.168.0/24
   permit 192.168.1/24
```

서브넷 원형의 각 라인에 하나씩 해서 여러 개의 서브넷을 둘 수 있으며, 모든 엔트리에서 프리픽스가 같지 않아도 된다. 예를 들어, 다음의 원형은 제대로 된 원형이다.

```
filter-primitive mixed-netmasks
   type ip-address-prefix
   permit 192.168.0/23
   permit 192.168.2/24
```

위의 원형은 192.168.0.0~192.168.2.255 사이의 모든 IP 주소와 일치한다.

시간 원형, 카운터 원형, 더블 원형

흐름을 시간이나 임의의 카운터 값으로 필터링할 수 있다.

원형의 비교 연산자

시간 원형과 카운터 원형은 논리적인 비교 연산자를 사용한다(표 4.1 참고).

표 4.1 시간과 카운터 비교 연산자

연산자	비교	시간
gt	보다 큼	보다 뒤
ge	보다 크거나 같음	보다 뒤이거나 지금
lt	보다 적음	보다 앞
eq	보다 적거나 같음	보다 앞이거나 지금
eq	같음	지금

이들 비교 연산자를 필터 정의가 아닌 시간 원형과 카운터 원형에만 사용한다.

시간 원형

흐름의 시작 시점이나 종료 시점에 따라 필터링하려면 time 원형을 사용한다. 예를 들어, 오전 8시 3분에 시작하거나 종료된 흐름을 찾는다면 다음과 같이 한다.

```
filter-primitive 0803
   type time
   permit eq 08:03
```

> **Note**
> 흐름 레코드는 24시간 시계를 사용하므로 오후 8시 3분은 20:03으로 필터링된다는 점을 기억하기 바란다.

시간을 조금 더 좁힐 수 있다. 예를 들어, 관심 있는 트래픽이 오전 8시 30분 30초에 시작하거나 종료되었다는 것을 안다면 원형을 다음과 같이 작성한다.

```
filter-primitive 0803
   type time
   permit eq 08:03:30
```

밀리세컨드 단위로 필터링할 수는 없다. 그러나 드물지만 센서와 콜렉터가 밀리세컨드까지 정밀한 경우도 있다.

시간 간격을 정의하려면 다른 비교 연산자들을 사용한다. 예를 들어, 오전 7시 58분에서 8시 3분 사이에 네트워크에서 무슨 일이 일어났는지를 알고 싶다면 그 시간 동안 일어난 트래픽을 필터링하기 위해 ge 연산자와 lt 연산자를 다음과 같이 사용하면 된다.

```
filter-primitive crashTime
   type time
   permit ge 07:58
   permit le 08:03
```

분석 대상 흐름 파일을 선택함으로써 보고서에 포함시킬 데이터를 통제할 수 있지만 시간을 이용하면 검색 범위를 더 좁힐 수 있다. 이 방법은 큰 파일을 조사할 때 유용하며, 이를 위해서는 네트워크의 시간을 정확하게 관리해야 한다.

> **Note**
>
> flow-nfilter는 특정 날짜와 시간(예: 2012년 1월 20일 오전 8시 3분)을 위한 time-date 원형을 지원한다. 그러나 특정 날짜에 관심이 있다면 해당 날짜의 흐름 파일을 분석하는 것이 더 좋다. 흐름 파일의 이름에는 파일의 생성 년, 월, 일, 시간이 들어간다.

카운터 원형

counter 원형을 이용해서 '100옥텟 이상'이나 '500~700 패킷 사이' 같은 필터를 만들 수 있다. 이런 유형의 필터를 만들 때 여러 개의 비교 연산자와 정수를 사용해서 카운터를 정의한다. 그 예는 다음과 같다.

```
filter-primitive clipping
   type counter
   permit gt 10000
```

이 필터는 측정하려는 것이 10,000개보다 많으면 통과시킨다. 1,000밀리세컨드(1초)나 그 이상 동안 지속되는 흐름을 보고 싶으면 다음과 같이 한다.

```
filter-primitive 1second
   type counter
   permit ge 1000
```

1KB나 그 이상인 흐름만 보고 싶으면 다음과 같이 한다.

```
filter-primitive 1kB
   type counter
   permit ge 1024
```

하나의 카운터에 여러 개의 비교를 넣을 수 있다. 예를 들어, 1000개보다 많고 2000개보다 적은 모든 것을 허용하고 싶으면 다음과 같이 한다.

```
filter-primitive average
   type counter
   permit gt 1000
   permit lt 2000
```

> **Note**
> counter 원형을 사용할 때 카운터가 옥텟, 패킷, 지속 기간을 기반으로 필터링될 때만 작동한다는 점을 염두에 두기 바란다. 카운터는 TCP 포트나 IP 주소와는 일치하지 않는다.

더블 원형

double 원형은 소수점이 있는 카운터로서, 초당 패킷(pps)이나 초당 비트(bps)와 일치한다.

예를 들어, 초당 100개나 그 이상의 패킷을 전송하는 모든 연결을 무시해야 한다고 가정하자. 이 조건의 100 부분을 정의하기 위해 다음과 같은 원형이 필요하다.

```
filter-primitive lessThan100
   type double
   permit lt 100.0
```

뒤의 'pps 필터와 bps 필터' 절의 필터 정의에서 이 원형을 초당 패킷 수에 묶는 방법을 살펴본다. 그 필터에서 이 원형은 'less than 100' 부분을 정의한다.

counter 원형처럼 double 원형도 모든 데이터와 일치할 수 없으며, 옥텟, 패킷, 기간과만 일치한다.

인터페이스 원형과 BGP 원형

라우터로부터 내보내기된 흐름 레코드에는 라우팅 정보가 포함되지만 라우팅 정보 중 대부분은 BGP Border Gateway Protocol 같은 동적 라우팅을 사용할 때만 유용하다. BGP나 다른 동적 라우팅 프로토콜을 사용하지 않으면 이 절을 건너뛰어도 된다.

SNMP를 사용해서 인터페이스 번호 파악

대다수의 라우터 설정 인터페이스(예: 시스코의 명령어 라인)는 각 라우터 인터페이스에 FastEthernet0이나 Serial1/0 같이 사람이 읽기에 편한 이름을 부여한다. 내부적으로 라우터는 각 인터페이스의 번호를 안다. 라우터가 흐름 레코드에서는 사람에게 익숙한 이름이 아니라 인터페이스 번호를 사용한다.

인터페이스 이름과 인터페이스 이름에 대응하는 번호 목록을 얻는 가장 간단한 방법은 SNMP Simple Network Management Protocol를 이용하는 것이다. 여러 곳의 인터넷 제공업체를 이용하고 있다면 SNMP 기능을 가지고 있을 것이다. 대다수의 유닉스 계열 시스템에도 net-snmp 소프트웨어가 있으므로 필자는 net-snmp를 예로 사용할 것이다. 다른 SNMP 브라우저도 net-snmp와 비슷한 결과를 보여준다.

SNMP는 정보를 계층적 트리로서 제시한다. SNMP 트리의 RFC1213-MIB::ifDescr에 가면 네트워크 인터페이스 목록을 얻을 수 있다. 인터페이스 이름과 번호를 알려면 snmpwalk를 사용해서 라우터의 RFC1213-MIB::ifDescr 값을 질의한다. 여러분이 사용하는 MIB 브라우저가 사람에게 친숙한 이름을 지원하지 않으면 RFC1213-MIB::ifDescr은 .1.3.6.1.2.1.2.2.1.2와 같이 보일 것이다.

```
# snmpwalk -v ① 2 -c ② community ③ router RFC1213-MIB::ifDescr
RFC1213-MIB::ifDescr.④1 = STRING: ⑤ "FastEthernet0/0"
RFC1213-MIB::ifDescr.2 = STRING: "FastEthernet0/1"
RFC1213-MIB::ifDescr.4 = STRING: "Null0"
RFC1213-MIB::ifDescr.5 = STRING: "T1 0/0/0"
RFC1213-MIB::ifDescr.6 = STRING: "T1 0/0/1"
RFC1213-MIB::ifDescr.7 = STRING: "Serial0/0/0:0"
RFC1213-MIB::ifDescr.8 = STRING: "Serial0/0/1:1"
RFC1213-MIB::ifDescr.9 = STRING: "Tunnel1"
```

위의 예제에서 ①은 SNMP 버전이 2인 라우터에 질의를 한다는 의미하고, ②는 community 이름을 사용한다는 의미이며, ③은 라우터의 호스트명이나 IP 주소를 의미한다. 이 명령어의 실행 결과로 라우터 인터페이스 이름 목록이 나온다.

SNMP 인덱스는 라우터 내부의 인터페이스 번호다. 예를 들어, 인터페이스 1(④)의 이름은 FastEthernet0/0(⑤)이다. 인터페이스 7의 이름은 Serial0/0:0이다.

위의 예제에서는 8개의 인터페이스가 있다. 그 중에서 인터페이스 4(null0)는 논리적인 인터페이스로서 트래픽을 보지 못한다. 인터페이스 5와 인터페이스 6은 실제 인터페이스가 아니고, 인터페이스 7과 인터페이스 8을 지원하는 인터페이스 카드다. 8개 중에서 5개의 인터페이스만 트래픽을 통과시킬 수 있다.

기본적으로 시스코 라우터에서는 재부팅할 때 인터페이스 번호를 변경할 수 있다. 이렇게 하는 이유는 인터페이스가 추가되거나 없어질 수 있기 때문이다. 그러나 인터페이스 번호가 임의로 변경되면 오랜 시간에 걸쳐서 이루어지는 보고서 생성 작업에서 혼란스러운 상황이 발생할 수 있다. 이에 필자는 재부팅할 때 라우터의 인터페이스 번호 체계를 일관되게 유지할 것을 권고한다. 물론, 이렇게 하면 인터페이스 목록에서 빠지는 부분이 생길 수 있다. 일례로, 위의 예제에서 인터페이스 3이 없는 것과 같은 상황이 생긴다. 반면에 인터페이스 7은 몇 년이 지나도 항상 Serial 0/0/0/0이다. 시스코 장비에서 인터페이스 번호 체계를 계속 유지하려면 설정에서 snmp-server ifindex persist 옵션을 사용한다.

여러 대의 라우터가 하나의 콜렉터로 데이터를 내보내기할 때 의미 있는 인터페이스 정보를 얻기 위해 데이터를 분리해야 한다. 예를 들어, A 라우터의 인터페이스 8이 로컬 이더넷 인터페이스이고, B 라우터의 인터페이스 8은 업스트림 T1 인터페이스일 수 있다. 이 때, 내보내기하는 IP 주소로 페이지를 필터링할 수 있다. 그러나 이렇게 하면 추가 필터링이 필요해진다.

이후의 예제에서는 앞에 나온 인터페이스 목록을 사용할 것이다. 인터페이스 1과 인터페이스 2는 이더넷 포트고, 인터페이스 7과 인터페이스 8은 각기 다른 인터넷 서비스 제공업체가 제공하는 T1 회선이고, 인터페이스 9는 VPN 터널이다. 다른 인터페이스들은 트래픽을 보지 못한다.

인터페이스 번호 원형

인터페이스로 필터링하면 해당 인터페이스를 지나가는 트래픽만 통과한다. 이를 위해 ifindex 원형을 다음과 같이 사용한다.

```
filter-primitive vpnInterface
    type ifindex
    permit 9
```

인터페이스 9는 VPN 인터페이스다. VPN 인터페이스에서 필터링하면 VPN을 지나가는 트래픽만 볼 수 있다.

한 라인에 여러 개의 인터페이스를 둘 수도 있다.

```
filter-primitive localEthernet
    type ifindex
    permit 1,2
```

인터페이스로 필터링하면 특정 네트워크 세그먼트들 사이에서 트래픽이 어떻게 흘러가는지에 중점을 두고 분석 작업을 할 수 있다.

AS 원형

AS Autonomous System는 BGP 라우팅의 핵심이다. BGP 피어가 있는 라우터가 흐름을 내보내기할 때 그곳에는 AS 번호 정보가 들어있다. 특정 AS 번호에서 오는 트래픽을 끌어내려면 as 원형을 다음과 같이 사용하면 된다.

```
filter-primitive uunet
    type as
    permit 701
```

여러 개의 AS 번호를 콤마로 구분해서 한 줄에 두거나, AS 번호 범위로 AS 번호를 지정할 수도 있다. 물론 다수의 AS 번호를 개별 라인에 추가해서 둘 수 있다. (ARIN, RIPE, 일부 AS 담당 기관에서는 규모가 큰 조직에 대한 AS 번호를 블록 단위로 발행하므로 그에 맞는 필터를 만들어야 할 필요도 있다.)

```
filter-primitive uunet
    type as
    permit 701-705
```

필터 일치문

원형들을 필터에 조립하려면 match 문을 사용한다. flow-nfilter는 필터의 모든 match 문과 각 흐름을 비교한다. 그리고 어떤 흐름이 모든 match 문에 맞으면 흐름이 통과한다. 흐름이 모든 match 문에 맞지 않으면 흐름은 데이터 스트림에서 제거된다.

많은 일치 타입에는 연계된 원형과 비슷한 이름이 있다. 예를 들어, ip-protocol 원형에 대응하는 ip-protocol 일치가 있다. 다른 원형들에는 단일 일치 조건이 없다. 예를 들어, ip-port 원형이 ip-source-port 원형이나 ip-destination-port 원형에 일치할 수 있다. 설정에서 부정확한 match 문을 사용하면 flow-nfilter는 에러를 일으켜 종료된다.

필터 정의는 여러 유형의 많은 일치 조건을 지원한다. flow-nfilter 매뉴얼 페이지에 전체 조건 목록이 있다. 필자가 보기에 유용한 조건을 여기서 제시한다.

프로토콜, 포트, 제어 비트

프로토콜과 포트를 일치시키는 것은 매우 일반적인 일이다. 제어 비트와 ICMP 타입 및 코드가 일반적이지는 않지만 어떤 경우에는 강력하다.

네트워크 프로토콜 필터

ip-protocol 원형에 대해 각 흐름을 점검하려면 ip-protocol 일치 타입을 사용한다.

앞에서 OSPF 원형을 정의했다. 여기서는 OSPF 트래픽만 넘기기 위해 OSPF 원형을 사용한다.

```
filter-definition OSPF
    match ip-protocol OSPF
```

하나의 필터에 여러 개의 프로토콜 원형을 두면 패킷이 일치하지 않는다. TCP와 UDP가 둘 다 있는 흐름은 매우 적다.

출발지 포트 필터와 목적지 포트 필터

flow-nfilter에는 출발지 포트 ip-source-port와 목적지 포트 ip-destination-port에 대한 일치가 별도로 있다. 이것들은 ip-port 원형에 일치한다. 웹 서버에 대한 트래픽을 필터링하기 위해 앞에서 정의한 port80 원형을 사용한다.

```
filter-definition port80
    match ip-destination-port port80
```

하나의 서비스에 대해 여러 개의 포트를 일치시키기 위해 서비스에 대한 모든 포트를 포함하는 원형을 정의한다. 예를 들어, 앞에서 80번 포트와 443번 포트에 대해 webTraffic 원형을 정의했었는데, 다음과 같이 활용하면 된다.

```
filter-definition webTraffic
    match ip-destination-port webTraffic
```

이와 비슷하게 ip-source-port를 사용할 수 있다. 예를 들어, 웹 서버를 떠나는 트래픽을 캡처하기 위해 80번 포트와 443번 포트를 떠나는 흐름을 필터링한다. (도착하는 트래픽 및 떠나는 트래픽과 일치하는 보고서의 작성 방법을 뒤의 '필터 정의의 논리적 연산자' 절에서 알 수 있다.)

```
filter-definition webTraffic
    match ip-source-port webTraffic
```

TCP 제어 비트 필터

TCP 제어 비트 원형과 일치시키려면 ip-tcp-flags 키워드를 사용한다. 앞에서 TCP RST 제어 비트만 들어 있는 흐름과 일치하는 rst-only 원형을 정의했었다. 그 원형을 다음과 같이 활용한다.

```
filter-definition resets
    match ip-tcp-flags rst-only
```

이 필터는 rst-only 원형과 일치하는 흐름만 표시한다. 프로토콜을 명시하지 않아도 된다. 왜냐하면 흐름 레코드는 TCP 흐름의 제어 비트만 포함하기 때문이다. 다른 TCP 제어 비트 원형에 대해서도 이와 매우 비슷한 필터를 사용할 수 있다.

ICMP 타입과 코드 필터

흐름은 ICMP 타입과 코드를 ICMP 흐름의 목적지 포트 필드에 기록한다. 그러나 TCP 제어 비트가 TCP 흐름의 레코드에만 있는 것과 달리 목적지 포트는 TCP, UDP, ICMP 흐름에 있다. ICMP 타입 및 코드와 일치하기 위해 필터에는 목적지 포트와 프로토콜이 있어야 한다.

```
filter-definition redirects
①     match ip-destination-port redirects
②     match ip-protocol ICMP
```

ICMP 리다이렉트 타입의 두 코드와 일치하는 redirects 원형(①)을 앞에서 정의했었다. 여기서는 ICMP 프로토콜 원형(②) 일치를 추가한다. 이 필터는 ICMP 리다이렉트가 들어 있는 흐름만 통과시킨다.

주소와 서브넷

flow-nfilter는 IP 주소, 즉 출발지 주소ip-source-address나 목적지 주소ip-destination-address에 대한 두 개의 일치 타입을 지원한다. 이들 일치 타입은 세 개의 IP 주소 원형 (ip-address, ip-address-mask, ip-address-prefix)에서 사용될 수 있다.

한 라인에서 출발지 주소를 일치시키고, 또 다른 라인에서 목적지 주소를 일치시킬 수 있다. 예를 들어, 클라이언트 네트워크에 대해 ip-address-prefix 원형을 가지고 있고, 웹 서버에 대해서 또 다른 원형을 가지고 있다고 가정하자. 다음의 정의는 클라이언트에서 웹 서버로 온 트래픽을 통과시킨다.

```
filter-definition clientsToWeb
   match ip-destination-address webServers
   match ip-source-address clientNetwork
```

하나의 필터에 같은 타입의 일치를 여러 개 둘 수 없다. 왜냐하면 하나의 흐름에 다수의 출발지 주소와 목적지 주소가 있을 수 없기 때문이다. 여러 출발지 주소나 목적지 주소에서 온 트래픽을 통과시키려면 원하는 모든 주소가 들어 있는 원형을 사용한다.

다음 필터는 웹 클라이언트에서 서버로 온 데이터를 캡처한다. 웹 서버에서 클라이언트 네트워크로 오는 트래픽을 잡아내는 보고서가 필요하다. 아니면 뒤의 '필터 정의의 논리적 연산자' 절에서 나오는 것처럼 양방향에서 움직이는 트래픽을 캡처하는 조금 더 복잡한 필터가 필요하다. 웹 트래픽만 보기를 원하므로 웹 트래픽과 TCP 원형으로 필터링할 수 있다.

```
filter-definition clientsToWebHttpTraffic
   match ip-port webTraffic
   match ip-protocol TCP
   match ip-destination-address webServers
   match ip-source-address clientNetwork
```

이와 동일한 효과를 내는 다른 방법들을 뒤의 '다수의 필터 사용' 절에서 본다.

센서나 익스포터에 의한 필터링

여러 개의 흐름 센서가 하나의 콜렉터로 내보내기를 할 수 있다. 그러나 특정 센서에서 온 흐름만 보고 싶을 수 있다. 특정 센서에서 온 흐름을 통과시키는 필터를 만들려면 IP 주소 원형에서 ip-exporter-address 일치를 사용한다. 사용 예는 다음과 같다.

```
filter-primitive router1
   type ip-address
   permit 192.0.2.1

filter-definition router1-exports
   match ip-exporter-address router1
```

이 필터는 192.0.2.1에 있는 라우터에서 내보내기를 한 흐름만 통과시킨다.

시간 필터

start-time과 end-time 일치 타입을 사용해서 특정 시간에 시작하고 끝난 흐름을 필터링할 수 있으며, 이 작업에는 time 원형을 사용하면 된다. 예를 들어, 다음의 예제는 앞에서 정의한 0803 시간 원형을 사용해서 특정 분에 일어난 모든 흐름을 캡처한다.

```
filter-definition 0803
   match start-time 0803
   match end-time 0803
```

원형으로 표현할 수 있는 모든 시간에 시작하거나 끝나는 흐름과 일치하도록 필터를 정의할 수 있다.

대부분의 경우에 문제가 발생한 시간을 정확하게 알지 못한다. 사람들의 시간 감각은 정확하지 않아서, '몇 분 전'이 실제로는 30초전일 수도 있고 한 시간 전일 수도 있다.

그리고 며칠이 지난 후에는 '몇 분 전'이라는 데이터를 더 신뢰할 수 없게 된다. 대부분의 경우에 정확한 시간을 정해서 필터링하기 보다는 문제가 된 흐름 파일 전체를 검색하는 것이 더 좋다. 필자의 경험상, 시간을 정해서 필터링하는 것은 매우 큰 흐름 파일에서만 유용하다. 그리고 흐름 파일에서 정확한 시간 정보를 확보했을 때만 유용하다. 웹 사이트가 오전 8시 15분에 멈추었다는 사람들의 말을 신뢰할 수 없다. 그러나 흐름 레코드를 보니 오전 8시 15분에 이상한 트래픽이 있었다면 그 시간에 무슨 일이 있었는지 확인할 필요가 있다. 시간을 정해서 필터링하는 일은 이와 같은 상황이 충족될 때 유용하다.

클리핑 레벨

클리핑 레벨clipping level은 데이터를 무시하기 시작하는 지점이다. 예를 들어, 아주 적은 양의 데이터가 있는 흐름을 고려하지 않을 수 있으며, 아니면 데이터의 양이 아주 적은 흐름만 보고 싶을 수 있다. 데이터를 클리핑하기 위해서 송신된 트래픽 양, 연결 속도, 연결 지속 시간에 따라 클리핑 수준을 정할 수 있다.

옥텟 필터, 패킷 필터, 지속 시간 필터

흐름당 옥텟 수, 흐름당 패킷, 흐름 지속 시간을 기반으로 필터링하려면 counter 원형을 사용한다. 예를 들어, 앞에서 1KB나 그 이상을 위한 원형을 정의했다. 이제 그 원형을 사용해서 1KB가 안 되는 흐름을 제거할 수 있다.

```
filter-definition 1kBplus
    match octets 1kB
```

이와 비슷하게 1,000 혹은 그 이상을 처리하는 1second 원형을 만들었다. 이 원형을 사용해서 1,000밀리세컨드(1초) 혹은 그 이상인 흐름만 허용하는 필터를 검색할 수 있다.

```
filter-definition over1second
    match duration 1second
```

카운터는 임의의 숫자로서 옥텟, 패킷, 지속 시간에 적용할 수 있다. 예를 들어, 1,024나 그 이상의 패킷이 있는 흐름만 포함하는 필터를 원한다면 그에 맞게 1KB 원형을 쉽게 재사용할 수 있다.

```
filter-definition 1024plusPackets
   match packets 1kB
```

여러분이 이렇게 할 수 있을지 모르겠지만 필자는 원형들을 이와 같은 방식으로 재사용하지 않는다. 단위가 킬로바이트인 패킷을 보았는가? 그런 필터는 필자를 혼란스럽게 만든다. 네트워크 문제를 파악하려고 시도하는 동안에 혼란스러우면 좋지 않다.

pps 필터와 bps 필터

연결 속도가 얼마나 빠른지에 관심이 있을 수 있다. 혹은 빠르거나 느린 연결에만 관심이 있을 수 있다. 만약 그렇다면 초당 패킷pps=packets per second이나 초당 비트bps=bits per second를 기반으로 필터링하기 위해 double 원형을 사용할 수 있다.

예를 들어, 앞에서 100 미만을 위한 double 원형을 정의했다. 이 원형을 pps나 bps에 사용할 수 있다.

```
filter-definition lessThan100pps
   match pps lessThan100

filter-definition lessThan100bps
   match bps lessThan100
```

이번 예제에서는 lesThen100 원형의 재사용을 고려하지 않는다. 왜냐하면 이름이 특정 데이터 타입과 밀접하게 관련되지 않기 때문이다.

BGP 필터와 라우팅 필터

흐름 레코드에 포함된 라우팅 정보를 기반으로 흐름을 필터링할 수 있다. (BGP를 사용하지 않으면 이번 절을 건너뛰어도 된다.)

AS 번호 필터

AS 번호를 기반으로 일치시키려면 source-as 일치 타입과 destination-as 일치 타입을 사용하면 된다. 앞에서 정의한 uunet AS 원형을 사용해서 무슨 트래픽을 수신하고 있는지를 볼 수 있다.

```
filter-definition uunet
   match source-as uunet
```

넥스트 홉 주소 필터

넥스트 홉next hop은 라우터가 흐름을 전송하는 IP 주소다. 나가는 흐름의 경우 ISP 회선의 원격지 종단의 IP 주소가 주로 넥스트 홉이 되고, 들어오는 흐름의 경우 방화벽의 외부 주소가 주로 넥스트 홉이 된다. 라우터의 경우 흐름 레코드에 넥스트 홉이 들어 있다. 그러나 softflowd 같은 소프트웨어 흐름 센서는 원격 호스트의 인터페이스나 패킷의 라우팅에 관해 아무 것도 모르므로 소프트웨어 흐름 센서에서 내보내기된 흐름에는 넥스트 홉 주소가 들어 있지 않다.

인터넷 제공업체들 중 한 곳의 넥스트 홉 IP 주소가 61.118.12.45라고 가정하자. 여러분의 네트워크에서 출발해서 이 ISP로 경유하는 모든 트래픽을 필터링하려면 아래와 같이 한 개의 원형과 한 개의 정의를 사용하면 된다.

```
filter-primitive ispA
   type ip-address
   permit 61.118.12.45

filter-definition ispA
   match ip-nexthop-address ispA
```

ip-nexthop-address 일치 타입은 ip-address, ip-address-mask, ip-address-prefix 원형과 함께 작업한다.

인터페이스 필터

제공업체나 네트워크 세그먼트로 필터링하는 또 다른 방법으로 라우터 인터페이스로 필터링하는 방법이 있다. input-interface 일치 타입과 output-interface 일치 타입을 이용해서 라우터를 떠나거나 라우터에 도착하는 트래픽으로 필터링할 수 있다. 앞에서 라우터 인터페이스 9에 대한 원형을 정의했다. 그 원형을 필터에 다음과 같이 사용할 수 있다.

```
filter-definition vpn
   match input-interface vpnInterface
```

이 필터는 지정된 인터페이스에서 라우터로 들어오는 트래픽을 보여준다.

다수의 필터 사용

두 머신 사이의 모든 트래픽을 파악해야 한다고 가정하자. 두 호스트에 대한 원칙을 정의한 다음에 두 호스트를 특별하게 정의한 필터를 작성할 수 있다. 그러나 이런 일반적인 상황을 처리하기 위해 새로운 필터들을 매우 많이 작성해야 한다. 그렇게 하는 대신에 더 작은 필터들을 정의하고, 그 필터들을 명령어 라인에서 함께 묶는 훨씬 더 쉬운 방법이 있다.

flow-nfilter를 하나의 명령어로 반복해서 불러올 수 있다. 흐름 파일을 원하는 횟수만큼 찾고, 처음에는 첫 번째 호스트에 대해 흐름 파일을 필터링하고, 두 번째는 두 번째 호스트에 대해 흐름 파일을 필터링하는 식으로 처리한다.

```
# flow-cat ft-* | ① flow-nfilter -F host1 | ② flow-nfilter -F
  host2 | flow-print | less
```

①의 첫 번째 flow-nfilter는 host1에서 온 트래픽을 포함하는 흐름만 넘긴다. ②의 두 번째 flow-nfilter는 host2에서 온 트래픽이 들어 있는 흐름만 통과시킨다.

이와 비슷하게, 특정 프로토콜(예: 모든 웹 트래픽)을 위한 별도의 필터를 작성할 수 있다. 앞에서 모든 HTTP 트래픽과 HTTPS 트래픽을 위한 필터인 webTraffic을 만들었다.

```
# flow-cat ft-* | ① flow-nfilter -F host1 | ② flow-nfilter -F
  webTraffic | flow-print | less
```

①의 첫 번째 필터는 관심 있는 호스트의 트래픽만 통과시키고, 두 번째 필터(②)는 HTTP 트래픽과 HTTPS 트래픽만 넘긴다.

네트워크의 주요 호스트와 서브넷을 위한 간단한 필터를 만들 수 있다. 예를 들어, 어떤 고객이 여러분의 웹 사이트에 도달하는데 문제가 있다고 보고한 경우에 여러분의 사이트를 위한 흐름 필터를 하나 작성하고 고객의 주소를 위한 흐름 필터를 하나 작성하고, 이 둘을 사용해서 여러분의 네트워크와 고객의 주소 사이에서 어떤 트래픽이 지나갔는지를 볼 수 있다. 그런 다음에 문제가 있다는 것을 나타내는 SYN 제어 비트만 있는 흐름이나 RST 제어 비트만 있는 흐름을 찾을 수 있다. 고객의 네트워크에서 출발한 트래픽이 여러분의 네트워크에 전혀 도착하지 않는다는 것을 발견할 수도 있다. 모든 경우에, 이 두 필터를 보고 여러분의 네트워크에 무슨 트래픽이 있고, 그 트래픽이 어떻게 움직이는지를 정확하게 알 수 있다.

명령어 라인에서 필터들을 결합함으로써 작성하는 필터의 수를 줄일 수 있고, 작성한 필터를 더 잘 활용할 수 있다.

필터 정의의 논리적 연산자

필터 정의에 여러 개의 일치 조건을 둘 때 flow-nfilter는 조건들 사이에 논리적인 'and'를 기본적으로 둔다. 예를 들어, 다음의 필터는 TCP에서 돌아가고 출발지 포트가 25인 모든 트래픽을 보여준다. 이 필터는 이메일 서버의 응답을 네트워크로 보낸다.

```
filter-definition TCPport25
    match ip-protocol TCP
    match ip-source-port port25
```

여러 논리 연산자들을 사용해서 매우 복잡한 필터들을 만들 수 있다.

논리적 or 연산자

연결 문제를 분석할 때 필자는 대화의 양쪽을 본다. 25번 포트로 가는 연결을 보고 25번 포트에서 오는 연결을 보는 필터를 원한다. 이를 위해서 or 연산자를 다음과 같이 사용한다.

```
filter-definition email
    match ip-protocol TCP
    match ip-source-port port25
 ① or
 ② match ip-protocol TCP
 ③ match ip-destination-port port25
```

①의 or 문 이후에서 새로운 필터 정의가 시작된다. 필자는 첫 번째 필터에 TCP를 두었다. 두 번째 필터에서도 TCP에 관심이 있어서 ②에서 TCP 일치를 반복했다. 그리고 그 다음에, ③에서 새로운 match 문을 추가해서 25번 포트에서 끝나는 흐름을 캡처한다.

이 필터를 흐름 데이터에 적용하면 다음과 같은 결과가 나온다.

```
# flow-cat ft-v05.2011-12-20.12* | flow-nfilter -F email | flow-print | less
srcIP              dstIP              prot  srcPort   dstPort   octets  packets
① 217.199.0.33    192.0.2.37         6     5673      25        192726  298
② 192.0.2.37      217.199.0.33       6     25        5673      8558    181
206.165.246.249   192.0.2.37         6     38904     25        13283   22
192.0.2.37        206.165.246.249    6     25        38904     1484    16
...
```

①의 첫 번째 흐름은 원격지 IP에서 로컬 이메일 서버의 주소로 왔으며, 목적지 포트는 25번이다. 이 흐름은 외부에서 내부로 들어오는 메일 송신이다. ②의 두 번째 흐름은 메일 서버에서 원격 IP 주소로 온 것으로서 출발지 포트는 25번이다. 이 흐름은 첫 번째 흐름에 대한 응답이다.

더 정교한 flow-print 포맷을 사용해서 이 결과를 더 자세히 볼 것이다. 그리고 에러 점검을 위해 flow-report를 실행할 것이며, 이메일 스트림의 TCP 에러를 파악하기 위해 다른 필터를 추가할 것이다. 이 간단한 점검에서 메일 서버가 TCP 25번 포트에서 상당히 많은 양의 트래픽을 교환하고 있다는 사실을 알아냈다. 필자는 메일 관리자에게 로그를 점검해서 에러를 찾아내라고 말하거나 추가 정보를 제공할 것이다.

필터 도치

관심 없는 트래픽을 위한 필터를 작성하는 것이 더 쉬울 때도 있다. 예를 들어, 이메일 서버에서 나가고 이메일 서버로 들어오는 트래픽 중에서 이메일이 아닌 모든 트래픽을 보고 싶다고 가정하자. 이메일용 포트 번호를 제외한 모든 포트 번호를 포함하는 원형을 작성할 수 있지만 이 작업은 짜증나고 지루한 일이다.

그 대신 필터의 의미를 반대로 뒤집는 **invert** 키워드를 사용하면 원하는 결과를 더 쉽게 얻을 수 있다.

```
filter-definition not-email
  ① invert
    match ip-protocol TCP
    match ip-source-port port25
    or
    match ip-protocol TCP
    match ip-destination-port port25
```

정의된 필터에 일치하지 않는 모든 것을 통과시키려면 ①과 같이 invert 키워드를 넣는다. 이번 예제에서는 TCP 25번 포트와 관계가 없는 모든 네트워크 트랜잭션을 통과시킨다.

그러나 이 필터에 한 가지 문제가 있다. 이 필터는 데이터를 캡처하는 모든 호스트에서 이메일이 아닌 모든 트래픽과 일치한다. 그러나 이번 예에서는 이메일 호스트의 트래픽만 보아야 한다.

이 문제를 해결하기 위해서 not-email 필터에 여러분의 이메일 서버를 추가할 수 있다. 그러나 이메일 서버는 이메일을 송신하고 수신한다. 정의에 네 개의 섹션이 필요하다. 하나는 여러분의 메일 서버로 연결하는 원격 서버를 위한 것이고, 두 번째는 원격 서버들에 대한 여러분의 서버들의 응답을 위한 것이고, 세 번째는 원격 메일 서버로 연결하는 메일 서버를 위한 것이고, 네 번째는 여러분의 서버들의 요청에 대한 원격 서버들의 응답을 위한 것이다. 이것은 꽤 지저분하다.

이메일 서버들과 관련된 흐름 데이터만 떼어내는 별도의 필터를 정의한 다음에 두 필터를 다음과 같이 잇는 것이 훨씬 더 간단하다.

```
① filter-primitive emailServers
  type ip-address
  permit 192.0.2.37
  permit 192.0.2.36
② filter-definition emailServers
  match ip-source-address emailServers
  or
  match ip-destination-address emailServers
```

①의 emailServers 원형에는 모든 메일 서버의 IP 주소가 포함된다. ②에서는 이들 서버에서 떠나거나 이들 서버로 오는 모든 트래픽과 일치하는 필터 정의를 만든다. 그런 다음에 필자의 이메일 서버로 가거나 이메일 서버에서 오는 이메일이 아닌 모든 트래픽을 보기 위해 다음과 같이 하면 된다.

```
# flow-cat * | ① flow-nfilter -F emailServers | ② flow-nfilter
  -F not-email | flow-print | less
```

①에서 emailServers 필터는 필자의 이메일 서버들과 관련된 흐름들만 통과시킨다. ②

의 not-email 필터는 SMTP가 아닌 흐름만 통과시킨다. 이 두 필터를 결합함으로써 필자는 관심 있는 트래픽만 본다. 필자는 DNS 서버로 가는 DNS 질의 같이 관심 없는 트래픽을 제거하기 위한 필터를 조정하고 싶으며, 이제 그 목표를 거의 달성했다.

물론 필터링된 트래픽을 살펴본 후에 필자는 이메일 관리자에게 회사의 네임 서버를 사용하지 않고 메일 서버에서 DNS 서버를 실행한 이유가 무엇인지를 물어볼 수 있다. 그리고 프록시 서버와 성인 콘텐트 필터를 사용하지 않고 이들 서버에서 웹 서핑을 한 이유가 무엇인지를 물어볼 수도 있을 것이다. 이와 같이 필터링된 트래픽을 분석하면 매우 많은 일을 알 수 있다.

필터와 변수

flow-tools에는 명령어 라인에서 설정될 수 있는 필터가 포함된다. 이 기능은 특정 IP 주소에서 온 트래픽을 식별하는 것과 같은 매우 간단한 필터에 유용할 수 있다. 이런 필터는 몇 개 없지만 간단한 트래픽을 분석하기에는 충분하다. 또한 변수 중심으로 처리되는 보고서를 작성하기에도 유용하다.

변수로 처리되는 필터 사용

명령어 라인에서 설정될 수 있는 필터는 세 개의 변수, 즉 ADDR(address), PORT(port), PROT(protocol)를 사용한다. 이들 변수는 다섯 개의 보고서를 지원하며, 프로토콜(ip-prot), 출발지 주소(ip-src-addr), 목적지 주소(ip-dst-addr), 출발지 포트(ip-src-port), 목적지 포트(ip-dest-port)로 필터링할 수 있다.

여러분의 상관이 전화를 했다고 가정하자. 그녀는 지금 낯선 도시에 출장을 가서 오픈되어 있는 무선 핫스팟으로 연결했지만 회사의 VPN 컨선트레이터로 들어갈 수 없다고 한다. 여러분이 그녀에게 직접 묻거나 그녀가 어디서 접속하는지 알기 위해 시스템 로그에 접속해서 그녀의 IP 주소를 얻는다. 그녀의 IP에서 여러분의 네트워크로 온 모든 트래픽을 보기 위해 별도의 필터를 작성하지 않고 흐름 파일에 명령어 라인 변수를 사용할 수 있다. 예를 들어, 그녀의 IP 주소가 192.0.2.8이면 명령어 라인을 다음과 같이 적는다.

```
# flow-cat * | flow-nfilter -F ip-src-addr ① -v ADDR=192.0.2.8 |
  flow-print
```

①의 -v 인수에 의해 flow-nfilter는 변수에 값이 할당되었다고 인식한다. 이번 예제에서는 ADDR 변수에 192.0.2.8 값을 할당했다. 이제, 192.0.2.8에서 출발한 모든 트래픽을 볼 것이다.

> **Note**
> **변수로 처리되는 필터의 사용 시점**
> 개별 호스트와 포트에 대한 간단한 필터에서는 변수로 처리되는 필터를 사용한다. 여러 호스트나 일정한 범위의 포트에서 필터링을 해야 하면 원형과 필터를 filter.cfg에 정의한다.

변수로 처리되는 필터 정의

변수로 처리되는 필터는 filter.cfg에 정의된 VAR_ADDR(주소) 원형, VAR_PORT(포트) 원형, VAR_PROT(protocol) 원형을 사용한다. 예를 들어, 다음의 예제는 ADDR 변수를 사용하는 변수로 처리되는 기본 필터다. 원형 대신 변수명을 사용하는 것만 제외하면 기본 보고서와 같다.

```
filter-definition ip-src-addr
    match ip-source-address VAR_ADDR
```

변수로 처리되는 필터를 정의하려면 이들 변수를 사용한다. 예를 들어, 필자는 관심 있는 호스트로 가고 오는 모든 트래픽을 보고 싶다. 이 보고서의 명령어 라인 버전을 작성하는 일은 쉽다. 다음과 같이 하면 된다.

```
filter-definition ip-addr
    match ip-destination-address VAR_ADDR
    or
    match ip-source-address VAR_ADDR
```

이와 비슷하게, 필자는 포트로 오고 가는 모든 트래픽을 보는 것도 좋아한다. 다음과 같이 하면 된다.

```
filter-definition ip-port
    match ip-destination-address VAR_PORT
    or
    match ip-source-address VAR_PORT
```

이것을 응용하면 모든 호스트와 포트를 다양하게 필터링할 수 있다.

변수 생성

VAR_ADDR, VAR_PORT, VAR_PROT는 flow-nfilter에 코딩되어 있는 변수가 아니다. 이들 변수는 filter.cfg에 정의되어 있다. VAR_PORT의 정의는 다음과 같다.

```
filter-primitive VAR_PORT
    type ip-port
    permit ① @{PORT:-0}
```

이런 유형들 중 대부분은 포트 번호를 위한 다른 원형과 거의 비슷하다. 그러나 permit 문(①)은 아주 다르다. 이번 예제에서 PORT 변수는 명령어 라인에서 정의되며 숫자를 반환한다. 이것이 어떻게 작동하는지는 중요하지 않으며, 여러분 자신의 원형의 모델로서 이 예제를 사용할 수 있다.

또 다른 예제가 있다. 필자는 BGP를 자주 사용하므로 AS 번호 원형이 필요하다.

```
① filter-primitive VAR_AS
② type as
③ permit @{AS:-0}
```

필자는 이 원형의 이름을 기존 변수명과 대응시키기 위해 VAR_AS로 했으며(①), as 타입을 할당했다(②). ③의 permit 문은 위에서 설명한 VAR_PORT 원형에서 복사되었으며, 변수명으로 PORT 대신 AS가 들어갔다. 이제, 이 변수를 사용하는 필터를 다음과 같이 만들 수 있다.

```
filter-definition AS
 ① match source-as VAR_AS
     or
 ② match destination-as VAR_AS
```

이것은 특정 AS로 가고(①), 특정 AS로부터 오는(②) 트래픽을 통과시킨다는 점에서 앞에 나온 변수로 처리되는 필터들과 매우 비슷하다. 이제 이 필터를 사용해서 특정 AS에 대한 트래픽을 얻을 수 있다.

```
# flow-cat * | flow-nfilter -F as-traffic -v AS=701 | flow-print
  -f 4 | less
```

이 필터를 적용하면 AS 번호 701과 관계된 흐름만 볼 수 있다.

이 시점에서, 여러분이 좋아하는 모든 방법으로 트래픽을 필터링할 수 있다. 이제, 필터링한 데이터를 분석할 차례다. 5장으로 넘어가자.

5

보고서 생성 및 분석

어떤 트래픽이 네트워크를 지나가는지 정확하게 파악하는 능력은 강력한 수단이 된다. 그러나 전체 데이터를 파악할 수 있는 사람은 없다. 15,000개의 흐름 목록을 집중해서 바라보고 활동성이 가장 높은 호스트 10개를 찾아내고, 가장 일반적으로 사용된 포트를 파악하고, 더 나아가서 IP별로 순위를 매길 수 있는 사람은 매우 드물다. 조사할 흐름 파일을 신중하게 선택하고 흐름 파일의 내용을 필터링하면 읽어야 할 흐름 개수를 줄일 수 있다. 그러나 그렇게 하더라도 소규모 네트워크에서도 통합하고, 합치고, 분석해야 할 데이터는 여전히 많다. 흐름 데이터를 합치고, 정렬하고, 누적 결과를 표시하는 툴이 필요하다.

flow-report 프로그램은 흐름을 읽고, 합계, 순위, 초당 카운트, 인터페이스당 카운트 등이 들어간 보고서를 만든다. 그리고 여러분에게 맞는 맞춤형 보고서를 만들 수 있다. 아니면 내장되어 있는 기본 보고서를 사용해서 특수한 분석 작업을 할 수 있다. flow-report 프로그램을 사용해서 "어떤 웹 서버가 가장 많은 트래픽을 전송하는가?", "어떤 호스트가 바이러스를 전파하는가?"와 같은 기본적인 질문에 신속하게 답할 수 있다.

이번 장에서는 flow-report의 많은 옵션의 사용 방법을 알아보고, 네트워크에 대한 주요 질문에 빠르게 답하는 방법을 살펴본다.

기본 보고서

flow-report가 만드는 모든 것은 stat.cfg 파일에 설정된다. 기본 설정에는 한 개의 포괄적인 보고서가 있으며, 여기에 있는 옵션들은 명령어 라인의 많은 설정 값보다 우선시된다. 이번 절에서는 기본 보고서를 살펴보고, 기본 보고서를 얼마나 많이 확장할 수 있는지를 설명한다.

먼저, 아무런 설정이 없는 기본 보고서를 사용한다. 기본 보고서를 생성하면 흐름 데이터의 일반적인 통계 분석이 들어 있는 summary-detail 보고서가 만들어진다. 이 보고서의 길이는 꽤 길므로 몇 개의 부분으로 나누어서 설명한다.

```
     #    flow-cat * | flow-report
     #    --- ---- ---- Report Information --- --- ---
     #    build-version:        flow-tools 0.68.4
①    #    name:                 default
②    #    type:                 summary-detail
③    #    options:              +header,+xheader,+totals
④    #    fields:               +other
⑤    #    records:              0
     #    first-flow:           1322715601 Thu Dec 1 00:00:01 201
     #    last-flow:            1322719199 Thu Dec 1 00:59:59 2011
     #    now:                  1325460205 Sun Jan 1 18:23:25 2012
     #
     #    mode:                 streaming
     #    compress:             off
     #    byte order:           little
     #    stream version:       3
⑥    #    export version:       5
     #
⑦    #    ['/usr/local/bin/flow-rptfmt', '-f', 'ascii']
```

최고 앞에 해시 표시(#)가 있는 라인들에는 보고서 준비 방법에 관한 정보나 실제 흐름 파일의 주석이 있다. 여기에는 사용된 flow-tools의 버전, 흐름 파일의 첫 번째 흐름과 마지막 흐름의 날짜와 시간, 현재 날짜와 시간 등이 들어간다.

①에는 보고서 설정 파일에 정의된 보고서의 이름이 있다. 아직 사용자 정의 보고서를 만들지 않았으므로 기본 보고서를 생성했다.

②는 보고서 종류로서, 흐름 데이터의 배치, 검색, 정렬, 제시 방법을 나타낸다. 보고서 종류로는 most common port 보고서나 most common address 보고서 같은 것이 있다. 이번 장에서는 대부분의 보고서 종류를 다룰 것이다. 이번 보고서의 종류는 summary-detail 보고서다.

③의 보고서 옵션은 보고서에 무엇을 포함시킬 것인지를 flow-report에게 알린다. 예를 들어, +header 옵션과 +xheader 옵션이 있으면 flow-report는 여러분이 지금 찾고 있는 보고서 메타 정보를 포함한다. 명령어 라인의 기본 옵션을 무시하거나 기본 옵션을 사용자 정의 보고서에 지정할 수 있다.

④의 fields는 보고서에 어떤 정보를 포함시킬 것인지를 flow-report에게 알린다. 나중에 다른 보고서 종류에서 보겠지만 fields는 보고서에서 행이 된다. 이번에도 역시, 명령어 라인의 기본 옵션을 무시하거나 기본 옵션을 사용자 정의 보고서에 지정할 수 있다.

⑤의 records 필드는 결과를 출력할 라인 수를 제한할 것인지를 나타낸다. 명령어 라인이나 보고서 정의에 최대 라인 수를 지정할 수 있다. 특정 유형의 트래픽을 만드는 상위 10개의 호스트를 알고 싶을 때 이 기능이 유용하다.

흐름 파일의 흐름 버전(⑥)을 알면 보고서가 어떤 정보를 포함하는지를 파악할 수 있다. 가령, 넷플로우 버전 1에서는 BGP 정보를 넣지 않을 것이다.

마지막으로, ⑦에서 보고서 형식에 사용되는 명령어를 본다. flow-report 프로그램은 CSV common-separated value 형식의 보고서만 작성하고, 텍스트나 HTML 형식의 보고서를 만들려면 flow-rptftm 같은 외부 프로그램을 이용해야 한다.

타이밍과 합계

그 다음에는 흐름 레코드 내부 페이지의 세부 정보가 나온다. 처음 여섯 라인은 보고서 정의에 +totals 옵션이 있을 때 나온다.

flow-report는 패킷이 0인 흐름을 무시한다(①). 패킷이 0인 흐름은 일반적으로 에러인데, 이것을 다른 계산에 포함시키면 평균값이 떨어진다.

그 다음에는 흐름들에 있는 흐름, 옥텟, 패킷의 총 수가 나온다. 필자는 54,286개의 흐름, 633Mb의 옥텟, 996,238개의 패킷을 캡처했다.

```
①   Ignores:                        0
    Total Flows:                    54286
    Total Octets:                   633669712
    Total Packets:                  996238
②   Total Duration (ms):            884588200
③   Real Time:                      1322719199
④   Average Flow Time:              16294.000000
⑤   Average Packets/Second:         636.000000
    Average Flows/Second:           11672.000000
    Average Packets/Flow:           18.000000
⑥   Flows/Second:                   0.042795
    Flows/Second (real):            0.000044
```

Total Duration(②)은 흐름이 지속된 총 시간의 합으로서 단위는 밀리세컨드다. 예를 들어, 1초 흐름 10개가 동시에 돌아갔다면 총 지속 시간은 10초, 즉 10,000밀리세컨드가 된다.

③의 Real Time 헤더는 흐름 데이터가 끝난 시점을 나타내며, 단위는 유닉스 에포크 시간이다. 1322719199는 EST로 2011년 12월 1일 화요일 00:59:59초다.

④의 Average Flow Time은 흐름의 평균 지속 시간으로서 단위는 밀리세컨드다.

그 다음에 나오는 ⑤는 초당 평균 패킷, 초당 평균 흐름, 흐름당 평균 패킷 정보다.

⑥의 두 Flows/Second 값은 혼란스러울 수 있다. 첫 번째의 Flows/Second는 예상하는 초당 흐름 수로서 흐름 수를 초로 나누면 된다. 두 번째로 나오는 Flows/Second(real) 값은 에포크 시간을 기반으로 하며 대부분의 네트워크 관리 목적에는 유용하지 않다.

패킷 크기 분포

summary-detail 보고서의 다음 부분은 패킷 크기 분포로서 전체 패킷에서 지정된 크기의 패킷이 얼마를 차지하는지를 보여준다.

```
①1-32  ③64    96    128   160   192   224   256   288   320   352   384   416   448
②.000  ④.232  .443  .067  .157  .045  .008  .005  .004  .003  .011  .003  .002  .001

       480    512   544   576   1024  1536  2048  2560  3072  3584  4096  4608
       .002   .001  .001  .001  .006  .008  .000  .000  .000  .000  .000  .000
```

첫 번째 엔트리(①)는 흐름의 패킷 중에서 크기가 1~32 바이트인 부분을 나타내고, 이번 경우에는 ②에서 볼 수 있듯이 1~32 바이트인 패킷은 하나도 없다.

흐름에서 패킷의 4분의 1 정도(④에서 .232)의 길이는 64바이트(③)다. (필자는 이 샘플을 자주 사용되는 DNS 서버의 네트워크 세그먼트에서 가져왔기 때문에 크기가 작은 흐름이 많다.) 그리고 패킷 중에서 거의 반의 크기는 96바이트인 것으로 나타났다.

흐름당 패킷

summary-detail 보고서의 다음 부분은 흐름당 패킷으로서, 형식은 패킷 크기 분포표와 매우 비슷하다.

```
①1     2      4     ②8    12    16    20    24    28    32    36    40    44    48
③.307  .051   .135  .235  .072  .041  .032  .023  .019  .013  .012  .006  .004  .004

       52     60    100   200   300   400   500   600   700   800   900   >900
       .003   .005  .013  .013  .003  .002  .001  .001  .000  .000  .000  .003
```

여기서 흐름의 0.307(②), 즉 약 31%가 한 개의 패킷만(①) 포함한다는 것을 알 수 있다. 앞에서 보았던 것처럼 패킷이 하나인 흐름은 일반적으로 간단한 DNS 질의 같은 UDP나 ICMP 요청이다. 흐름 중에서 거의 4분의 1은 흐름당 5~8개(③)의 패킷을 포함한다. 나머지 흐름은 흐름당 수에 있어서 폭넓게 산재되어 있다.

각 흐름의 옥텟

summary-detail 보고서의 다음 부분은 각 흐름에 얼마나 많은 옥텟이 있는지를 보여준다.

```
① 32    64     128    256    512    1280          2048   2816   3584   4352
②.000   .070   .173   .129   .097   .208          .115   .029   .028   .016

5120    5888   6656   7424   8192   8960          9728   10496  11264  12032
.017    .023   .011   .009   .005   .004          .004   .003   .003   .003

12800   13568  14336  15104  15872  ④ >15872
.002    .002   .002   .002   .001   ③ .043
```

②에서 볼 수 있듯이 이 파일의 흐름 중에서 32옥텟(①)인 흐름은 하나도 없다. (ping 패킷은 일반적으로 64바이트라는 점을 기억하기 바란다.) 흐름의 가장 일반적인 크기는 513~1280 옥텟으로서, 이 파일의 흐름 중에서 약 20퍼센트(0.208)를 차지하는 것

으로 나타났다. 크기가 큰 흐름이 거의 없는데, ③에서 흐름의 약 4%(0.043)의 크기가 15,872 옥텟(④)이라는 것을 알 수 있다.

흐름 시간 분포

summary-detail 보고서의 마지막 부분은 흐름 시간 분포로서, 흐름의 지속 시간을 밀리세컨드 단위로 표시한다.

```
② 10      50     100    200    500    1000    2000   3000   4000   5000
①.158    .100   .088   .084   .157   .085    .036   .019   .017   .000

6000     7000   8000   9000   10000  12000   14000  16000  18000  20000
.009     .007   .007   .010   .009   .014    .008   .006   .008   .007

22000    24000  26000  28000  30000  >30000
.005     .003   .003   .004   .004   ③ .141
```

①에서 볼 수 있듯이 흐름의 약 16%(0.158)가 10밀리세컨드 이하(②) 동안 지속되었다. 이번 네트워크에서는 긴 흐름보다 짧은 흐름이 절대적으로 더 많다는 것을 알 수 있다. 마지막의 오래 지속되는 흐름(③)은 조금 많은 것으로 나타났다.

> **Note**
>
> **summary-detail 보고서의 사용 방법**
> 네트워크가 이상하다는 신고를 접수하면 현재 패킷을 지난주의 패킷이나 지난해의 패킷과 비교해서 이상 현상을 신속하게 파악한다. 네트워크에 문제가 있는 동안에 트래픽의 크기, 지속 기간, 양이 변경되었으면 무언가 바뀐 것으로 보면 된다. 변경된 호스트나 연결을 식별하려면 이들 특징을 필터링한다.

기본 보고서 수정

flow-nfilter처럼 flow-report의 행위를 명령어 라인에서 수정할 수 있다. flow-report는 다섯 개의 변수, 즉 TYPE, SORT, FIELDS, OPTIONS, RPTOPT를 지원한다. 각 변수는 이번 장의 뒤에서 예제를 가지고 다룬다. 일단 여기서는 각 변수를 잠깐 살펴본다.

- TYPE 변수는 어떤 보고서를 실행할 것인지를 지정한다. flow-report는 70종 이상의 보고서를 지원한다. 이번 장의 많은 부분에서는 필자가 가장 유용하다고 생각하는 보고서들을 살펴본다. 전체 목록을 보려면 flow-report 매뉴얼 페이지를 참고한다.
- SORT 변수는 데이터 표시 순서를 제어한다. 보고서의 모든 필드로 대다수의 보고

서를 정렬할 수 있다.
- FIELDS 변수를 이용해서 보고서에 나타나는 필드를 조정할 수 있다.
- OPTIONS 변수는 보고서의 전체에 적용되는 여러 가지 특징을 활성화하거나 비활성화한다.
- RPTOPT 변수는 보고서 형식 설정 프로그램인 flow-rptfmt로 넘길 옵션들을 지정한다.

변수를 지정하려면 -v와 변수명을 사용한다. 예를 들어 TYPE 변수를 지정하려면 다음과 같이 한다.

```
# flow-cat *  |  flow-report -v TYPE=보고서 종류
```

보고서를 수정하고 여러 보고서 종류를 살펴보기 위해서 이번 절의 나머지 부분에서 이들 변수를 사용한다.

변수 사용: TYPE

조직에서 어떤 경영진은 "어떤 컴퓨터가 트래픽을 가장 많이 발생시키는가?"라는 질문을 한다. ip-source-address 보고서를 이용하면 네트워크의 각 호스트가 얼마나 많은 트래픽을 일으키는지를 표시할 수 있다.

```
# flow-cat * | flow-report -v TYPE=ip-source-address
...
# ['/usr/local/bin/flow-rptfmt', '-f', 'ascii']
ip-source-address       flows          octets          packets        duration
192.0.2.37              12163          107898108       204514         159749392
158.43.128.72           16389          1962766         16711          49357139
192.0.2.4               54280          127877204       785592         831419980
198.6.1.1               7627           970898          7992           26371278
...
```

이 보고서에서 IP 주소 목록과 호스트가 전송한 흐름, 옥텟, 패킷 수를 얻을 수 있다. 또한 해당 호스트에서 일어난 모든 흐름의 총 지속 기간(단위는 밀리세컨드)을 볼 수 있다. 이 보고서가 데이터를 특정 순서대로 보여주지는 않기 때문에 '가장 바쁜 호스트'가 어느 것인지 쉽게 알 수 있지는 않다. 가장 바쁜 호스트는 가장 많은 양의 트래픽(옥텟)을 전송하는 호스트인가, 가장 많은 수의 연결(흐름)을 일으킨 호스트인가, 아니면 가장 많은 수의 패킷(패킷)을 전송한 호스트인가?

변수 사용: SORT

가장 많은 트래픽을 전송한 호스트를 찾기 위해 긴 보고서를 스크롤하는 일은 생각만 해도 끔찍하다. 그 대신, SORT 변수를 사용하면 flow-report에게 데이터 정렬 방법을 지정할 수 있다.

보고서의 모든 필드명의 값에 SORT를 적용할 수 있다. 그러나 필드명과 행 제목이 반드시 같지는 않다. 보고서 헤더에는 필드 엔트리가 들어가고, 필드 엔트리는 보고서에 나타나는 순서대로 유효한 필드들을 나열한다. 이번 예에서 ip-source-address 보고서 필드의 헤더 정보는 다음과 같다.

```
# fields: +key,+flows,+octets,+packets,+duration,+other
```

실제 보고서에는 다음과 같이 ip-source-address, flows, octets, packets, duration 행이 들어간다.

```
ip-source-address    flows         octets          packets       duration
192.0.2.4            54280         127877204       785592        831419980
...
```

필드 목록의 시작 부분에는 key라는 이름의 엔트리가 있고, 그 다음에 flows, octets, packets, duration, other가 온다. 실제 보고서에서는 ip-source-address 행이 먼저 오고, 그 다음에 flows, octets, packets, duration 행이 온다. flow-report는 리포팅하는 필드를 키key라고 부른다. 필자는 ip-source-address 보고서를 실행했으므로 키는 ip-source-address 필드가 된다. (필드 목록에는 other가 있지만 보고서에는 other 행이 없다.)

행을 내림차순으로 정렬하려면 필드명 앞에 플러스 기호(+)를 붙여서 SORT 변수에 값으로 할당한다. 행을 오름차순으로 정렬하려면 필드명 앞에 마이너스 기호(-)를 붙여서 SORT 변수에 값으로 할당하다.

필자는 연결이 가장 많은 호스트에 관심이 있으므로 SORT 변수에 +flows를 값으로 넣어서 흐름 데이터를 내림차순으로 정렬한다. 그 예는 다음과 같다.

```
# flow-cat * | flow-report -v TYPE=ip-source-address -v SORT=+flows
...
# ['/usr/local/bin/flow-rptfmt', '-f', 'ascii']
ip-source-address    flows      octets        packets    duration
① 192.0.2.4         54280      127877204     785592     831419980
158.43.128.72        16389      1962766       16711      49357139
192.0.2.37           12163      107898108     204514     159749392
198.6.1.5            8826       1425518       11339      24124445
192.0.2.36           8786       21773315      38616      44443605
198.6.1.1            7627       970898        7992       26371278
...
```

192.0.2.4 호스트(①)는 54,280개의 흐름을 전송했으며, 이것은 그 다음으로 흐름이 많은 호스트보다 거의 네 배 수준이다.

얼핏 보기에 흐름으로 정렬하는 것이 일정 부분 바이트(옥텟)로 정렬하는 것처럼 보이지만 그것은 착각이다. 이번에는 동일한 데이터를 옥텟으로 정렬해서 보고서를 만든다.

```
# flow-cat * | flow-report -v TYPE=ip-source-address -v SORT=+octets
...
# ['/usr/local/bin/flow-rptfmt', '-f', 'ascii']
ip-source-address    flows      octets        packets    duration
207.46.209.247       25         131391013     90275      2967322
192.0.2.4            54280      127877204     785592     831419980
192.0.2.37           12163      107898108     204514     159749392
192.0.2.7            116        72083511      55415      15057488
192.0.2.130          145        49604492      74852      36232749
192.0.2.8            88         48766466      36166      7181558
...
```

가장 많은 수의 옥텟을 전송하는 호스트 목록을 가장 많은 수의 흐름을 전송하는 호스트 목록과 비교할 때 각 목록의 상위 여섯 개의 호스트 중에서 네 개가 다른 목록에는 없다는 점에 주목하기 바란다.

보고서에서 개별 흐름 분석

'변수 사용: SORT' 절의 ip-source-address 보고서를 다시 살펴보자. 207.46.209.247 호스트는 꽤 많은 대역폭인 131,391,013 옥텟을 사용했다. 131,391,013을 1,024로 나누면 약 128,312KB, 즉 125MB가 된다. 그런데 이렇게 많은 옥텟을 전송하는데 흐름 수는 왜 25개 밖에 되지 않는가?

그 이유를 알기 위해서 flow-nfilter를 사용한다. 이것은 반복되지 않을 일회성 질의이므로 필터를 명령어 라인에서 설정한다.

```
# flow-cat * | flow-nfilter -F ip-src-addr -v ADDR=207.46.209.247 | flow-print
srcIP           dstIP         prot    srcPort   dstPort   octets     packets
207.46.209.247  192.0.2.4     ① 6     ② 80      51538     16499752   11018
207.46.209.247  192.0.2.4     6       80        51540     16104523   10756
207.46.209.247  192.0.2.4     6       80        53410     20798      17
...
```

이 보고서에서 연결이 TCP(①)에서 실행되었고, 80번 포트(②)를 사용했다는 것을 알 수 있다. 이것은 확실히 웹 서버에서 온 응답이다. 이번 예에서 목적지 IP는 필자의 메인 프록시 서버다. 프록시 로그를 검색해서 이 트래픽을 더 정확하게 파악할 수 있다.

불행하게도 웹 트래픽이 이렇게 간단하지는 않다. 사람들은 웹 사이트의 많은 페이지를 돌아다니면서 클릭하고, 그러면서 사이트의 여러 곳에서 데이터를 다운로드하거나 용량이 큰 파일을 다운로드할 수 있다. 이 데이터가 하나의 큰 다운로드를 나타내는지, 규모가 작은 여러 개의 요청을 나타내는지를 어떻게 알 수 있는가? 명확한 방법은 없다. 그러나 점검할 수 있는 한 가지 방법은 해당 주소에서 오는 연결과 해당 주소로 가는 연결을 비교하는 것이다.

그렇게 하기 위해서 207.46.209.247로 가는 흐름을 점검하기 위해 필터를 변경할 수 있다. 새로운 연결의 시작 여부를 파악하거나 각 흐름이 독립된 요청인지 여부를 알기 위해 각 흐름의 시작 시간과 종료 시간이 필요하다. flow-print 포맷 5는 각 흐름의 타이밍 정보를 표시하므로 포맷 5를 사용해서 필터링된 데이터를 표시한다. 출력 결과를 페이지에 맞추기 위해서 이번 예제에서 관련이 없는 몇 개의 필드(예: 프로토콜, 인터페이스, 패킷, 옥텟)를 뺐다.

```
# flow-cat * | flow-nfilter -F ip-dst-addr -v ADDR=207.46.209.247 | flow-print -f 5
Start                 End                   SrcIPaddress   SrcP    DstIPaddress      DstP
① 1201.11:58:00.409   1201.12:01:55.917     192.0.2.4      51538   207.46.209.247    80
② 1201.11:58:00.451   1201.12:02:05.769     192.0.2.4      51540   207.46.209.247    80
③ 1201.12:03:00.506   1201.12:04:10.916     192.0.2.4      53410   207.46.209.247    80
  1201.12:03:00.505   1201.12:04:16.805     192.0.2.4      53409   207.46.209.247    80
④ 1201.12:08:00.457   1201.12:09:25.912     192.0.2.4      55190   207.46.209.247    80
  1201.12:08:00.457   1201.12:09:26.775     192.0.2.4      55191   207.46.209.247    80
⑤ 1201.12:13:00.519   1201.12:14:11.891     192.0.2.4      57581   207.46.209.247    80
  1201.12:13:00.520   1201.12:16:30.907     192.0.2.4      57580   207.46.209.247    80
...
```

①의 첫 번째 흐름은 1201.11:58:00.409, 즉 12월 1일 오전 11시 58분 .409에 시작해서, 12시 5분 55초 .917에 끝난다. ②의 두 번째 요청은 4밀리세컨드 뒤에 시작해서 조금 진행되다 끝난다. 이 두 흐름은 전혀 다른 HTTP 요청이다.

이 결과에서 흥미로운 사실은 다른 요청의 타이밍이다. 그 다음의 두 요청은 처음 두 흐름 이후 정확히 5분 뒤에 시작하고(③), 그 뒤의 두 요청은 또 다시 5분 뒤에 시작한다(④). 요청에 대한 응답보다 요청을 살펴보면 네트워크에서 무언가가 5분마다 이 사이트로 접근하고 있다는 것이 확실하다(⑤). 사람들은 이런 식으로 행동하지 않는다. 한 가지 추정은 어떤 소프트웨어가 이 트래픽에 응답한다는 것이다.

이 보고서에는 반복적으로 일어나는 높은 대역폭의 HTTP 요청의 시작 타임스탬프와 종료 타임스탬프가 있으며, 이 정보가 있으면 프록시 로그에서 사이트를 찾을 수 있다. (이번 예에서는 클라이언트가 회사 업데이트 서버를 사용하지 않고 마이크로소프트로부터 패치를 다운로드한 것으로 드러났다.)

> **Note**
> 프록시 서버가 없다면 인터넷 사용량을 로그하지 않는다. 요청을 한 워크스테이션을 파악하고 워크스테이션이 무엇을 하는지 파악하기 위해 내부 네트워크의 흐름을 분석할 수 있지만, 이것이 전부다. 워크스테이션이 어떤 사이트에 도달하려고 시도하는지를 파악하려면 패킷 스니퍼를 사용한다.

보고서 사용자 정의

SORT 변수가 데이터 표시 방법을 조정하는 것처럼 다른 변수들도 보고서의 형식을 변경해서, 여러분에게 꼭 필요한 정보만 들어 있는 보고서를 만드는데 도움이 된다. 각 변수로 보고서를 어떻게 변경할 수 있는지를 정확하게 보여주기 위해 이번 장의 앞에서 살펴보았던 ip-source-address 보고서를 수정할 것이다.

필드 선택

호스트가 전송한 바이트 수나 패킷 수는 알고 싶지만 보고서가 제공하는 다른 정보에는 관심이 없을 수 있다. FIELDS 변수를 사용하면 보고서에 넣을 행을 선택할 수 있다.

예를 들어, ip-source-address 보고서에는 다섯 개의 필드, 즉 address, flows, octets, packets, duration 필드가 있다. 보고서에서 duration 행을 제거해야 한다고 가정하자.

그렇게 하기 위해서 제거하려는 필드를 FIELDS 변수의 값으로 넣고, 필드 앞에 마이너스 부호(-)를 붙인다. 즉, 다음과 같이 FIELDS 변수의 값으로 -duration을 넣는다.

```
# flow-cat * | flow-report -v TYPE=ip-source-address -v SORT=+octets -v
FIELDS=-duration
...
ip-source-address     flows         octets          packets
207.46.209.247        25            131391013       90275
192.0.2.4             54280         127877204       785592
192.0.2.37            12163         107898108       204514
...
```

여러 개의 FIELDS 값을 제거하려면 각 행을 콤마로 나눈다. 여기서는 IP 주소와 옥텟 수를 빼고 모든 것을 제거했다.

```
# flow-cat * | flow-report -v TYPE=ip-source-address -v SORT=+octets -v
FIELDS=-duration,-packets,-flows
...
ip-source-address                   octets
207.46.209.247                      131391013
192.0.2.4                           127877204
192.0.2.37                          107898108
...
```

데이터가 너무 많으면 가독성이 떨어질 수 있으므로 불필요한 필드를 뺄 필요가 있다.

헤더, 호스트명, 백분율 표시

OPTIONS 변수로 보고서 설정 값을 제어할 수 있다. flow-report는 다섯 개의 옵션을 지원하지만 모든 종류의 보고서가 모든 옵션을 지원하지는 않으며, 모든 옵션이 모든 종류의 보고서에서 의미가 있지도 않다. 여러 옵션의 효과는 보고서 종류에 따라 다르다. 보고서에서 사용된 옵션을 보고서 헤더에서 볼 수 있다.

```
# options: +percent-total,+header
```

- header 옵션이 있으면 flow-report에는 일반적인 정보가 포함된다. 즉, 보고서 종류 이름이나 마지막 흐름 시간 등이 포함된다. 앞의 '기본 보고서' 절에서 흐름 보고서 헤더의 예를 보았다.
- xheader 옵션이 있으면 flow-report는 추가 헤더 정보를 포함한다. 모든 종류의

보고서에 추가 헤더 정보가 있지는 않다. 일부 보고서에서 추가 헤더 정보는 일반 헤더 정보와 동일하다. 특정 종류의 보고서에서 이 옵션이 어떻게 작동하는지 알려면 옵션을 실제로 적용해본다.
- totals 옵션이 있으면 보고되는 정보의 합계가 들어간다. 모든 보고서에 이 옵션이 들어가지는 않는다. 왜냐하면 합계가 나오지 않는 정보도 있기 때문이다(IP 주소를 더할 수 없다).
- percent-total 옵션은 실제 양이 아니라 합계의 백분율로서 정보를 제시한다. 예를 들어, source-ip-address 보고서에서 특정 호스트에서 온 흐름을 실제 흐름 수가 아니라 흐름의 합계의 백분율로서 표시할 수 있다.
- 마지막으로, names 옵션이 있으며 flow-report는 번호 대신 이름을 사용한다. 이 옵션이 있으면 flow-report는 보고서의 각 IP 주소에 대해 DNS 질의를 한다. 이 경우, 보고서에 IP 주소가 있으면 보고서는 매우 느리게 처리된다. 그러나 호스트 수가 제한되어 있으면 보고서는 적절한 수준에서 빠르게 실행되고, /etc/protocols나 /etc/services 같은 파일에서 정보를 빨리 가져올 수 있다.

기존 보고서에서 옵션을 제거하려면 OPTIONS 변수의 옵션명 앞에 마이너스 부호(-)를 둔다. ip-source-address 보고서에서 모든 헤더 정보를 제거하고 보고서 데이터만 제시하려면 다음과 같이 한다.

```
# flow-cat * | flow-report -v TYPE=ip-source-address -v
  SORT=+octets -v ① OPTIONS=-header
```

①에서 header 앞에 마이너스 부호(-)를 두면 flow-report는 옵션 목록에서 그 값을 제거한다.

옵션을 추가하는 작업은 조금 더 복잡하다. 일단, 옵션을 더하기 시작하면 flow-report는 여러분이 원하는 모든 옵션을 목록으로 넣는 것으로 간주한다. 기본 보고서에는 header, xheader, totals 옵션이 들어간다. 이 세 옵션을 유지하고 percent-total 옵션을 추가하려면 이 모든 옵션을 명령어 라인에서 콤마로 구분해서 모두 넣는다. 물론 옵션명 앞에 플러스 부호를 붙인다.

```
# flow-cat * | flow-report -v TYPE=ip-source-address -v
  SORT=+octets -v OPTIONS=+percent-total,+header, +xheader,+totals
```

> **Note**
> +percent-total 옵션만 포함시키면 flow-report는 다른 세 옵션이 기본이더라도 그 옵션들을 사용하지 않았을 것이다.

보고서를 HTML로 제시

flow-report는 결과의 형식을 정하기 위해 외부 프로그램인 flow-rptfmt를 이용한다. flow-rptfmt의 대다수의 기능은 flow-report의 기능과 겹쳐서 정렬 순서를 지정하거나 표시할 필드를 선택할 수 있다. 그러나 flow-rptfmt에서 -f html 플래그를 이용하면 보고서를 HTML로 만들 수 있다. 명령어를 flow-rptfmt로 보내려면 RPTOPT 변수를 사용한다.

```
# flow-cat * | flow-report -v TYPE=ip-source-address -v RPTOPT=-f html
```

뒤에서 사용자 정의 보고서의 생성 방법을 설명할 때 flow-rptfmt를 더 자세히 살펴본다.

유용한 보고서 종류

flow-report는 70종이 넘는 보고서를 지원하며, 이 보고서들을 활용하면 여러분이 생각하는 것보다 더 많은 방법으로 트래픽을 분석할 수 있다. 이번 절에서는 가장 유용한 보고서 종류를 제시한다. 전체 목록을 보고 싶으면 flow-report의 man 페이지를 참고한다.

> **Note**
> 많은 보고서는 그래프 형식으로 제시될 때나 필터링된 데이터가 준비되어 있을 때 더 유용하다. 이 두 경우에 대해서는 이번 장의 뒤에서 자세히 살펴본다.

IP 주소 보고서

많은 트래픽 분석 문제는 개별 IP 주소에 초점을 맞춘다. 여러분은 앞에서 ip-source-address 보고서를 많이 살펴보았다. IP 주소에 관련된 보고서는 비슷하지만 각 보고서에는 자체의 고유한 특징이 있다.

가장 많은 데이터 교환: ip-address

모든 흐름을 호스트별로 보고하려면 ip-address 보고서를 사용한다. ip-address 보고서는 호스트가 전송한 흐름과 호스트가 수신한 흐름을 합쳐서 보여준다. 네트워크에서 가장 많은 수의 옥텟을 처리한 호스트를 찾을 수 있다. 물론 데이터의 송신과 수신이 무시되지만 네트워크에서 가장 많은 트래픽을 처리하는 호스트를 빨리 찾을 수 있는 보고서다.

```
# flow-cat * | flow-report -v TYPE=ip-address -v SORT=+octets
ip-address            flows        octets         packets     duration
192.0.2.4             107785       995021734      1656178     1659809423
192.0.2.37            24294        347444011      456952      322712670
207.46.209.247        50           134705214      151227      5934644
...
```

수신자별 흐름: ip-destination-address

이 보고서는 이번 장의 앞에서 계속 다루었던 ip-source-address와 반대되는 보고서다. 이 보고서는 목적지 주소별로 트래픽을 보고한다.

```
# flow-cat * | flow-report -v TYPE=ip-destination-address
ip-destination-address  flows   octets      packets   duration
158.43.128.72           16478   1090268     16816     49357139
192.0.2.37              12131   239545903   252438    162963278
198.6.1.1               7630    588990      7997      26371278
...
```

이번 예제에서 158.43.128.72 호스트는 1,090,268 옥텟에 16,478개의 흐름을 수신했다. 이 호스트로 많은 사람들이 데이터를 송신했다. 158.43.128.72 호스트가 시작한 연결에 의해 데이터가 이렇게 많이 발생했는지, 다른 여러 호스트가 이 호스트로 연결해서 그렇게 되었는지 알지 못한다. 이 상황을 제대로 알기 위해서 실제 연결을 보아야 한다. 이 호스트와 관계된 흐름만 보기 위해서 flow-nfilter를 사용해서 데이터를 줄이고, flow-print를 사용해서 데이터를 본다.

연결이 가장 많이 일어난 출발지: ip-source-address-destination-count

많은 웜은 취약한 호스트를 찾기 위해 네트워크를 스캔한다. 웜에 감염되면 네트워크의 다른 호스트들로 가장 많은 트래픽을 전송하는 호스트를 알고 싶을 것이다. 이를 위해 ip-source-address-destination-count 보고서를 이용하면 된다.

```
# flow-cat * | flow-report -v TYPE=ip-source-address-destination-count
ip-source-address  ip-destination-address-count  flows   octets      packets  duration
① 192.0.2.37       ② 1298                        12163  107898108   204514   159749392
158.43.128.72      5                             16389  1962766     16711    49357139
192.0.2.4          2016                          54280  127877204   785592   831419980
...
```

이 보고서는 192.0.2.37 호스트(①)가 1,298(②) 곳의 다른 호스트로 흐름을 전송했다는 것을 보여주며, 연결의 흐름 수, 옥텟 수, 패킷 수도 보여준다.

연결이 가장 많이 일어난 목적지: ip-destination-address-source-count

각 목적지로 연결한 출발지의 수를 셀 수도 있다. 이것은 앞의 보고서와 비슷하지만 데이터가 약간 다르다. 일부 흐름(예: 브로드캐스트와 일부 ICMP)은 한 방향으로만 가므로 출발지에서 오는 목적지를 별도로 고려해야 한다.

```
# flow-cat * | flow-report -v TYPE=ip-destination-address-source-count
ip-destination-address  ip-source-address-count  flows   octets     packets  duration
158.43.128.72           5                        16478  1090268    16816    49357139
192.0.2.37              1303                     12131  239545903  252438   162963278
198.6.1.1               2                        7630   588990     7997     26371278
...
```

ip-source-address-destination-count 보고서와 ip-destination-address-source-count 보고서는 네트워크의 주요 서버, 자원, 사용자에 대한 정보를 추가로 제공한다.

> **Note**
>
> **보고서에서 모든 것으로 정렬하지 못한다**
>
> 일부 보고서에서는 모든 필드별로 정렬할 수 없다. 예를 들어, 서로 연결되어 있는 두 보고서는 한 주소가 연결한 호스트의 수에 따라 정렬할 수 없다. 이것은 성가신 일이다. 특히 여러분이 특정 보고서를 실행하고 있다면 그 보고서는 분명히 여러분이 관심을 두고 있는 내용이기 때문에 더욱 그렇다. 대부분의 유닉스에서는 출력 결과를 파이핑해서 행별로 정렬할 수 있으며, 이 작업에 'sort -rnk 행 번호'를 사용하면 된다. 사용 예는 다음과 같다.
>
> flow-cat | flow-report | sort -rnk 2

네트워크 프로토콜 보고서와 포트 보고서

네트워크 프로토콜 보고서와 포트 보고서를 이용하면 TCP 흐름과 UDP 흐름이 사용한 네트워크 포트를 식별할 수 있다. 그리고 TCP, UDP, 기타 프로토콜의 트래픽이 얼마나 되는지도 알 수 있다.

사용된 포트: ip-port

네트워크에서 어떤 TCP 프로토콜과 UDP 프로토콜이 얼마나 많이 사용되는가? 이에 대한 답을 ip-port 보고서에서 얻을 수 있다.

```
# flow-cat * | flow-report -v TYPE=ip-port -v SORT=+octets
ip-port              flows        octets        packets       duration
① 80              ④ 63344       877141857     1298560       1444603541
② 25                 8903        361725472      475912        139074162
③ 443               10379        136012764      346935        324609472
...
```

이 결과는 인터넷 서비스와 관련이 있는 것처럼 보인다. 80번 포트(①)는 정규적인 웹 트래픽이고, 25번 포트(②)는 이메일이고, 443번 포트(③)는 암호화된 웹 트래픽이다. 이들 각 포트와 관련된 트래픽이 얼마나 되는지 알 수 있다. 그러나 그 양은 인바운드 트래픽과 아웃바운드 트래픽을 합친 것이다. 예를 들어, 63,344개의 흐름(④)은 80번 포트에서 시작하거나 종료된 흐름의 개수다. 웹 서버에 대한 웹 클라이언트 요청이나 웹 서버의 응답 등이 모두 포함된 개수다. 대상을 좁히기 위해서 살펴보는 흐름을 필터링하거나, 더 특정된 보고서를 실행하거나, 아니면 두 가지 작업을 모두 해야 한다. 그렇게 하면 "웹 브라우징 트래픽이나 이메일 트래픽은 얼마나 되는가?"라는 질문에 더 현실적인 답을 낼 수 있다. 특히, +percent-total 옵션을 사용하면 더 좋은 결과를 얻을 수 있다.

흐름의 최초 출발지: ip-source-port

흐름이 시작된 포트를 알려면 ip-source-port 보고서를 사용한다. 아래의 예는 오름차순으로 포트를 정렬했다.

```
# flow-cat * | flow-report -v TYPE=ip-source-port -v SORT=-key
ip-source-port    flows        octets        packets       duration
① 0                215         4053775        23056         21289759
22                 111         1281556        15044          4816416
25                4437        10489387       181655         69456345
49                  19            3922           79             5135
...
```

출발지 포트가 0(①)인 흐름은 ICMP 흐름이며, TCP나 UDP는 확실히 아니다. 이 보고서를 실행하기 전에 TCP와 UDP에서만 데이터를 필터링하는 것이 좋다. ICMP 흐름이

ICMP 타입과 코드를 나타내기 위해서 목적지 포트를 사용하지만 ICMP 흐름에는 출발지 포트가 없다.

위의 보고서 실행 결과에 있는 것과 같이 낮은 숫자의 출발지 포트는 해당 포트에서 실행되는 서비스에 대한 응답일 가능성이 매우 높다. 일반적인 네트워크에서 22번 포트는 SSH고, 25번 포트는 SMTP고, 49번 포트는 TACACS다.

흐름 종료: ip-destination-port

ip-destination-port 보고서는 흐름이 끝난 포트를 보여준다.

```
# flow-cat * | flow-report -v TYPE=ip-destination-port -v SORT=-key
ip-destination-port   flows    octets       packets   duration
0                     91       3993212      22259     14707048
22                    231      26563846     22155     5421745
25                    4466     351236085    294257    69617817
49                    19       6785         101       5135
...
```

이 실행 결과는 출발지 포트와 거의 비슷하다. 무엇이 다른가? 흐름은 TCP/IP 연결의 나머지 반이기 때문에 목적지 포트는 서버에서 클라이언트로 가는 데이터의 목적지다. 출발지 포트와 같은 데이터에 대해 목적지 포트 보고서를 실행시켰다면 포트에서 시작한 흐름과 거의 같은 수의 흐름이 해당 포트에서 끝났을 것이다. 포트별로 보고서를 정렬하면 이 상황을 명확하게 확인할 수 있다.

개별 연결: ip-source/destination-port

TCP/IP 연결 정보를 파악할 때 출발지 포트와 목적지 포트를 확인해야 한다. ip-source/destination-port 보고서는 출발지 포트와 목적지 포트별로 흐름을 그룹으로 묶어서 보여준다. 이번 예제에서는 포트 쌍으로 보고서를 생성하고, 옥텟 수로 정렬한다.

```
# flow-cat * | flow-report -v TYPE=ip-source/destination-port -v SORT=+octets
ip-source-port  ip-destination-port  flows  octets     packets  duration
① 80            15193                3      62721604   43920    620243
② 4500          4500                 115    57272960   101806   30176444
③ 14592         25                   2      28556024   19054    480319
...
```

①의 연결은 웹 요청에 대한 응답으로서 80번 포트에서 높은 번호 포트로 온다. 이번 예에 나오는 세 개의 흐름은 포트를 이런 식으로 조합해서 사용했다. ②는 4500번 포트의 IPSec NAT-T 트래픽이며, ③은 이메일 서버로 가는 송신이다.

필자는 한 쌍의 호스트만 포함하도록 데이터를 미리 필터링한 후에 이 보고서가 유용하다는 것을 알았으며, 두 호스트 사이에서 트래픽이 교환된다는 생각이 들었다. 여러분은 이 보고서를 사용해서 높은 대역폭 연결을 파악할 수 있으며, 포트에서 필터링을 해서 관계된 호스트들을 파악할 수 있다. 그러나 가장 많은 트래픽을 교환하는 호스트에 관심이 있다면 ip-address 보고서가 더 적합하다.

네트워크 프로토콜: ip-protocol

트래픽에서 TCP는 얼마나 되고, UDP는 얼마나 되는가? 네트워크에서 실행되는 다른 프로토콜이 있는가? ip-protocol 보고서를 이용하면 네트워크의 프로토콜을 나누어서 볼 수 있다. 이번 예제에서는 +name 옵션을 붙여서 flow-report가 프로토콜 번호를 출력하지 않고 /etc/protocols의 프로토콜 이름을 출력하도록 한다. 정적 파일에서 이름을 찾는 것이 DNS를 해석하는 것보다 훨씬 더 빠르다.

```
# flow-cat * | flow-report -v TYPE=ip-protocol -v OPTIONS=+names
ip-protocol        flows         octets           packets        duration
icmp               158           75123            965            6719987
tcp                83639         1516003823       2298691        1989109659
udp                76554         69321656         217741         296940177
esp                34            3820688          18720          8880078
vrrp               12            151708           3298           3491379
...
```

여기서 볼 수 있는 것처럼 TCP와 UDP가 가장 많이 사용된다. 그러나 ESP 트래픽도 꽤 있다는 사실을 알 수 있다. ESP는 IPSec VPN에 사용되는 프로토콜들 중 하나다.

> **Note**
>
> **주소와 포트를 결합하는 보고서**
> flow-report는 출발지 및 목적지 주소와 포트를 결합해서 보여주는 보고서도 지원한다. 이들 보고서의 정확한 이름을 알려면 flow-report의 매뉴얼 페이지를 참고하라. 필자의 경우, 이런 유형의 분석에 flow-print가 더 유용했다.

트래픽 크기 보고서

지난 며칠 동안 네트워크의 전송량이 크게 증가했는가? 만약 그렇다면 flow-report로 트래픽 레코드를 분석해서 추세를 파악할 수 있다. 이와 관련된 보고서는 과거의 트래픽 패턴과 비교해서 그래프로 표현될 때 가장 유용하다.

패킷 크기: packet-size

네트워크를 지나가는 패킷은 얼마나 큰가? 여러분은 아마 한도가 1,500바이트인 패킷 크기에 익숙할 것이다. 그러나 실제로 크기가 1,500바이트인 패킷이 얼마나 되겠는가? packet-size 보고서는 각 크기의 패킷을 센다. 아래에 예로 제시된 보고서는 패킷 크기로 결과를 정렬했다.

```
# flow-cat * | flow-report -v TYPE=packet-size -v SORT=+key
packet size/flow  flows    octets        packets      duration
1500              ① 5      ② 2776500    ③ 1851       1406780
1499              2        14717980     9816         390603
1498              5        60253559     40207        999167
...
```

①에서 볼 수 있는 것처럼 다섯 개의 흐름에서 1,500바이트 패킷이 있었고, 총 옥텟은 270만 바이트(②)인 것으로 나타났다. 그리고 5개의 흐름에서 1,500바이트인 패킷의 수는 1,851개(③)다. 패킷별로 정렬하면 가장 큰 패킷 크기와 가장 작은 패킷 크기를 파악할 수 있다.

흐름당 바이트: octets

각 흐름의 크기는 어느 정도인가? 대형 네트워크 트랜잭션과 소형 네트워크 트랜잭션이 있는가? 이 질문에 답하기 위해 흐름당 바이트 수를 보여주는 보고서를 만들면 되며, 이 작업에 octets 보고서를 다음과 같이 이용하면 된다.

```
# flow-cat * | flow-report -v TYPE=octets -v SORT=-key
octets/flow       flows      octets       packets      duration
46                ① 367     ② 16882     367          1214778
48                ③ 59      2832         ④ 59        272782
...
168               ⑤ 496     83328        ⑥ 1311      5819361
...
```

이 네트워크에서 흐름당 옥텟이 46인 흐름이 767개(①)고, 총 옥텟은 16,882(②)다.

한 소형 흐름에서 흐름의 수는 59개(③)이며, 이는 패킷 수와 같다. 즉, 이 소형 흐름 한 개에는 한 개의 패킷만 있다. 흐름에 더 많은 데이터가 들어 있으면 각 흐름(⑤)에는 여러 개의 패킷(⑥)이 포함된다.

흐름당 패킷: packets

흐름의 패킷 수를 알면 네트워크에서 어떤 종류의 트랜잭션이 가장 많은지를 알 수 있다. 1장에서 보았던 DNS 질의 예제에는 각 흐름에 한 개의 패킷만 있었고, 오래 실행된 FTP 세션에는 수천 개 혹은 수백만 개의 패킷이 있었다. 흐름당 패킷 보고서인 packets 보고서를 이용하면 각 패킷에 흐름이 몇 개인지를 알 수 있다.

```
# flow-cat * | flow-report -v TYPE=packets -v SORT=-key
packets/flow      flows         octets          packets        duration
1                 ① 74213       6978064         74213          19224735
2                 3411          551388          6822           190544194
3                 4764          2033952         14292          37130046
...
```

①에서 패킷이 한 개인 흐름이 74,213개라는 것을 알 수 있으며, 옥텟 수는 거의 7백만 바이트라는 것도 알 수 있다. (7백만 바이트라고 하면 6.5MB라고 이야기하는 것보다 훨씬 더 많아 보인다!)

트래픽 속도 보고서

경영진들은 필자에게 "네트워크가 얼마나 빠른가?"라는 질문을 하고, 필자는 그런 질문이 의미가 없다는 것을 그들에게 말해주어야 하지만 그런 말을 의도적으로 하지 않을 때도 많이 있다. 기가바이트 이더넷 백본이라고 말하면 좋은 것처럼 들리지만, 이 말은 엔진에 문제가 있어서 시속 80킬로미터에서 차가 울렁거린다는 말을 하지 않고 차의 속도계상 220킬로미터까지 달릴 수 있다고 말하는 것과 같다. 이번 절에서는 "네트워크가 얼마나 빠른가?"라는 질문에 의미 있게 답하는 방법들을 살펴본다.

> **Note**
>
> **네트워크 속도**
>
> 오랫동안 진행되는 연결의 경우 연결이 시작해서 끝나는 동안 트래픽의 속도가 일정하지 않고 다를 수 있다. 인터넷에서 CD나 DVD 이미지를 다운로드할 때 이런 현상을 보았을 것이다. 연결이 처음에는 매우 빠르게 시작하다가, 여러 가지 이유로 인해 중도에서 느려졌다가, 뒤에 가서는 다시 속도가 올라갈 수 있다. 흐름 레코드에는 평균 속도 정보만 있다. 예를 들어, 한 흐름이 1초 동안 얼마나 많은 패킷을 통과시켰는지를 파악하기 위해 flow-report는 흐름이 지속된 초를 흐름의 패킷 수로 나눈다. 이 정도의 정보만 있어도 많은 것을 처리할 수 있으며, 몇 개의 패킷을 캡처해서 뽑은 정보보다 훨씬 더 유용하다.
>
> 이들 보고서를 그냥 보기만 해서 아주 도움이 되는 정보를 찾아내기는 어렵다. 연결을 수락한 TCP 포트 목록을 볼 때 80번 포트와 25번 포트가 트래픽의 75%를 수신했다고 금방 이야기할 수 있다. 이들 보고서가 그래프를 만들기에 좋은 자료를 제공하지만 쉽게 해독하기에는 무리가 있다. 보고서의 결과 데이터를 gnuplot이나 OpenOffice.org의 Calc 같은 그래프 생성 프로그램으로 가져가서 여러분에게 필요한 그래프를 만들 수 있다. 추가 가공 작업을 거치지 않고도 보고서의 결과 데이터를 해석할 수 있다면 필자보다 훨씬 더 똑똑하다고 볼 수 있지만 그래도 그래프를 가공해서 활용하는 것도 좋은 방법이라는 점을 참고하기 바란다.

패킷 세기: pps

네트워크 처리량 측정과 관련된 중요한 단위로 pps packets per second가 있다. 많은 네트워크 벤더는 자사의 장비 성능을 pps로 표현한다. pps 보고서는 bps 보고서와 거의 같으며, 특정 pps에서 얼마나 많이 흐름이 지나가는지를 보여준다.

```
# flow-cat * | flow-report -v TYPE=pps -v SORT=+key
pps/flow           flows         octets        packets       duration
① 3000             1             231           ② 3           ③ 1
1000               70            4192          70            70
833                1             403           5             6
...
```

놀랍게도, 한 개의 흐름이 3,000pps로 지나갔다(①). 이것이 기술적으로는 놀라운 사실이지만 여기에 세 개의 패킷(②)만 들어 있고, 1밀리세컨드(③) 동안만 지속되었다는 점에 주목하기 바란다. 무언가를 1천으로 곱하면 효과가 과대 포장된다.

앞에서와 마찬가지로, 그냥 보면 이 보고서가 그다지 유용하지 않다. 그러나 그래프로 나타내면 사람들의 관심을 끌 수 있다.

특정 시간의 트래픽: linear-interpolated-flows-octets-packets

linear-interpolated-flows-octets-packets 보고서는 모든 흐름의 평균을 내고 각 초

에서 지나간 흐름, 옥텟, 패킷 정보를 제시한다. 필자가 보기에 이것이 가장 유용한 속도 관련 보고서다.

```
# flow-cat * | flow-report -v TYPE=linear-interpolated-flows-octets-packets
unix-secs          flows              octets             packets
1334981479         35.605553          35334.016293       96.820015
1334981480         63.780553          62865.828793       184.570015
1334981481         38.702116          69297.703533       192.235604
...
```

첫 번째 행은 시간으로서 유닉스 에포크 초로 표시된다. 1334981479는 2012년 4월 21일 토요일 자정 후 11분 19초(EDT 기준)다. 그 다음의 각 열은 1초 뒤를 나타낸다. 첫 번째 열의 초에서는 35.6 흐름, 35334 옥텟, 968개의 패킷이 지나갔다. 이 보고서는 "우리의 데스크톱들과 원격 사이트의 도메인 컨트롤러들 사이에서 얼마나 많은 트래픽이 지나가는가?" 같은 질문에 대한 답을 얻기에 이상적이다. 내부 연결에서 데이터를 가져온 다음에, 데스크톱 주소 범위에서 온 트래픽으로 줄이기 위해 flow-nfilter를 실행하고, 그 다음에 원격 도메인 컨트롤러 트래픽으로 범위를 좁히기 위해 flow-nfilter를 다시 실행한다. 마지막으로, 결과를 flow-report로 넣고, 결과로 나온 보고서의 정보를 사용해서 그래프 데이터를 생성한다.

약간의 창의성을 발휘하면 전혀 예상하지 못한 형식의 데이터를 얻을 수 있다. 예를 들어, TCP 리셋이 있다는 것은 무언가 잘못되고 있다는 징후다. 즉, 클라이언트가 잘못 설정되어 있거나 서버 데몬이 작동 중에 정지되었거나, TCP 연결에 문제가 생겨서 어느 한 쪽에서 "정지, 이제 그만"이라고 선언한 상황이 발생했을 수 있다.

flow-nfilter를 사용해서 TCP 리셋이 있는 흐름을 뽑아낼 수 있다. (한 개의 TCP 리셋은 한 개의 패킷이다.) 이번 보고서에 -v FIELDS=-octets, -flows를 붙여서 특정 초에 일어난 TCP 리셋 수를 표시한 다음에, 네트워크의 TCP 리셋 데이터를 확보해서 그래프로 작성할 수 있다.

> **Note**
> 네트워크 어드민이 업무를 얼마나 잘 하는지 업무의 질을 측정하는 일이 어렵지만 필자 생각에, 성능을 리뷰하면서 성능 리뷰 이전과 성능 리뷰 이후에 TCP 리셋이 어떻게 바뀌었는지를 보고 판단하면 좋을 것 같다.

라우팅, 인터페이스, 넥스트 홉

흐름 레코드에는 패킷이 어떤 인터페이스를 사용하는지를 나타내는 정보가 있다. 단순한 환경에서는 이 정보가 별로 유용하지 않다. 인터넷 연결이 한 개이고, 이더넷 인터페이스도 한 개인 라우터에서는 네트워크를 분석하지 않고도 패킷이 어떻게 흐르는지 알 수 있다. 인터넷 제공업체가 여러 곳일 때 BGP를 사용하는 라우터는 라우팅 정보를 토대로 나가는 트래픽을 모든 인터넷 제공업체로 분배할 것이다. 대부분의 사람들은 라우터가 특정 목적지로 가는 경로를 파악하기 위해 traceroute를 사용한다. 그러나 BGP 라우팅은 동적이라서 패킷이 현재 사용한 경로가 5분 전이나 5분 후에는 사용되지 않을 수 있다. 넷플로우 버전 5나 그 이상을 지원하는 라우터에서는 각 흐름과 함께 인터페이스 정보를 포함하므로 흐름이 사용한 경로를 소급해서 파악할 수 있다. (softflowd 같은 소프트웨어 흐름 센서는 인터페이스 정보에 접근하지 않는다는 점을 기억하기 바란다.)

인터페이스와 흐름 데이터

4장에서 라우터 인터페이스로 필터링했었다. 인터페이스 보고서를 작성하는 것은 자연스러운 일이다.

각 라우터는 인터페이스를 번호로 표현한다. 여러분은 라우터 인터페이스를 Serial 0이라고 생각할 수 있지만 라우터는 그 인터페이스를 Interface 8이라고 부를 수 있다. snmp ifIndex persist 옵션이 적용되어 있지 않다면 시스코 라우터는 재부팅 후에 인터페이스 번호를 다시 붙인다.

4장부터 흐름 정보의 출처로서 라우터를 활용하고 있다. 이 예제 라우터에서 인터페이스 1과 인터페이스 2는 로컬 이더넷 포트이며, 인터페이스 7과 인터페이스 8은 두 개의 다른 인터넷 서비스 제공업체의 T1 회선이다.

첫 번째 인터페이스: input-interface

흐름이 라우터의 어느 인터페이스로 들어왔는지를 파악하기 위해 input-interface 보고서를 사용한다. 이번 예제에서는 단일 라우터의 데이터를 리포팅하는 필터를 추가한다.

대부분의 흐름은 인터페이스 1에서 시작하고, 인터페이스 2의 흐름이 가장 적다.

```
# flow-cat * | flow-nfilter -F router1-exports | flow-report -v TYPE=inputinterface
input-interface  flows    octets       packets    duration
1                22976    136933632    306843     58766984
2                320      182048       1307       3214392
7                4934     59690118     165408     46161632
8                1316     7386629      11142      7592624
...
```

마지막 인터페이스: output-interface

라우터에서 나가기 위해 사용되는 인터페이스를 보려면 output-interface 보고서를 사용한다.

```
# flow-cat * | flow-nfilter -F router1-exports | flow-report -v TYPE=outputinterface
output-interface flows   octets       packets    duration
① 0              1765    447958       5043       3599588
1                5057    66979701     175073     52900988
2                17545   20507633     56531      9440036
7                111     43079633     34710      8266712
8                5068    73177502     213343     41528308
...
```

이 실행 결과에서 눈에 띈 것은 인터페이스 0(①)이 갑자기 나타났다는 점이다. 여기에 있는 라우터 인터페이스 목록은 유효하지만 인터페이스 0은 아니다. 이것은 무엇인가?

인터페이스 0의 흐름은 라우터에 도착했지만 라우터를 떠나지는 않았다. 인터페이스 0이 나타났기 때문에 필자는 흐름 데이터를 더 자세히 살펴보았고, 흐름들이 내부의 사적인 용도로 예약한 IP 주소에서 왔다는 것을 알아냈다. 방화벽을 더 자세히 조사해 보니, 인터넷과 맞닿아 있는 네트워크 세그먼트에 주소 번역 없이 내부 트래픽이 도달하는 것을 허용한 규칙이 몇 개 있다는 것을 알아냈다. 물론 라우터는 내부 전용 RFC1918 주소에서 온 모든 트래픽을 버렸다. 또한 이들 사설 IP 주소를 출발지로 해서 공개 인터넷에서 온 몇 개의 트래픽 스트림도 찾아냈으며 필자의 예상처럼 라우터는 이들 트래픽도 버렸다.

보고서만 제대로 확보한다고 해서 모든 일이 끝나는 것은 아니다. 외부 침입자가 문제를 악용하기 전에 파악된 문제를 해결해야 한다.

처리량 메트릭스: input/output-interface

어떤 트래픽이 어떤 인터페이스에 도착했는지를 보여주는 메트릭스에 input/output interface 보고서를 두면 재미있는 결과를 얻을 수 있다. 이번 예제의 결과를 흐름 수로 정렬했으며, 어떤 인터페이스 쌍에서 가장 많은 연결이 이루어졌는지를 쉽게 알 수 있다.

```
# flow-cat * | flow-nfilter -F router1-exports | flow-report -v TYPE=input/
output-interface -v SORT=+flows
input-interface   output-interface  flows   octets     packets  duration
① 1               ② 2               17539   20507195   56522    9438220
③ 1               8                 4801    73147574   212806   41001424
7                 1                 3888    59604956   164102   45390152
8                 1                 1169    7374745    10971    7510836
7                 0                 1040    84724      1297     769664
1                 0                 525     199230     2805     60628
2                 8                 267     29928      537      526884
8                 0                 147     11884      171      81788
1                 7                 111     ④43079633  34710    8266712
2                 0                 53      152120     770      2687508
7                 2                 6       438        9        1816
...
```

가장 바쁜 연결은 인터페이스 1(FastEthernet0/0, ①)과 인터페이스 2(FastEthernet 0/1, ②) 사이다. 이 정보는 네트워크 토폴로지가 무엇이냐에 따라 의미가 있을 수도 있고 그렇지 않을 수도 있다. 필자의 경우에는 의미가 있었다. ③에서 인터넷 회선들 중 하나로 트래픽을 라우팅한다.

이 보고서는 흐름과 바이트 사이의 차이점을 명확하게 보여준다. ④에서 볼 수 있듯이 흐름 수가 비교적 적은 연결에서 상대적으로 많은 양의 트래픽이 일어났다는 것을 볼 수 있다.

인터페이스 7과 인터페이스 8 사이에 흐름이 없다는 점에 주목하기 바란다. 이것은 트래픽이 인터넷 회선들 중 하나로 들어와서 다른 회선에 의해 나갔다는 것을 나타낸다. 여러분이 한 네트워크에서 온 인터넷 트래픽을 다른 네트워크로 전달하는 트랜싯 제공업체transit provider: 소규모 ISP를 인터넷으로 연결하는 서비스를 제공하는 업체일 수 있다. 트랜싯 제공업체가 T1 회선을 서드 파티에게 판매하고 서드 파티가 자신들의 트래픽을 여러분의 회선을 통해서 인터넷으로 전송한다면 이런 상황이 발생한다. 여러분이 인터넷 백본이 아닌 이상에는 이런 상황이 심각한 문제가 될 수 있다.

넥스트 홉 주소: ip-next-hop-address

인터페이스별로 보고서를 만들면 트래픽이 어디로 가는지를 쉽게 파악할 수 있고, IP 주소별로 보고서를 만들면 상황을 자세히 파악할 수 있다. 이 둘의 중립적인 관점에서 ip-next-hop-address 보고서를 사용할 수 있다. 흐름을 제공하는 라우터로 이 보고서를 필터링할 필요는 없다. 왜냐하면 이 보고서의 결과에서 인터페이스 번호가 혼동을 일으키지 않기 때문이다. 이 보고서는 네트워크 트래픽이 어디로 가는지, 즉 로컬 호스트로 가는지, 업스트림 제공업체로 가는지를 효과적으로 알려준다. 필자는 이 보고서를 옥텟으로 정렬해서, 가장 높은 대역폭의 넥스트 홉이 가장 먼저 보이도록 했다.

```
# flow-cat * | flow-report -v TYPE=ip-next-hop-address | -v SORT=+octets
ip-next-hop-address    flows      octets         packets     duration
① 192.0.2.4            2490       154742050      174836      31131852
② 95.116.11.45         5068       73177502       213343      41528308
  192.0.2.37           5944       65552868       73357       13692932
③ 12.119.119.161       111        43079633       34710       8266712
  192.0.2.13           2370       21382159       21595       4996548
  192.0.2.194          17545      20507633       56531       9440036
④ 66.125.104.149       17534      20506982       56521       9447180
...
```

①에서 알 수 있듯이 가장 많이 사용된 넥스트 홉은 프록시 서버로서, 이것은 전혀 놀랍지 않다.

두 번째로 많이 사용된 넥스트 홉은 필자의 네트워크에 있는 주소가 아니다. 그것은 T1 회선들 중 한 회선의 ISP측 주소다(②). 이 홉은 필자의 네트워크에서 나가는 트래픽을 나타낸다. 두 번째 ISP 주소(③)와 세 번째 ISP 주소(④)도 있다.

트래픽의 출처: ip-source-address/output-interface

flow-report에는 IP 주소와 인터페이스를 기반으로 한 보고서들이 포함된다. 이들 보고서는 비슷하기 때문에 여기서는 두 개만 자세히 다룬다. 나머지는 여러분이 쉽게 이해할 수 있다.

ip-source-address/output-interface 보고서는 흐름의 출발지 주소를 보여주고, 흐름이 라우터를 떠날 때 사용한 인터페이스도 보여준다. 관심 있는 호스트로 기본적인 흐름 데이터를 필터링하고, 이번 보고서를 실행하면 호스트가 인터넷 회선으로 얼마나 많은 트래픽을 전송하고, 호스트가 각 원격 호스트로부터 얼마나 많은 데이터를 수신했는지를 알 수 있다. 다음 보고서에서는 인터페이스 번호 혼란을 피하기 위해 흐름을 내보내기한 라우터와 필자의 외부 NAT의 IP 주소로 필터링한다.

```
# flow-cat * | flow-nfilter -F router1-exports | flow-nfilter -F ip-addr
-v ADDR=192.0.2.4 | flow-report -v TYPE=ip-source-address/output-interface
ip-source-address  output-interface  flows   octets    packets  duration
① 192.0.2.4        2                 3553    422428    5849     1881348
② 192.0.2.4        8                 324     3826147   69225    2851980
③ 198.22.63.8      1                 137     56475     762      915472
...
④ 192.0.2.4        7                 2       124       2        0
...
```

①에서 프록시 서버 자체가 출발지 주소이며, 인터페이스 2로 많은 흐름이 전송되었다는 것을 보여준다. 이것은 다른 로컬 네트워크 세그먼트에 대한 이더넷이다. ②에서 프록시 서버가 많은 양의 트래픽을 인터넷 연결들 중 하나인 인터페이스 8을 통해 전송했다는 것을 알 수 있다.

③에서 비교적 적은 수의 흐름을 전송하는 원격 IP 주소의 엔트리들을 볼 수 있다.

이번 예제에서 재미있는 엔트리는 ④번으로서, 여기서 프록시 서버는 매우 적은 양의 트래픽을 다른 인터넷 회선인 인터페이스 7을 통해 전송한다. 다른 측정 결과를 보니, 이 인터넷 회선은 계속해서 많이 사용된다. 그런데 이 회선이 사용하는 것은 메인 프록시 서버가 아니었다. 메인 프록시 서버의 필터를 제거하고 인터페이스 7용 필터를 추가함으로써 이 회선 밖으로 나가는 트래픽을 파악할 수 있었다. 필자는 이 작업을 다른 보고서로 처리했다.

트래픽의 행선지: ip-destination-address/input-interface

앞에 나온 보고서의 결과를 보고 나서 필자는 인터페이스 7에서 트래픽을 교환하는 호스트에 호기심이 생겼다. 4장에서 인터페이스 7을 지나가는 모든 트래픽을 통과시키는 필터를 만들었다. 이번 예제의 라우터에서 나오는 트래픽에 그 필터를 사용하고, 흐름 보고서를 이용해서 무슨 일이 생기고 있는지를 볼 것이다. 출발지 주소와 출력 인터페이스에서 보고서를 생성하지 않고, ip-destination-address/input-interface 보고서를 이용해서 특정 인터페이스에 도착한 트래픽이 어디로 가는지를 볼 것이다. 결과를 보기 위한 명령어 라인이 꽤 길지만 정확한 답을 보여준다.

```
flow-report -v TYPE=ip-destination-address/input-interface -v SORT=+octets
ip-source-address  input-interface  flows  octets    packets  duration
192.0.2.7          7                2      27347244  22122    3601016
69.147.97.45       1                2      19246168  12853    232400
192.0.2.8          7                2      15442834  11779    3600988
76.122.146.90      1                2      14113638  56214    3601884
...
```

interface7 필터를 설계할 때 인터페이스 7로 들어오거나 인터페이스 7에서 나가는 트래픽과 일치하도록 했다. 그렇게 한 이유는 이 보고서가 출력 인터페이스 1과 인터페이스 7을 모두 포함하기 때문이다.

이 라우터 인터페이스에서 전송된 대부분의 트래픽을 두 로컬 호스트와 두 웹 서버가 수신한다. 조사를 더 해보니, 인터넷 제공업체들의 연결 품질은 좋았다. 인터넷 제공업체의 연결 종류를 알려면 흐름 레코드의 BGP 정보를 보면 된다.

다른 주소와 인터페이스 보고서

flow-report에는 인터페이스와 주소에 대해 두 개의 보고서가 더 있다. 하나는 ip-source-address/input-interface 보고서고, 다른 하나는 ip-destination-address/output-interface 보고서다. 앞의 두 절에서 이 두 보고서와 비슷한 보고서를 살펴보았으므로 이 두 보고서를 해독해서 사용하는데 별 무리가 없을 것이므로 추가로 설명하지 않는다.

센서 출력 보고서

하나의 콜렉터로 여러 개의 센서가 데이터를 보낼 경우 각 센서가 얼마나 많은 데이터를 송신하는지 알고 싶을 것이다. 이를 위해, ip-exporter-address 보고서를 사용한다.

```
# flow-cat * | flow-report -v TYPE=ip-exporter-address
ip-exporter-address  flows   octets     packets  duration
192.0.2.3            29546   204192427  484700   115735632
192.0.2.12           36750   202920788  231118   39230288
```

이 보고서에서 볼 수 있듯이 첫 번째 라우터의 보고서가 두 번째 라우터보다 흐름은 더

적지만 옥텟이 더 많다는 것을 알 수 있다. 이 결과는 라우터의 처리량, 라우터가 나르는 트래픽의 종류, 샘플링 비율에 따라 달라진다.

BGP 보고서

BGP로 대화하는 하드웨어에서 내보내기된 흐름 레코드에는 AS 정보가 들어 있다. 이 정보를 리포팅하면 어떤 원격 네트워크와 통신하고 있으며, 원격 네트워크에 어떻게 도달했는지를 알 수 있다. 네트워크가 BGP를 사용하지 않으면 BGP 보고서는 소용이 없으므로 이번 절의 나머지 부분을 그냥 넘어가도 된다.

flow-tools에는 트랜싯 제공업체 입장에서 관심을 보일만한 보고서와 툴이 많이 있지만 이 책의 독자 중에서 트랜싯 제공업체서 일하는 사람은 별로 없을 것이다. BGP를 사용하는 독자들은 아마 다수의 ISP를 사용하고 있을 것이며, 이중화를 위해 다수의 제공업체를 이용하고 있을 것이다. 필자는 BGP 사용자 관점에서 BGP 흐름 정보를 다룰 것이다. 트랜싯 제공업체로서, AS 번호와 관련된 보고서에 대해 알고 싶으면 flow-report 매뉴얼 페이지를 참고한다.

AS 정보 사용

네트워크 엔지니어가 AS 정보를 사용해서 무엇을 할 수 있는가? 트래픽을 누구와 교환하는지 아는 것은 일상의 트러블슈팅에 영향을 거의 미치지 않는다. 그러나 대역폭을 누구로부터 구매하는지는 트러블슈팅에 큰 영향을 미친다.

인터넷 제공업체를 선택해야 할 때, 가장 많은 트래픽을 누구와 지속적으로 교환하는 지를 알기 위해 보고서를 실행한다. 세 곳의 다른 원격 네트워크와의 좋은 연결이 지속적으로 필요한 것으로 파악되면 제공업체와의 협상 수단으로서 보고서를 활용한다. 대역폭 구매와 관련된 의사결정을 여러분이 하지 않아도 되면 보고서 정보를 의사결정자에게 준다. "내가 예전에 X 회사와 일했고 그 회사가 꽤 괜찮았다"라는 말 보다는 "우리의 인터넷 트래픽 중 40%가 세 회사로 간다"라는 말이 의사결정자에게는 훨씬 더 합리적인 영향력을 미친다.

트래픽의 시작 네트워크: source-as

source-as 보고서는 흐름이 처음에 일어난 AS를 파악한다. 이 보고서를 옥텟으로 정렬한다. 왜냐하면 옥텟에 따라 대역폭 지불 비용이 결정되기 때문이다.

```
# flow-cat * | flow-nfilter -F router1-exports | flow-report -v TYPE=source-as -v SORT=+octets
source-as              flows       octets          packets       duration
① 0                    23024       137077373       307572        61361020
② 14779                2           19246168        12853         232400
33668                  136         15664027        64345         14486504
21502                  2           5087464         3450          47692
...
```

①의 AS 번호 0은 유효한 AS 번호가 아니다. 트래픽이 로컬에서 처음 시작하거나 종료되면 흐름 센서는 해당 트래픽의 로컬 쪽에 대해 AS 번호를 기록하지 않으며, 이것은 로컬 AS 번호가 흐름 보고서에 나타나지 않는다는 것을 의미한다. 이 경우, 여러분이 송신한 트래픽의 출발지 AS는 0으로 표시되며, 여러분이 수신한 트래픽의 목적지 주소도 0으로 표시된다. 익스포터가 인터넷 백본 같은 트랜짓 제공업체일 때만 흐름 레코드에 출발지 AS 번호와 목적지 AS 번호가 둘 다 보인다. AS 0에서 오는 트래픽은 여러분의 네트워크에서 출발해서 다른 네트워크로 송신된 모든 트래픽의 합이다. 여러분의 네트워크에서 송신한 데이터에 관한 정보를 제거하기 위해, 보고서 실행 전에 출발지 AS가 0인 모든 흐름을 필터링하고 싶을 수 있다.

위의 보고서에서 가장 많은 트래픽이 처음 시작된 곳은 AS 14779(②, Inktomi/Yahoo!)다. 그러나 여기에는 흐름이 두 개만 있다. 필자 생각에 AS 14779에서 필터링을 하고 flow-print를 실행해보면 누군가가 파일 다운로드한 내역을 볼 수 있을 것이다. 아니면 프록시 로그를 보면 누군가가 프린터 소프트웨어를 사용했을지도 모르겠다. 보고서 목록의 각 AS 번호에 대해 이 연습을 반복하면 도움이 될 것이다.

목적지 네트워크: destination-as

트래픽을 어디로 전송하는지를 알고 싶으면 destination-as 보고서를 사용한다. 트래픽을 약간 다르게 보기 위해 흐름 수로 정렬했다.

```
# flow-cat * | flow-nfilter -F router1-exports | flow-report -v TYPE=destination-as -v
SORT=+flows
destination-as          flows           octets          packets         duration
① 702                   11834           767610          11869           23248
② 0                     6828            67428097        180125          56502392
③ 701                   4154            459973          6372            1893152
3209                    397             553003          9751            1220164
...
```

다른 세 곳을 합친 것(②)보다 AS 702(①)로 더 많은 흐름을 전송했다. 또한 ③의 AS 701은 AS 702와 같은 조직에 속하지만 flow-report는 이 둘을 합하지 않는다. 한 조직 안에 있는 다른 AS에는 약간 다른 라우팅 정책이 적용되는 것이 거의 일반적이다.

BGP 보고서와 사용하기 편한 이름

BGP 보고서는 사용하기 편한 이름을 사용할 수 있으며, 사용하기 편한 이름을 사용하면 관심 있는 AS 번호의 소유자를 쉽게 찾을 수 있다. whois 명령어 라인 툴을 이용하면 AS 번호의 소유자를 빠르게 확인하고, 레지스트리 웹 사이트의 AS 정보를 볼 수 있지만 모든 인터페이스에서 그렇게 할 수는 없다. flow-tools는 AS 할당 목록을 asn.sym 파일에 저장한다. 그러나 레지스트리들은 AS 번호를 계속 할당하고 없애기 때문에 flow-tools의 목록은 금방 소용이 없게 된다. 최신 AS 이름 정보를 얻으려면 flow-tools의 AS 번호 목록을 업데이트해야 한다.

AS 번호 목록을 업데이트하려면 먼저 ftp://ftp.arin.net/info/asn.txt에서 ARIN 최신 목록을 다운로드하고, 그것을 분석 서버에 저장한다. flow-tools에는 ARIN의 모든 주석과 지시 사항을 빼고, ARIN의 목록을 이해 가능한 형식으로 변환하는 스크립트인 gasn이 있다. flow-tools의 기본 설치 과정에서는 gasn 프로그램이 시스템 프로그램 디렉토리에 설치되지 않는다. 소스로 설치했다면 /usr/local/share/flow-tools에 있을 것이다. 운영체제 패키지로 설치했다면 locate gasn 명령어로 gasn 프로그램을 찾는다.

현재 디렉토리에 있는 ARIN의 asn.txt 파일을 /usr/local/share/flow-tools에 있는 gasn 스크립트로 보내고, 새로운 파일인 newasn.sym을 만든다.

```
# cat asn.txt | perl /usr/local/share/flow-tools/gasn > newasn.sym
```

newasn.sym 파일을 보면, 아마 다음과 같은 내용이 있을 것이다.

```
0       IANA-RSVD-0
1       LVLT-1
2       DCN-AS
3       MIT-GATEWAYS
...
```

이 글을 쓸 당시에 newasn.sym 파일에는 64,000개 이상의 AS 번호가 한 줄에 한 개씩 있었다.

여러분의 시스템에 이미 asn.sym 파일이 있을 수 있으며, 있다면 아마 /usr/local/etc/flow.tools/나 /usr/lcoal/flow-tools/etc/sym/에 있을 것이다. 기존 파일을 새로운 파일로 교체한다. flow-report에 +name 옵션을 추가하면 현재 AS 이름을 볼 수 있다.

```
# flow-cat * | flow-nfilter -F router1-exports | flow-report -v TYPE=source-as -v
SORT=+octets -v OPTIONS=+names
source-as                          flows    octets      packets   duration
IANA-RSVD-0                        23024    137077373   307572    61361020
INKTOMI-LAWSON                     2        19246168    12853     232400
MICROSOFT-CORP---MSN-AS-BLOCK      64       4669359     3259      106792
GOOGLE                             130      4052114     3184      616152
...
```

AS 번호의 모든 이름에 의미를 부여할 수는 없다. 특히, 두문자어로 되어 있거나 외국어로 되어 있으면 더욱 그렇다. 그러나 whois를 이용하면 AS 이름을 찾을 때 많은 도움이 된다.

보고서 사용자 정의

필자는 문제가 되는 트래픽의 패턴을 찾아야 할 때, 분석을 위해 명령어 라인 보고서를 사용한다. 길이가 긴 명령어 라인이 필요한 보고서를 정기적으로 사용해야 한다면 사용자 정의 보고서를 만들 것을 권고한다. 필자가 생각하는 수준으로 상세하게 사용자 정의 보고서를 작성하려면 프로그래밍이 필요하다. 그러나 flow-report로도 기존의 보고서를 높은 수준으로 사용자 정의할 수 있다.

stat.cfg 파일에는 흐름 보고서 정의가 있다. flow-tools의 설치 방법에 따라 다를 수 있지만 stat.cfg 파일은 대개 /usr/local/flow-tools/etc/cfg나 /usr/local/etc/flow-tools에 있다. stat.cfg에는 기본 보고서가 있다. 그 기본 보고서를 건드리지 마라. 그 기본 보고서가 다양한 명령어 라인 보고서 기능을 만든다. 여러분에게 맞는 사용자 정의 변경 사항을 기본 보고서 아래에 둔다.

명령어 라인에서 변수를 지정하더라도 그것이 사용자 정의 보고서에는 적용이 되지 않는다. 왜냐하면 보고서를 사용자 정의하는 이유는 명령어 라인 변수들을 타이핑하는 것을 피하기 위해서이기 때문이다. 명령어 라인 수정을 허용하는 보고서를 만들 수 있지만 그렇게 하기 위해서는 먼저 기본 보고서의 작성 방법을 이해해야 한다. 그런 보고서를 만들려면 stat.cfg에 있는 기본 보고서를 공부하기 바란다.

사용자 정의 보고서: 리셋만 있는 흐름

필자는 TCP 리셋만 있는 흐름에서 그래프를 만들 데이터를 얻기 위해 flow-report를 자주 사용한다. 흐름에 TCP 리셋이 있다는 것은 소프트웨어나 네트워크 장비 설정에 문제가 있다는 것을 나타낸다. 그래프를 만들기에 가장 좋은 데이터를 얻으려면 linear-interpolated-flow-octets-packets 보고서를 이용한다. 한 번 만들어보자. 필자의 목표는 아래와 같이 보고서를 매우 간단하게 실행시키는 것이다.

```
# flow-cat * | flow-report -S resets-only
```

사용자 정의 보고서를 실행하고 있다는 것을 flow-report에게 알리기 위해 -S를 사용한다. 새로운 보고서의 이름을 resets-only로 한다.

stat.cfg에서 보고서는 최소한 다음과 같을 것이다.

```
① stat-report packets
②     type linear-interpolated-flows-octets-packets
③     output

④ stat-definition resets-only
      report packets
```

flow-nfilter 필터처럼 사용자 정의 흐름 보고서에도 두 개의 주요 구성요소가 있다. 하나는 stat-report고, 다른 하나는 stat-definition이다. stat-report(①)는 필터링 원형과 비슷하다. 이번에 사용자 정의된 stat-report의 이름은 packets다.

stat-report는 어떤 종류의 flow-report를 기반으로 하는지를 알아야 한다(②). 여기서

resets-only 보고서는 linear-interpolated-flows-octets-packets 보고서를 기반으로 한다. ③에서 resets-only 보고서가 출력을 한다는 것을 알 수 있다.

④의 stat-definition에서 여러 개의 stat-report를 하나의 보고서로 합칠 수 있다. 이 정의에서는 한 개의 보고서만 포함한다. 이 정의가 최소한이기는 하지만 reset-only 보고서를 실행할 수 있다. 결과로 나오는 숫자는 아주 조금 다르기는 하겠지만 명령어 라인에서 TYPE=linear-interpolated-flows-octets-packets를 실행한 것과 같을 것이다.

```
# flow-cat * | flow-report -S resets-only
# recn: unix-secs*,flows,octets,packets
1228150499,35.605553,35334.016293,96.820015
1228150500,63.780553,62865.828793,184.570015
1228150501,38.702116,69297.703533,192.235604
...
```

보고서에서 주목해야 할 첫 번째 사항은 flow-report가 기본적으로 CSV 보고서를 만든다는 점이다. 결과를 그래프 생성 프로그램으로 보낼 경우 CSV 보고서는 최적이지만 CSV 데이터를 직접 읽으려면 매우 힘들다. 그래프 생성 프로그램은 탭 구분 데이터를 CSV처럼 쉽게 읽을 수 있으며, 보고서는 사람이 쉽게 읽을 수 있는 결과를 만들 수 있다.

보고서 형식과 출력

flow-report는 외부 프로그램인 flow-rptfmt를 사용해서 실행 결과의 외양을 개선한다. 이를 위해 출력을 flow-rptfmt로 보내면 된다.

```
    stat-report packets
      type linear-interpolated-flows-octets-packets
      output
①     path |/usr/local/bin/flow-rptfmt
```

①의 path 변수에 의해 flow-report는 출력을 어디로 보낼지를 안다. 파이프 기호(|)로 시작하는 경로를 이용함으로써 출력을 어떤 프로그램으로 보낼지를 flow-report에게 알린다. 이것은 명령어 라인의 파이프와 같은 역할을 한다. 파이프 다음의 모든 것은 명령어로서 실행된다. 여기서 필자는 표준 보고서 형식 설정 소프트웨어인 flow-rptfmt를 사용한다. 형식 설정 프로그램을 보고서에 추가하면 아래와 같은 출력이 만들어진다.

```
# [ '/usr/local/bin/flow-rptfmt' ]
unix-secs          flows              octets             packets
1228150499         35.605553          35334.016293       96.820015
1228150500         63.780553          62865.828793       184.570015
1228150501         38.702116          69297.703533       192.235604
...
```

flow-rptfmt의 사용 방법과 다른 출력 옵션들을 다음에 나오는 '보고서 외양 사용자 정의' 절에서 자세히 배운다.

행 제거

시간이 지나면서 발생한 TCP 리셋 수를 알고 싶을 것이다. (TCP 리셋 한 개는 패킷 한 개다.) 이 작업에 octets 행과 flows 행은 관련이 없으므로 두 행을 제거한다.

```
   stat-report packets
     type linear-interpolated-flows-octets-packets
     output
①    fields -octets,-flows
        path |/usr/local/bin/flow-rptfmt
```

이 예제는 명령어 라인에서 필드를 제거할 때와 동일한 기능을 수행한다. ①의 fields 헤더에서 flow-report는 제거할 행을 파악한다. 이 보고서에서 octets 필드와 flows 필드를 제거하면 다음과 같은 결과가 나오며, 이제 관심 있는 데이터만 볼 수 있다.

```
# [ '/usr/local/bin/flow-rptfmt' ]
unix-secs                 packets
1228150499                96.820015
1228150500                184.570015
1228150501                192.235604
...
```

보고서에 필터 적용

보고서가 시간과 패킷 수를 나열하지만 TCP 리셋만 표시되는 것이 아니라 흐름 파일의 총 패킷 수가 표시된다. 관심 있는 데이터를 제외한 모든 것을 빼기 위해 필터를 추가해야 한다. 물론 명령어 라인에서 필터를 사용할 수 있지만 보고서를 사용자 정의하는 목적은 타이핑을 줄이는 것이므로 필터를 추가하는 것이 바람직하다.

flow-report에서는 stat-report나 stat-definition에 필터를 추가할 수 있다. 필자는 stat-definition에서 필터를 정의한다. 4장에서 TCP 리셋만 보내기 위해 rst-only 필터를 설정했으므로 그것을 이용한다.

```
stat-definition reset-only
    filter rst-only
    report packets
```

보고서의 실행 결과는 다음과 같다.

```
# [ '/usr/local/bin/flow-rptfmt' ]
unix-secs           packets
1228150595          0.068702
1228150596          0.068702
1228150597          0.068702
...
```

이 네트워크에는 적은 수의 TCP 리셋이 있다. 그러나 결과 페이지를 내려가면서 보면 리셋만 있는 흐름이 많을 때도 있고 적을 때도 있다는 것을 발견하게 될 것이다. 8장에서는 이 데이터를 사용해서 그래프를 만들 것이다.

stat-report와 stat-definition 결합

stat-report나 stat-definition에서 필터를 사용할 수 있다면 stat-definition에 왜 필터를 넣었는가?

packets stat-report를 살펴보자. 앞에서 packets stat-report를 작성한 이유는 리셋만 있는 TCP 흐름을 표시하기 위해서였지만 이것이 실제로는 linear-interpolated-flow-octets-packets 보고서를 기반으로 한다. 다른 곳에서 이와 같은 stat-report를 사용해서 다른 방식으로 필터링된 데이터로 사용자 정의 보고서를 만들 수 있다. 예를 들어, SYN만 있는 흐름을 모두 보여주는 필터가 있다면 다음과 같이 사용해서 리셋만 있는 흐름과 SYN만 있는 흐름에 대한 데이터를 생성할 수 있다.

```
stat-definition reset-only
   filter rst-only
   report packets

stat-definition syn-only
   filter syn-only
   report packets
```

reset-only 보고서와 syn-only 보고서는 결과를 동일한 형식으로 표시한다. 유일한 차이점은 각 보고서를 생성하는데 적용된 필터다.

다른 보고서 사용자 정의

명령어 라인에서 수행할 수 있는 모든 사용자 정의를 사용자 정의 보고서에서도 처리할 수 있다. 그러나 설정 파일은 추가 기능도 지원한다.

샘플링 규모 조정

일부 흐름 센서는 흐름을 샘플링해서 데이터의 일부만 흐름 콜렉터로 보낸다(2장). 이 정도는 흐름 데이터가 아예 없는 것보다는 더 좋다. 그러나 리포팅 결과가 혼란스러울 수 있다. 이 상황을 개선하기 위해 결과의 규모를 늘려서 샘플링 공백을 줄일 수 있다. 예를 들어, 라우터가 1:10 비율로 샘플링하고 있을 경우 인수 10으로 결과의 규모를 늘려서 원래 트래픽 양과 거의 비슷한 수준의 트래픽 양을 얻을 수 있다. 아래 예에서, 보고서는 출발지 IP 주소와 목적지 IP 주소의 규모를 늘린다.

```
   stat-report subnets
      type ip-source/destination-address
①     scale 10
      output
         path |/usr/local/bin/flow-rptfmt

   stat-definition subnets
      report subnets
```

①의 scale 키워드는 샘플링 규모를 늘리기 위해 곱하는 수다. 이 보고서의 실행 결과를 살펴보면 다음과 같다.

```
# flow-cat * | flow-report -S subnets
# ['/usr/local/bin/flow-rptfmt']
ip-source-address  ip-destination-address  flows octets      packets duration
192.0.2.37         158.43.128.72           8702  5760730     88840   30096122
158.43.128.72      192.0.2.37              8649  10405130    88280   30096122
192.0.2.4          198.6.1.1               7625  5886410     79920   26370707
...
```

subnets-unscaled 키워드로 scale 명령어를 제거하면 다음과 같은 결과가 나온다. 두 결과를 비교해 보자.

```
# flow-cat * | flow-report -S subnets-unscaled
# ['/usr/local/bin/flow-rptfmt']
ip-source-address  ip-destination-address  flows octets      packets duration
192.0.2.37         158.43.128.72           8702  576073      8884    30096122
158.43.128.72      192.0.2.37              8649  1040513     8828    30096122
192.0.2.4          198.6.1.1               7625  588641      7992    26370707
...
```

출발지 주소와 목적지 주소는 변하지 않는다. 흐름 수도 그대로다. 그러나 옥텟 카운트와 패킷 카운트는 샘플링 규모를 늘린 보고서에서 10배 더 많다. 이것은 네트워크를 지나가는 트래픽 양을 거의 정확하게 보여준다. 일부 흐름의 데이터를 여전히 모두 놓치고 있을 수도 있지만 그것은 이 정도의 샘플링 데이터에서는 거의 문제가 되지 않는 수준이다.

stat-report 문의 필터

stat-report 문에서 필터를 사용하기 위해서 필터를 출력 정의 앞에 두어야 한다. 예를 들어, 다음의 filter 문은 리포팅하기 전에 web-traffic 필터를 데이터에 적용된다.

```
stat-report subnets
   type ip-source/destination-address
   filter web-traffic
   output
      path |/usr/local/bin/flow-rptfmt
```

BGP 라우팅별로 보고

개별 IP 주소들 사이의 연결보다 네트워크 사이의 연결에 관심이 있을 수 있다. 흐름 레코드에 BGP 정보가 있다면 flow-report에서 네트워크 블록 데이터를 사용해서 보고서를 만들 수 있다. 그렇게 하기 위해 ip-source-address-format과 ip-destination-address-format에 prefix-len을 지정한다. 그러면 flow-report는 각 엔트리에 넷마스크를 출력할 것이다.

```
  stat-report subnets
    type ip-source/destination-address
①   ip-source-address-format prefix-len
②   ip-destination-address-format prefix-len
    output
      path |/usr/local/bin/flow-rptfmt
```

출발지 주소(①)와 목적지 주소(②)에 넷마스크를 포함하는 것으로 지정하였다. 보고서는 다음과 같은 결과를 보여준다.

```
ip-source-address  ip-destination-address  flows  octets  packets  duration
63.125.104.150/12  87.169.213.77/10        9      1008    18       23760
① 192.0.2.37/25    158.43.128.72/16        8233   537169  8233     4
192.0.2.4/25       ② 198.6.1.1/16          6634   485854  6658     168412
...
```

①에서 192.0.2.37이 /25 네트워크로서 라우팅된다는 것을 볼 수 있다. /25가 공개 인터넷에서 알려지기에는 너무 작다. 그리고 이 주소는 로컬이다. 라우터는 직접 연결된 네트워크의 넷마스크를 더 잘 안다. 예를 들어, ②의 198.6.1.1 주소도 /16 네트워크로서 알려진다.

flow-report가 데이터를 네트워크별로 모을 수 있도록 만들기 위해서 주소 형식을 prefix-mask로 지정한다. 위와 동일한 데이터에 prefix-mask 형식을 적용해서 보고서를 만들면 다음과 같이 된다.

```
ip-source-address  ip-destination-address  flows  octets    packets  duration
① 63.112/12        87.128/10               15     1792      32       58384
② 192.0.2/25       158.43/16               23663  1532256   23707    17372
192.0.2/25         198.6/16                8299   915307    12698    3711276
...
```

개별 IP 주소는 이제 없다. 그 대신, 라우팅된 출발지 주소 블록이 있다. 63.112/12 범위 안에 있는 일부 주소로부터 87.128/10 범위 안에 있는 일부 주소로 트래픽을 전송한다(①). flow-report는 한 블록에서 다른 블록으로 가는 모든 연결을 합했다.

앞의 두 보고서의 두 번째 라인을 보자. 첫 번째 보고서는 192.0.2.37 주소에서 158.43. 128.72 주소로 8,233개의 흐름을 전송한 것으로 나타났다. 주소 마스크 셋을 둔 두 번째 보고서에서는 192.0.2/25 블록의 주소들에서 158.43/16 블록의 주소들로 23,663개의 흐름이 전송된 것으로 되어 있다(②). 두 번째 보고서의 두 번째 라인은 첫 번째 보고서의 모든 흐름을 파악하고, 추가로 지정된 주소 블록 안에 있는 다른 흐름까지도 포함한다. 모든 흐름이 합쳐졌다.

보고서 외양 사용자 정의

보고서의 외양 사용자 정의와 관련해서 flow-report는 많은 옵션을 지원한다. stat-report 정의에서 이들 옵션을 output 키워드 아래에 둔다. 아래에 두지 않고 위에 두면 오류가 생긴다.

flow-rptfmt 옵션

path를 파이프와 프로그램명으로 지정하면 flow-report는 실행 결과를 해당 프로그램으로 보낸다. 파이프 다음의 모든 것은 정규 셸 명령어처럼 실행된다. 이것은 실행 결과를 파일로 리다이렉트하는 것과 같은 작업을 할 수 있다는 것을 의미한다.

```
path    |/usr/local/bin/flow-rptfmt > /tmp/resets.txt
```

위의 라인은 보고서의 결과를 화면이 아니라 /tmp/resets.txt 파일로 보낸다.

flow-rptfmt를 이용하면 보고서 결과를 HTML 형식의 표로 만들 수 있으며, 이를 위해 다음의 예처럼 -f html 인수를 추가하면 된다. (여러분은 웹 서버의 루트 디렉토리 아래의 파일로 보고서 결과를 리다이렉트하고 싶을 것이다.)

```
path    |/usr/local/bin/flow-rptfmt -f html > /var/www/resets/today.html
```

물론, 정기적으로 만들어진 보고서를 하나의 파일로 보내는 것은 유용하지 않다. 여러분에게 실제로 필요한 것은 타이밍 정보를 기반으로 보고서 결과를 파일로 전송하는 방법이다.

CSV를 파일로 보내기

flow-rptfmt가 보고서의 형식을 설정하기 위한 표준 툴이지만 어떤 목적(예: 그래프 자동 생성)에는 평문 CSV가 더 좋을 수 있다. path를 파일명으로 지정하면 flow-report는 CSV 텍스트를 지정된 파일로 보낼 것이며, 이렇게 하면 데이터를 자동으로 처리하기에 유용하다.

```
path /tmp/reset.csv
```

직접 출력에 시간 사용

CSV 파일을 저장할 때 path 설정 값에 특수 문자와 time 옵션을 넣으면 stat-report 정의로 타이밍 정보를 만들고 사용할 수 있다.

이 정의를 사용하기 전에 flow-report에서 사용하고 싶은 시간을 정한다. 현재 시간이나 흐름 파일에 있는 시간을 사용하고 싶은가? 흐름 파일의 시간을 사용하고 싶다면 흐름이 시작한 시간을 원하는가, 흐름이 끝난 시간을 원하는가? 어떻게 할 것인지 time 옵션으로 정할 수 있으며, 네 개의 시간 값들 중 하나를 정하면 된다. now는 보고서가 실행되는 시간이고, start는 첫 번째 흐름이 시작한 시간이고, end는 마지막 흐름이 끝난 시간이고, mid는 시작 시간과 종료 시간의 평균으로서, mid가 기본 값이다. 대부분의 경우에 기본 값인 mid가 사용된다.

경로 값은 strftime 라이브러리로부터 변수를 받을 수 있다. 가장 일반적인 변수를 표 5.1에 정리해 두었다. 표 5.1에 없는 시간 표현이 필요하면 매뉴얼을 참고한다.

표 5.1 flow-report의 strftime 변수

변수	설명
%a	요일 약어(Mon, Tue 등)
%b	월 약어(Jan, Feb 등)
%d	월의 날짜 숫자(1-31)
%H	시간; 24시간 형식(00-23)
%M	분(0-59)
%m	월(1-12)
%Y	네 자리 연도(0000-9999)
%y	두 자리 연도(00-99)

flow-report는 strftime 변수 값을 실행 결과에 사용할 수 있다. 예를 들어, 연월일을 기반으로 만들어진 디렉토리 계층에 시간을 기반으로 한 이름을 가진 파일로 보고서 실행 결과를 보내야 한다고 가정하자. 파일명을 만들고 파일이 저장될 디렉토리를 정하기 위해 strftime 변수를 다음과 같이 사용하면 된다.

```
  stat-report subnets
    type ip-source/destination-address
    output
① time end
② path /tmp/%Y/%m/%d/%H/%M-report.csv
```

이 보고서는 마지막 흐름이 끝난 시간(①)을 사용한다. ②에서 볼 수 있듯이 결과는 연월일시를 이름으로 하는 디렉토리의 어떤 파일에 들어가고, 파일의 마지막 시간을 파일명으로 사용한다. 예를 들어, 2011년 12월 1일 오전 8:00~8:59 사이의 흐름 데이터에 대한 보고서를 생성하면 그 결과는 디렉토리 /tmp/2011/12/01/08에 들어간다.

> **Note**
> flow-report가 strftime 변수를 확장하고 flow-rptfmt로 정확한 숫자를 넘기더라도 flow-rptfmt가 빠진 디렉토리를 만들 수는 없다.

다음 보고서는 웹 루트 아래의 한 디렉토리에 HTML 보고서를 둔다. 파일명은 보고서 생성 연월일시를 토대로 정해진다.

```
stat-report subnets
   type ip-source/destination-address
   output
      time mid
      path |flow-rptfmt -f html > /var/www/reports/report-%Y-
      %m-%d-%H-report.html
```

정렬 순서 지정

보고서에서 어떤 행으로 정렬할 것인지를 정하기 위해 sort 옵션을 이용한다. sort 옵션은 명령어 라인에서 정렬 방법을 정한 것과 같은 역할을 한다. 보고서의 모든 행 제목을 sort의 값으로 사용할 수 있다. 앞에 플러스 부호가 있으면 가장 큰 값부터 시작해서 정렬하라는 의미, 마이너스 부호가 있으면 가장 작은 값부터 시작해서 정렬하라는 의미다. 다음 예제는 여러분의 네트워크가 가장 많이 통신하는 원격 주소 범위가 무엇인지를 보여준다. 왜냐하면 옥텟으로 정렬하기 때문에 트래픽이 가장 높은 네트워크부터 결과에 나온다.

```
stat-report subnets
   type ip-source/destination-address
   ip-source-address-format prefix-len
   ip-destination-address-format prefix-len
   output
   sort +octets
      path |flow-rptfmt
```

결과 자르기

흐름 보고서가 수 백 라인 혹은 수 천 라인일 수 있다. 보고서 전체가 아니라 처음 일부(예: 처음 5라인이나 처음 500라인)를 원할 수 있으며, 그런 상황에서 일부 엔트리를 얻기 위해서 50,000 라인 보고서를 만드는 것은 의미가 없다. 표시할 결과의 최대 라인 수를 지정하기 위해 records 옵션을 사용하면 된다. 앞에서 사용한 보고서에 records 엔트리를 다음과 같이 추가하면 된다.

```
output
records 5
   sort +octets
   path |flow-rptfmt
```

이 보고서는 여러분이 통신한 모든 네트워크의 목록을 표시하지 않는다. 그 대신 처음 5개의 네트워크만 표시한다.

다른 출력 옵션

사용자 정의 보고서에서 헤더 정보나 백분율을 원할 수도 있고 원치 않을 수도 있다. 어떤 것을 넣거나 빼기 위해 options 키워드를 사용하면 된다. (이들 옵션을 이번 장의 '헤더, 호스트명, 백분율 표시' 절에서 설명했었다.) 이번 예제에서는 헤더 정보를 원한다.

```
output
   options +header
   path |flow-rptfmt
```

설정 대체 파일

점점 더 많은 사람들이 더 많은 사용자 정의 보고서를 사용하고 있다. 필터처럼 보고서도 설정 파일이 적절하지 않으면 제대로 돌아가지 않는다. 보고서를 실행하는 사람과 횟수가 많아지면서 새로운 보고서를 개발할 때 다른 시스템 사용자를 귀찮게 하거나 예정된 업무를 간섭하는 일이 많아지게 된다. 만약 그렇다면 기본 설정 파일이 아닌 다른 설정 파일을 사용할 수 있으며, 이를 위해 다음과 같이 -s 플래그를 사용하면 된다.

```
# flow-report -s test-stat.cfg -S newreport
```

보고서를 생성하고, 편집하고, 삭제할 때 설정 파일의 복사본을 이용한다. 변경된 것이 여러분이 원하는 대로 돌아가는 것을 확인한 후에, 새로운 설정 파일로 기존 설정 파일을 대체한다.

이제, 트래픽에 대한 보고서를 여러분이 원하는 방식으로 만들 수 있다. 그 다음으로, 그래픽 보고서를 생성하고, 여러분 자신의 분석 소프트웨어도 만들 수도 있다. 이에 대해서 6장에서 배운다.

6

Perl, FlowScan, Cflow.pm

flow-tools를 구축할 때 가장 어려운 부분이 Perl 모듈이다. Perl을 이용하면 리포팅 툴과 웹 인터페이스를 금방 만들 수 있기 때문에 Perl의 인기가 높다. 사용자 친숙성이 가장 높은 흐름 리포팅 툴들 중 하나인 FlowScan은 Perl로 만들어져 있다. 그런데 흐름 파일과 작업을 함께 하는 Perl 모듈인 Cflow.pm을 제대로 설치하는 일은 어렵다. 어려운 이유가 Perl 때문은 아니다. 흐름 콜렉터의 디스크 스토리지 형식이 다르기 때문이다. Cflow.pm을 설치하려면 flow-tools 흐름 파일을 읽는 방법을 알아야 한다.

Cflow.pm의 이름은 더 이상 사용되지 않는 흐름 콜렉터인 cflowd에서 왔다. cflowd 프로젝트가 중단될 때 cflowd의 개발자들은 cflowd 대신 flow-tools를 사용할 것을 권고했다. Cflow.pm은 flow-tools를 옵션으로 지원하기 위해 수정되었다. 많은 메일링 리스트 어카이브 메시지와 많은 문서에서는 cflowd와 Cflow.pm을 참고하면서 이 둘을 필수적으로 구분하지 않는다. 그러나 여러분에게 필요한 것은 cflowd가 아니라 Cflow.pm이라는 점을 명심하기 바란다.

Cflow.pm 설치

Cflow.pm을 제대로 설치하는 일은 흐름 분석 시스템을 구축하는 작업에서 가장 어렵고 성가신 부분이다. 인터넷에는 Cflow.pm 설치와 관련해서 다양한 이슈를 다루는 글과 메일링 리스트 아카이브가 있지만 이들 문서에서 모든 이슈를 다루지는 않는다. 새로운 flow-tools 릴리즈에는 Cflow.pm 설치 과정이 들어 있다. 권고되는 설치 과정을 따르고, 설치 직후 Cflow.pm을 테스트하기 바란다. Cflow.pm 설치가 만족할만한 수준이 아니라면 그 다음 과정으로 넘어가지 마라.

Cflow.pm 테스트

Cflow.pm 킷에는 흐름 파일 접근용 명령어 라인 툴인 flowdumper가 포함되어 있다. 이 툴이 flow-tools에 포함된 툴만큼 강력하거나 유연하지는 않지만 Cflow.pm을 테스트하기에는 적절하다. flowdumper가 흐름 파일의 내용을 정확하게 출력하면 Cflow.pm이 제대로 설치되었다고 보면 된다. 사용 방법은 flowdumper -s를 실행하면서 흐름 파일명을 붙이면 된다.

```
# flowdumper -s ft-v05.2011-12-14*
2011/12/16 23:59:42 69.134.229.81.51459 -> 192.0.2.37.443 6(PUSH|ACK) 1 81
2011/12/16 23:59:43 192.0.2.4.10690 -> 198.6.1.1.53 17 1 81
2011/12/16 23:59:43 192.0.2.37.443 -> 69.134.229.81.51459 6(ACK) 1 40
...
```

-s가 있으면 flowdumper는 각 흐름의 요약 정보를 한 라인에 출력한다. 각 라인은 하나의 흐름을 나타낸다. 여기서 출발지 주소, 목적지 주소, 출발지 포트, 목적지 포트, 프로토콜 번호, TCP 플래그, 패킷 수, 옥텟 수를 볼 것이다.

Cflow.pm 설치에 오류가 있으면 flowdumper는 아무 것도 반환하지 않거나 엉뚱한 내용을 반환한다. 오류를 해결하기 전까지는 Perl 모듈이나 FlowScan을 처리할 수 없다.

> **Note**
> **설치 후 오류 확인**
> 흐름 관리 프로젝트가 성공하려면 Cflow.pm이 제대로 설치되어야 한다. Cflow.pm을 설치하고 바로 Cflow.pm을 테스트한다. flowdumper가 정확한 결과를 내기 전까지는 Cflow.pm을 사용하지 마라.

운영체제 패키지에서 설치

일부 운영체제에는 flow-tools를 지원하는 Cflow.pm 패키지가 있다. Cflow.pm 패키지가 있다면 패키지를 설치한 다음에 flowdumper로 테스트한다. 제대로 돌아가지 않으면 패키지 설치를 취소한다.

소스에서 설치

http://net.doit.wisc.edu/~plonka/Cflow/에서 Cflow.pm 소스 코드인 Cflow-1.053.tar.gz을 다운로드하고, 압축을 푼다. 그러나 Cflow.pm 소스와 함께 제공되는 빌드 지시를 따르지는 마라. Cflow.pm이 릴리즈된 이후 flow-tools가 바뀌었으므로, flow-tools의 contrib/README 파일을 이용한다.

압축 해제된 Cflow.pm 소스로 가서 다음과 같이 실행한다.

```
# perl Makefile.PL CCFLAGS='-DOSU' LIBS='-lft'
# make
# make install
```

flowdumper를 테스트한다. 제대로 돌아가지 않으면 다음 절의 내용을 참고한다.

소스에서 설치 실패 시 해결 방안

기본 소스에서 설치가 되지 않으면 이번 절의 내용을 따른다.

Cflow-1.053 소스 디렉터리의 Makefile.PL을 텍스트 편집기에서 연다. 코드에서 아래 부분을 찾는다.

```
  sub find_flow_tools {
    my($ver, $dir);
    my($libdir, $incdir);
①   if (-f '../../lib/libft.a') {
    ...
```

①의 libft.a의 참조 부분이 모든 문제의 근원이다. 앞에서 설명한 내용대로 해도 설치가 되지 않으면 libft.a 경로를 직접 코딩한다. 필자의 테스트 시스템에서는 경로가 /usr/local/lib/libft.a이므로 소스 코드를 다음과 같이 변경한다.

```
if (-f '/usr/local/lib/libft.a') {
```

그런 다음에 앞 절에서 설명한 대로 Cflow.pm을 빌드하고 설치한다. 이제 flowdumper가 제대로 된 페이지를 보여줄 것이다. 이렇게 해도 되지 않으면 flow-tools 메일링 리스트에 가서 여러분의 문제와 동일한 문제를 찾아보아라.

flowdumper와 전체 흐름 정보

flowdumper가 flow-print보다는 덜 유용하지만 flowdumper에도 고유한 기능이 몇 가지 있다. 앞에서 Cflow.pm을 테스트하기 위해 -s(요약 기능)를 사용했다. (flowdumper는 명령어 라인에서 Perl 명령을 받아들인다. Perl에 익숙하면 flowdumper 매뉴얼 페이지를 읽어보기 바란다.)

요약 기능을 사용하지 않으면 flowdumper는 모든 흐름의 정보를 모두 보여준다.

```
     # flowdumper ft-*
     FLOW
             index:             0xc7ffff
①           router:            192.0.2.12
②           src IP:            158.43.128.72
             dst IP:            192.0.2.37
             input ifIndex:     9
             output ifIndex:    1
             src port:          53
             dst port:          34095
             pkts:              1
             bytes:             130
③           IP nexthop:        192.0.2.37
             start time:        Sat Dec 31 23:54:42 2011
             end time:          Sat Dec 31 23:54:42 2011
             protocol:          17
             tos:               0x0
④           src AS:            702
             dst AS:            0
             src masklen:       16
             dst masklen:       25
             TCP flags:         0x0
             engine type:       0
             engine id:         0
     ...
```

이 흐름 정보의 대부분을 앞에서 보았다. 그러나 여기서 흥미로운 점은 flowdumper가 흐름 레코드의 모든 것(대부분의 환경에서 상관이 없는 데이터 필드도 포함)을 보여준다는 사실이다. 센서 주소(①)와 출발지 및 목적지 주소(②)도 볼 수 있다. 또한 센서가 넥스트 홉 데이터(③)와 BGP 라우팅 데이터(④) 같은 정보를 내보내기하고 있는 것도 볼 것이다. 일상적인 관리를 위해 flowdumper의 결과를 사용하지는 않겠지만 시스템이 여러분이 생각하는 데이터를 모두 수집하고 있다는 것을 확인하고 싶을 때 flowdumper를 활용하면 된다. 일상적인 리포팅에 유용한 시스템은 FlowScan이다.

FlowScan과 CUFlow

5장에서 설명한 텍스트 기반 흐름 보고서가 유용하지만 일반인들은 트래픽을 시각적으로 표현해야 더 쉽게 이해한다. 7장과 8장에서는 임의의 데이터로 그래프를 만드는 방법을 설명한다. 그러나 대부분의 경우에 임의의 데이터가 아닌 정해진 데이터로 그래프를 만드는 것만으로도 충분하다. 모든 네트워크 관리자는 네트워크에서 가장 많은 트래픽을 일으키는 것이 무엇인지를 이미 알고 있을 것이다. 예를 들어, 웹 서버군을 운영하고 있다면 HTTP 트래픽과 HTTPS 트래픽을 주의 깊게 볼 것이다. 사무실 네트워크를 관리하고 있다면 CIFS와 프린터 트래픽에 관심을 기울일 것이다. 대부분의 경우에 여러분이 알고 있는 내용을 그래프로 만들고 여러분이 모르는 것을 '기타' 카테고리로 묶음으로써 적절한 결과를 얻을 수 있다. 이 모든 작업을 FlowScan으로 처리할 수 있다.

FlowScan은 흐름 데이터를 추출하고 모으는 엔진이다. FlowScan의 웹 인터페이스는 네트워크 트래픽을 표현하는 그래프를 보여준다. 이 그래프는 더 상세한 정보가 들어 있는 흐름 보고서가 혼란스러운 일반 사용자, 임원, 고객에게 적합하다.

FlowScan은 Cflow.pm에서 만들어지고, MRTG나 Cacti처럼 RRD Round Robin Database를 사용한다. RRD는 고정된 크기의 데이터베이스로서, 이전 엔트리들을 압축하고 평균 낸 데이터가 저장된다. 다시 말해서, RRD를 보면 현재 트래픽, 몇 달 전의 트래픽, 작년 트래픽을 확인할 수 있다. 이것은 여러분이 생각하는 것보다 더 대단하다. 대부분의 사용자는 지난 몇 시간동안 인터넷이 왜 느렸는지를 알고 싶어 한다. 또한 오늘 트래픽이 작년 트래픽과 어떻게 다른지 비교하기를 원한다. 이런 질문에 대한 답을 FlowScan이 줄 수 있다. 물론 FlowScan이 1년 전 10월 3일 오후에 인터넷이 왜 느려졌는지 그 이유를 정확하게 설명하지 못할 수 있다.

FlowScan의 모듈식 프레임워크를 이용하면 네트워크 관리자는 다양한 리포팅 방법을 선택할 수 있다. 그 중에서 인기 있는 CUFlow 모듈을 여기서 다룰 것이다.

FlowScan 선수 조건

FlowScan의 요구 사항은 다음과 같다.

- 웹 서버(예: 최신 버전의 아파치)
- Perl
- Korn 쉘이나 pdksh(http://www.cs.mun.ca/~michael/pdksh/)
- RRDtool(http://oss.oetiker.ch/rrdtool/), Perl 공유 모듈 자원 포함
- Boulder::Stream Perl 모듈
- ConfigReader::DirectiveStyle Perl 모듈
- HTML::Table Perl 모듈
- Net::Patricia Perl 모듈
- Cflow.pm

이것들 중 대부분은 운영체제 패키지에서 설치할 수 있다. FlowScan 문서를 보면 RRDtool Perl 모듈인 RRDs.pm 설치에 관련된 경고가 있지만 RRDTool에는 아직까지 이 모듈이 포함되어 있다.

> **Note**
> FlowScan을 시작하기 전에 Cflow.pm 설치 여부를 테스트하기 바란다.

FlowScan과 CUFlow 설치

FlowScan은 원래 폐기된 cflowd 콜렉터와 함께 돌아가도록 만들어졌었다. 운영체제 패키지에서 FlowScan을 설치했다면 그 패키지는 cflowd와 cflowd의 컴파일러 라이브러리의 설치를 요구할 것이다. 시간이 지나면서, 운영체제 벤더는 FlowScan 소프트웨어를 편집해서 일반적인 유스케이스를 만들었지만 어떤 경우에는 그것이 더 어렵다. 따라서 필자는 FlowScan을 직접 설치할 것을 권고한다. 직접 설치 단계는 다음과 같다.

1. 저자의 웹 사이트인 http://net.doit.wisc.edu/~plonka/FlowScan/에서 FlowScan

을 다운로드한다.
2. http://net.doit.wisc.edu/~plonka/list/flowscan/archive/att-0848/01-FlowScan.
   pm에서 FlowScan Perl 모듈 버전 1.6이나 그 이상인 복사본을 다운로드하거나 구
   글에서 flowscan.pm 1.6을 검색한다.
3. FlowScan 압축 파일의 압축을 풀고, build 디렉토리로 간다.
4. FlowScan 개발자는 흐름 파일을 저장할 디렉토리에 FlowScan을 설치하기를 권고
   한다. configure 명령어에서 그 디렉토리를 prefix로 사용한다. (위치를 지정하지 않
   으면 FlowScan은 디렉토리, 설정 파일, Perl 모듈을 /usr/local/bin에 설치할 것이
   며, 여러분은 이것을 원치 않을 것이다.

```
# cd FlowScan-1.006
# ./configure --prefix=/var/db/flows/test
# make install
```

이렇게 하면 FlowScan 소프트웨어는 /var/db/flows/test/bin 디렉토리에 저장될
것이다.

5. FlowScan의 설정 파일인 flowscan.cf가 필요하다. 이 파일은 자동으로 설치되지 않
   는다. 이 파일은 cf 디렉토리의 FlowScan 소스에 있다. 이 템플릿을 FlowScan의 bin
   디렉토리로 복사한다.
6. 마지막으로, 기존의 FlowScan.pm 파일을 업그레이드한다. FlowScan에 들어 있는
   버전 1.5는 cflowd만 지원하지만, 버전 1.6 이상은 flow-capture 파일을 읽을 수 있
   다. 버전 1.6을 bin/FlowScan.pm에 복사한다.

FlowScan 사용자, 그룹, 데이터 디렉토리

FlowScan을 설치했으면 flowscan이라고 하는 FlowScan 사용자를 생성하고, 그 사용
자에게 FlowScan bin 디렉토리의 소유권을 부여한다. 또한 네트워크 어드민이 루트
패스워드로 들어오지 않고도 FlowScan 설정 파일을 편집할 수 있도록 bin 디렉토리에
그룹 퍼미션을 부여한다.

FlowScan은 bin 디렉토리와 같은 레벨로 두 개의 디렉토리를 필요로 한다. 하나는 들
어오는 흐름 데이터 파일용인 flowscandata고, 다른 하나는 흐름 RRD 레코드용인
flowscanrrd다. flowscan 사용자가 들어오는 파일의 소유자가 되도록 해당 디렉토리
에 스티키 비트sticky bit를 지정한다.

```
# chown -R flowscan:flowscan bin
# chmod g+w bin
# chmod g+ws flowscandata
# chown flowscan:flowscan flowscandata flowscanrrd
# chmod g+ws flowscandata/ flowscanrrd/
```

이제, 네트워크 어드민을 flowscan 그룹에 추가한다. 그러면, 네트워크 어드민은 루트로 접근하지 않고도 FlowSacn을 설정할 수 있다.

FlowSacn 스타트업 스크립트

운영체제에는 FlowSacn용 스타트업 스크립트가 있을 것이다. 만약 그렇다면 스크립트의 지시 사항을 점검해서 설정 방법을 익힌다. FlowSacn용 스타트업 스크립트가 없다면 FlowSacn은 리눅스와 솔라리스용 스타트업 스크립트를 rc 디렉토리에 두고 있을 것이다. 이번 절에서는 리눅스 스크립트의 설정 방법을 살펴본다. (솔라리스 스크립트도 리눅스 스크립트와 매우 비슷하다. 그리고 최근에 나온 대부분의 운영체제에서는 이들 스크립트를 조금만 수정하면 사용하기에 무리가 없다.) 파일의 상단에는 네 개의 변수가 있으며, 이들 변수를 셋팅해야 한다.

```
① bindir=/var/db/flows/test/bin
② scandir=/var/db/flows/flowscandata
③ logfile=/var/log/flowscan.log
④ user=flowscan
```

①의 bindir 디렉토리에는 FlowScan 파일과 flowscan.cf가 들어 있다. ②의 scandir 디렉토리는 FlowScan이 새로운 데이터 파일을 점검하는 곳이다.

③의 logfile 디렉토리에는 로그가 들어간다. 필자는 모든 로그를 /var/log/ 디렉토리에 두는 것을 좋아한다. FlowScan을 실행하기 전에 logfile에 touch 명령을 해서 해당 파일을 변경할 퍼미션을 flowscan 사용자에게 주어야 한다.

마지막으로, ④에서는 flowscan을 실행할 사용자를 지정한다.

이 파일의 두 번째 부분에는 기본 명령어들의 경로들이 들어간다. 이들 경로가 대부분의 유닉스 계열 시스템에서는 이상이 없겠지만 만약 문제가 있다면 각 경로를 하나씩 점검한다.

일단 변경을 했으면 시스템 스타트업 스크립트가 FlowScan 스타트업 스크립트를 실행하게 한다. 이때 인수를 /bin/sh로 한다. (시스템 스타트업 과정에 따라 스크립트의 상단에 #!/bin/sh 라인을 추가해야 할 수 있다.)

FlowScan 설정

flowscan.cf 파일에는 네 개의 설정 값, FlowFileGlob, ReportClasses, WaitSeconds, Verbose가 있다.

FlowFileGlob에는 FlowScan이 처리할 파일이 들어간다. FlowScan이 조사할 디렉토리와 처리해야 할 파일 유형을 지정한다. 이번 예에서는 /var/db/flow/test/flowscandata 디렉토리에 있는 모든 flow-capture 파일을 조사한다.

```
FlowFileGlob /var/db/flows/test/flowscandata/ft-v*[0-9]
```

ReportClasses는 여러분이 사용하고 있는 모든 보고서 모듈을 나열한다. FlowScan에는 두 개의 모듈, 즉 CampusIO와 SubNetIO가 있다. 그런데 이 두 모듈의 설정이 매우 어려우며, 최신 트래픽 패턴을 나타내지도 않는다. 그래서 여기서는 CUFlow를 사용한다.

```
ReportClasses CUFlow
```

디렉토리를 얼마나 자주 점검할 것인지를 WaitSeconds로 지정할 수 있다. CUFlow 모듈은 FlowScan이 5분마다 실행하는 것으로 가정한다. 이 값을 변경하지 말고 기본 값 그대로 사용하기 바란다.

```
WaitSeconds 300
```

마지막으로, 셋업을 할 때 장황한 로깅이 도움이 될 수도 있다. FlowScan이 실행되고 있다면 Verbose 값을 0으로 지정한다. 이번 예제에서는 1로 지정했다.

```
Verbose 1
```

이상으로, FlowScan 설정을 마쳤다. 그러나 무언가를 하려면 리포팅 모듈을 셋업해야 한다. CUFlow를 셋업한 다음에 FlowScan으로 돌아온다.

CUFlow 설정: CUFlow.cf

CUFlow는 FlowScan의 기본 모듈들보다 더 많은 설정을 할 수 있다. 그러나 CUFlow는 처리되는 모든 트래픽이 네트워크로 들어오거나 네트워크에서 나가는 것으로 가정한다. 그렇게 보면 보더 라우터나 사이트 MPLS 라우터에 사용하기에는 FlowScan이 더 적합할 수 있다. 그러나 여러분의 네트워크에서 시작하고 종료하는 트래픽을 모니터링하기에는 FlowScan이 유용하지 않다. 대규모 ISP에도 로컬 네트워크가 몇 개는 있으며, 트랜싯 제공업체는 CUFlow를 제한적으로 사용한다.

CUFlow를 설치하려면 http://www.columbia.edu/acis/networks/advanced/CUFlow/CUFlow.html에서 CUFlow를 다운로드한 다음에 압축을 풀고 나서 CUFlow.cf 파일과 CUFlow.pm 파일을 FlowScan의 bin 디렉토리로 복사한다.

CUFlow.cf 파일에는 어떤 데이터를 찾고, 그 데이터를 어떻게 처리할 것인지를 FlowScan에게 알리는 다양한 문이 있다. 이 파일을 여러분의 네트워크에 맞게 편집해야 한다. 하나씩 살펴보자.

Subnet 문

트래픽이 인바운드인지 아웃바운드인지를 파악하기 위해 CUFlow가 사용하는 로컬 네트워크 주소가 Subnet 문에 들어간다. Subnet 문에 있는 주소를 출발지로 하는 흐름은 아웃바운드로 간주되고, 목적지로 하는 흐름은 인바운드로 간주된다.

```
Subnet 192.0.2.0/24
```

필요할 경우 여러 개의 Submit 문을 둘 수 있다.

Network 문

Network 문에는 추적할 호스트와 범위가 들어간다. 여러 개의 Network 문을 둘 수 있으며, 한 개의 주소가 여러 개의 Network 문에 들어갈 수 있다. 슬래시와 함께 개별 호스트나 네트워크를 붙여서 넷마스크를 나타낼 수 있다. 네트워크 이름을 정할 때 한 개의 단어를 사용한다.

```
Network 192.0.2.4 proxy
Network 192.0.2.128/26 dmz
Network 192.0.2.36,192.0.2.37 mailservers
```

OutputDir 문

OutputDir 문에는 RRD 데이터 파일의 저장 디렉토리가 들어간다. 레코드를 웹에서 접근할 수 있는 곳이나, flow-capture 로그 디렉토리에 저장하지 마라. 그 대신, 레코드를 저장하기 위해 만든 flowscanrrd 디렉토리에 저장한다.

```
OutputDir /var/db/flows/test/flowscanrrd
```

각 FlowScan 모듈은 자체의 출력 디렉토리를 가지고 있어야 한다. 여러 개의 FlowScan 모듈을 실행할 경우 RRD 디렉토리를 필요한 만큼 추가로 생성한다.

Scoreboard 문

CUFlow는 흐름 파일에서 가장 활동적인 사이트를 계산하고 가장 많은 수의 흐름, 옥텟, 패킷을 넘긴 호스트 주소들의 스코어보드를 보여줄 수 있다. Scoreboard 옵션에는 세 개의 인수가 있다. 하나는 'most active' 목록에 있는 주소의 수고, 다른 하나는 목록이 저장된 디렉토리고, 나머지 하나는 가장 최근 목록의 파일명이다.

```
Scoreboard ① 10 ② /var/www/flowscan/topten ③ /var/www/flowscan/
topten/topten.html
```

이번 예에서 스코어보드는 상위 10개(①)의 호스트를 계산하고, 오래된 데이터를 /var/www/flowscan/topten/(②) 디렉토리에 저장하고, 최신 데이터를 /var/www/flowscan/topten/topten.htm(③)에 저장한다. Scoreboard 디렉토리를 만들어야 하고, 이 디렉토리의 소유권을 flowscan 사용자에게 주어야 하고, 웹 서버가 현재 페이지와 히스토리 페이지로 접근할 수 있도록 설정해야 한다.

> **Note**
> 스코어보드 파일을 흐름 파일과 같은 디렉토리에 두지 마라. 웹 서버가 이용하는 파일 가까이에는 흐름 파일을 두지 않는다.

AggregateScore 문

시간이 지나면서 활동량이 가장 많은 호스트를 추적하기 위해 AggregateScore 문을 사용할 수 있다. Scoreboard 문과 설정 방법이 비슷하다. 제시할 호스트 수, 장기간 동안 수집한 합계를 저장할 파일, 결과가 들어가는 웹 페이지를 지정해야 하다. (합쳐진 데이터 파일을 웹 서버에서 접근할 수 없는 곳(예: RRD 데이터 디렉토리)에 두기 바란다.)

```
AggregateScore ① 10 ② /var/db/flows/test/flowscanrrd/agg.dat ③ /var/www/flowscan/overall.html
```

이번 예에서는 흐름 히스토리의 상위 10개(①)의 호스트를 제시하고, 데이터를 /var/db/flows/test/flowscanrrd/agg.dat(②)에 저장하고, 상위 10개의 HTML 페이지를 /var/www/flowscan/overall.html에 제시한다.

그 전에 디렉토리를 만들어야 하며, 디렉토리의 파일에 대한 쓰기 퍼미션을 부여해야 한다.

Router 문

여러 개의 흐름 센서가 데이터를 한 콜렉터로 전송한다면(예: BGP/HSRP 클러스터에 있는 두 대의 라우터) Router 문으로 센서들을 식별한다. CUFlow는 다른 센서에서 온 데이터를 나눌 수 있다. 따라서 각 센서가 얼마나 많은 트래픽을 처리하는지를 알 수 있다.

```
Router 192.0.2.2 rocky
Router 192.0.2.3 bullwinkle
```

여기서는 각 라우터를 IP 주소로 식별하고, 이름도 사용하기 쉬운 이름으로 부여했다. 이 이름은 웹 인터페이스에 표시될 것이다.

Service 문

추적하고 싶은 TCP/IP 포트를 Service 문에 지정할 수 있다. CUFlow는 Service 문이 추적하는 포트나 포트 세트에 대해 개별 RRD 파일을 생성하며, 웹 인터페이스에서는 각 파일이 다른 색상으로 구별된다.

> **Note**
> Service 문의 수가 늘어나면 CUFlow가 사용하는 처리 능력과 디스크 I/O가 늘어난다. 따라서 /etc/services를 복사하지 마라.

CUFlow.cf에는 여러분의 필요에 맞게 편집할 수 있는 예제가 몇 개 있다. 예를 들어, 필자의 네트워크에 있는 사용자는 Gnutella나 eDonkey를 사용하지 못하도록 되어 있다. Service 문의 예제는 다음과 같다.

```
Service 20-21/tcp ftp
Service 22/tcp ssh
Service 53/udp,53/tcp dns
```

첫 번째 Service 문인 FTP는 두 개의 TCP 포트를 사용한다. 두 번째는 훨씬 더 간단해서 한 개의 TCP 포트만 사용한다. 세 번째 문은 TCP와 UDP에서 실행된다.

어떤 포트를 추적해야 할지 확실하지 않으면 명령어 라인 보고서를 실행시켜서 네트워크에서 가장 많이 사용되는 포트를 파악한다.

Protocol 문

Protocol 문은 Service 문과 매우 비슷하다. 4계층이 아니라 3계층인 것만 다르다.

```
Protocol 1 icmp
Protocol 6 tcp
Protocol 17 udp
```

IPSec VPN이 있다면 프로토콜 50-51(ESP와 AH)을 추적하고 싶을 것이다. PPTP 사용자는 프로토콜 47(GRE)에 관심이 있을 것이다.

AS 문

BGP 기반 사이트에서는 특정 네트워크로 가거나 특정 네트워크에서 오는 트래픽을 AS 번호로 추적하고 싶을 것이다. 다음과 같이 이용하면 된다.

```
AS 7853,13385,36377,16748,33542,36196,14668   Comcast
AS 65535                                       Lucas
AS 701-705                                     UUnetLegacy
```

softflowd 같은 소프트웨어 흐름 센서는 BGP 정보를 내보내기하지 않는다. 따라서 소프트웨어 센서를 사용한다면 AS 분석을 걱정하지 않아도 된다.

이제, CUFlow를 설정했다. 데이터를 넣어보자.

로테이션 프로그램과 flow-capture

FlowScan은 흐름 파일용으로 한 개의 디렉토리(/var/db/flows/flowscandata)를 점검한다. 아무런 파일도 찾지 못하면 FlowScan은 5분 동안 아무 작업도 하지 않는다. flow-capture 시스템은 디렉토리 계층에 저장된 파일로 데이터를 로그한다. 예를 들어, 2011년 2월 17일 파일은 /var/db/flows/test/2011/2011-02/2011-02-17에 저장된다. 이들 파일을 /var/db/flows/flowscandata 디렉토리로 가져오려면 어떻게 해야 하는가? 이를 위해 flow-capture 로그 로테이션 스크립트를 사용할 수 있다.

flow-capture의 -R 옵션은 흐름 파일이 종료되고 새로운 임시 파일이 생성될 때 스크립트를 실행한다. 예를 들어, 새로운 로그 파일에서 /usr/local/bin/flow-rotate.sh 스크립트를 실행하려면 flow-capture를 다음과 같이 실행하면 된다.

```
# flow-capture -p /var/run/flow-capture.pid -R \
/usr/local/bin/flow-rotate.sh -n 287 -w /var/db/flows -S 5 \
10.10.10.10/172.16.16.16/5678
```

flow-capture의 로테이션 프로그램에는 한 개의 인수, 즉 흐름 디렉토리와 관련해서 닫힌 로그 파일의 이름이 들어간다. 예를 들어, 이 글을 쓸 당시에 필자의 테스트 랩의 flow-capture는 오늘의 디렉토리에 있는 tmp-v05.2011-02-17.152001-0500 파일로 쓰고 있었다. 오전 3:25에 flow-capture는 이 임시 파일을 닫고, 이름을 ft-v05.2011-02-17.152001-0500으로 바꾸고, 새로운 tmp- 파일을 생성한다. 이 시점에서, flow-capture는 현재 파일 경로가 있는 -R에 의해 명시된 스크립트를 실행한다. 이것은 임시 파일이 닫히자마자 모든 로그 파일에서 이 명령어를 실행하는 것과 같다.

```
# flow-rotate.sh 2011/2011-02/2011-02-17/ft-v05.2011-02-17.152001-0500
```

여러분의 스크립트에는 이 이름이 있어야 하고 흐름 데이터 파일에서 꼭 해야 하는 처리 작업을 수행해야 한다. 먼저, 흐름 파일을 데이터 디렉토리로 복사하기를 원한다.

다음의 셸 스크립트를 시작한다.

```
#!/bin/sh
cp $1 /var/db/flows/test/flowscandata/
```

둘째, 파일명이 있으면 파일을 flowscan 데이터 디렉토리로 복사하는 것이 간단하다.

이 스크립트를 인수로서 flow-capture -R에 준다. 그런 다음에 흐름 파일이 FlowScan 데이터 디렉토리로 복사되는지를 확인한다.

> **Note**
> 로테이션 스크립트를 아주 단순하게 만든다. 이 스크립트가 5분마다 실행되므로 이 스크립트가 많은 로그를 만들거나 이메일을 전송하면 그런 메시지를 하루에 288번 얻을 것이라는 점을 명심한다.

FlowScan 실행

스타트업 스크립트를 실행해서 FlowScan을 시작할 차례다. FlowScan 로그 파일에는 다음과 같은 엔트리가 있다.

```
2011/02/17 17:29:07 working on file ① /var/db/flows/test/
flowscandata/ftv05.2011-02-17.172501-0400...
2011/02/17 17:29:10 flowscan-1.020 CUFlow: Cflow::find took ② 3
wallclock secs (3.36 usr + 0.00 sys = 3.36 CPU) for ③ 615816 flow
file bytes, ④ flow hit ratio: 31593/31599
2011/02/17 17:29:12 flowscan-1.020 CUFlow: report took ⑤ 1 wallclock
secs (0.00 usr 0.00 sys + 0.12 cusr 0.04 csys = 0.16 CPU)
⑥ Sleep 300...
```

①에서 FlowScan은 로그 로테이션 프로그램을 데이터 디렉토리로 복사한 파일을 처리하기 시작했다. ②에서 FlowScan이 데이터 파일을 얼마나 오랫동안 검색했는지를 알 수 있고, ③에서 파일 크기를 확인할 수 있다.

이번 예제에서 가장 흥미로운 것은 ④의 흐름 히트율이다. 이 히트율은 파일의 흐름 중에서 Subnet 문과 일치하는 흐름이 얼마나 되는지를 보여준다. 이번 예제에서는 31,599개의 흐름 중에서 31,593개의 흐름이 일치해서 굉장히 많은 수의 흐름이 일치하는 것으로 나왔다. ⑤에서 FlowScan이 RRD 파일로 얼마나 오랫동안 쓰는지를 알 수 있다.

마지막으로, 처리할 파일이 없으면 FlowScan은 5분 동안 아무 작업도 하지 않는다 (⑥). 5분이 지나고 나면 데이터 디렉토리에서 발견한 파일을 처리할 것이다.

> **Note**
> 로그 메시지가 위와 같지 않다면 오류가 있는 것이다. 퍼미션을 점검한 다음에 오류 상황을 구글에서 검색한다. 누군가는 여러분과 같은 실수를 예전에 했을 것이다.

FlowScan 파일 처리

흐름 파일을 모두 처리하고 나면 FlowScan은 흐름 파일을 삭제한다. 파일을 FlowScan을 위한 데이터 디렉토리로 복사한 경우에 처리된 흐름 파일을 삭제하는 것은 좋은 일이다. 왜냐하면 요즈음 디스크 공간을 저렴한 비용으로 확보할 수는 있지만 모든 흐름 파일의 복사본을 따로 저장하면 꽤 많은 디스크 공간을 차지하기 때문이다.

처리된 파일을 삭제하고 싶지 않으면 FlowScan 데이터 디렉토리에 saved 디렉토리를 만든다. 그러면 FlowScan은 처리된 파일을 saved 디렉토리로 옮긴다. 그러나 이동된 파일이 계층적으로 저장되지는 않으며, 이 디렉토리에 매일 288개의 파일, 1주일에 2,016개의 파일, 1년에 104,832개의 파일이 추가된다는 점을 염두에 두기 바란다. ls 명령어를 실행하면 아마도 목록 출력에 꽤 많은 시간이 걸린다. 필자 생각에는, 처리 완료된 파일을 FlowScan이 삭제하게 그냥 두는 것이 좋은 것 같다.

CUFlow 그래프 표시

CUFlow에는 그래프를 표시하는 CGI 스크립트가 있으며, CUGrapher.pl이 그것이다. 이 스크립트는 RRD 데이터를 그래프로 변환한다. 이 스크립트를 사용하려면 이 스크립트를 웹 서버의 CGI 디렉토리로 복사한 다음에 스크립트 상단 가까이에 두 개의 변수를 셋팅해서 그래프가 만들어지게 한다.

1. $rrddir 변수의 값을 FlowScan RRD 파일을 저장하는 디렉토리로 지정한다.

    ```
    my $rrddir = "/var/db/flows/test/flowscanrrd";
    ```

2. $organization 변수에 사이트명이나 회사명을 지정한다.

    ```
    my $organization = "Obey Lucas in All Things";
    ```

3. CGI 스크립트에 웹 브라우저를 지정하면 그림 6.1 같은 그림이 나온다.

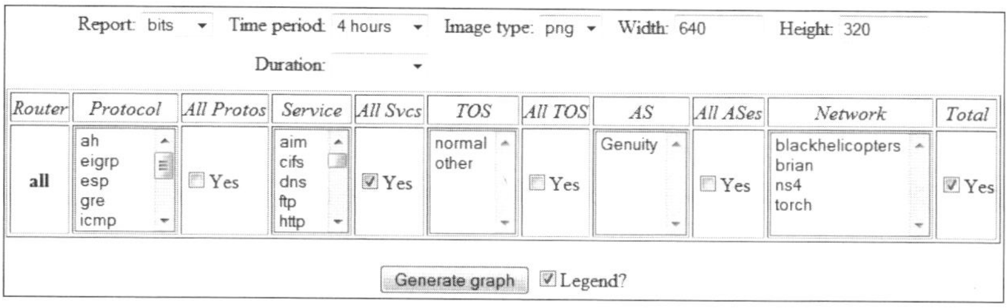

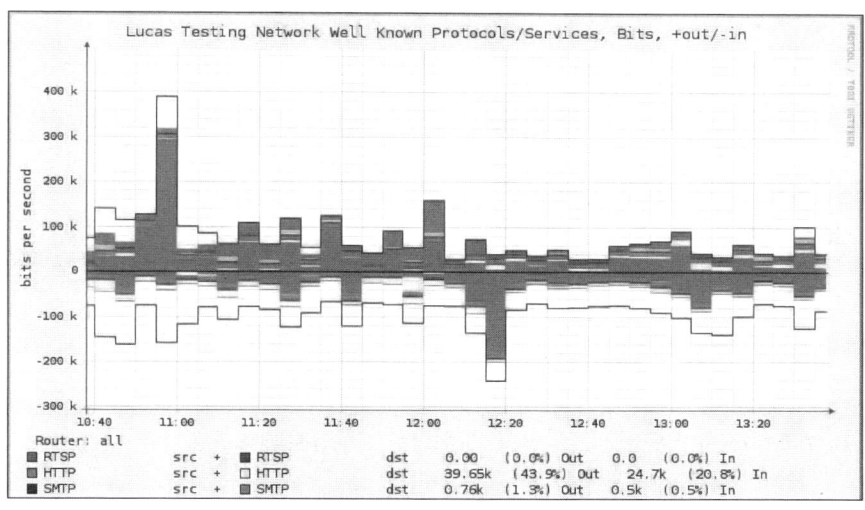

그림 6.1 CUFlow 초기 메뉴

All Svcs 아래의 체크박스를 체크하고, 오른쪽 끝의 Total 체크박스를 체크한다(그림 6.1 참고). 이렇게 하면 네트워크에 사용된 모든 TCP/IP 서비스의 FlowScan 그래프가 표시될 것이다(그림 6.2 참고).

그림 6.2 CUFlow의 서비스

CUFlow.cf에 정의된 각 프로토콜의 색상은 각기 다르며, 그 내용은 화면 하단에 있는 범례에 표시된다. 그림 6.2의 범례는 RTSP, HTTP, SMTP에 할당된 색상을 보여준다. 여백은 CUFlow.cf에 서비스로 등록되어 있지 않은 트래픽을 나타낸다. 각 색상 옆에는 해당 프로토콜의 총 트래픽 양이 표시된다.

양수는 네트워크를 떠나는 트래픽이고, 음수는 네트워크로 들어오는 트래픽이다. 예를 들어, 이 그래프의 시작 부분(최고 왼쪽)에서 네트워크를 떠나는 트래픽이 140Kbps고, 네트워크로 들어오는 트래픽은 80Kbps라는 것을 알 수 있다. 나가는 트래픽의 대부분은 알려진 서비스로 구성되어 있다. 들어오는 트래픽에는 여백이 많은데, 이는 CUFlow가 분류하지 못한 트래픽이 많다는 것을 의미한다. 여백에 해당하는 트래픽을 파악하려면 흐름 파일 자체를 조사해야 한다.

CUFlow를 이용하면 프로토콜, 네트워크, 서비스 상태를 그래프로 표현할 수 있다. 그러나 한 번에 한 개의 프로토콜, 네트워크, 서비스를 리포팅할 수 있다. CUFlow는 여러분이 선택한 것을 모두 더할 수 있다. 예를 들어, Protocol 행에서 TCP를 선택하고, Service 행에서 HTTP를 선택하고, Network 행에서 웹 서버를 선택하면 모든 TCP 트래픽, 모든 HTTP 트래픽, 모든 웹 서버 트래픽이 합쳐져서 그래프가 만들어지므로 이 그래프는 의미가 없을 것이다. 특정 서버로 가는 모든 HTTP 트래픽처럼 더 특별한 상황을 표현하는 그래프를 만들려면 7장에서 설명할 FlowViewer 같이 더 유연한 툴을 사용해야 한다. 대안으로, 이 그래프를 반복해서 점검하고, 흐름 레코드를 나누고, FlowScan과 CUFlow를 여러 번 실행하면 더 개별적인 결과를 얻을 수 있다.

흐름 레코드 나누기와 CUFlow

CUFlow는 네트워크의 일반적인 상황을 그래프로 표현하기에 유용한 툴이지만, 그 자체에 한계가 있다. 예를 들어, 웹 서버가 얼마나 많은 HTTP 트래픽을 전송했는지를 알기 위해 여러 개의 행에서 선택할 수 없다. HTTP 트래픽의 전체 양과 웹 서버 트래픽의 전체 양만 알 수 있다. 또한 CUFlow로는 진정한 특별 리포팅을 진행할 수 없다. 그러나 네트워크에 대한 가장 일반적인 질문에 대한 답을 표현하도록 설정할 수는 있다.

특정 환경에서 CUFlow는 분명히 한계를 드러낸다. 한 때 필자는 사설 MPLS 네트워크에서 원격 사이트로 서비스를 제공하는 데이터 센터를 운영했었다. 각 시설에는 T1이나 E1이 있었고, 데이터 센터는 DS3이었다. 모든 사이트는 메인 데이터 센터로부터 모든 서비스를 받았다. 필자는 본부에 해당하는 DS3에서 흐름 내보내기와 CUFlow를 진행했고, 중앙 메일 서버, 파일 서버, 프록시 서버로 가는 트래픽을 리포팅했으며, 각 시설이 무슨 트래픽을 얼마나 많이 사용했는지를 보여주는 그래프를 만들기로 했다. 그러나 대다수의 시설에는 흐름 데이터를 내보내기할 수 있는 장비가 없었다.

필자는 DS3 흐름 레코드에서 시설 흐름 정보를 나누고, 각 시설에 대해 별도의 FlowScan 인스턴스를 실행함으로써 완전하지는 않지만 유용한 결과를 확보했다. 여기서 '완전하지 않다'라고 이야기하는 이유는 사이트 사이의 트래픽이 결과에 없었기 때문이다. 그럼에도 불구하고 나머지 트래픽의 대부분이 중앙 데이터 센터로 갔기 때문에 회선에서 어떤 트래픽이 있었는지 추측하기가 괜찮았다. 이렇게 흐름 레코드를 나누는 작업을 많은 환경에 적용할 수 있다.

흐름 나누기

흐름 데이터를 더 작은 데이터 셋으로 나누기 위해 flow-nfilter를 사용한다. 각 데이터 셋의 필터를 이미 가지고 있을 것이다. 그러나 그 필터가 들어오는 트래픽과 나가는 트래픽을 모두 맡는지를 확인할 필요가 있다. 예를 들어, 192.0.2.0/24 주소를 포함하는 흐름 데이터만을 처리하려면 다음의 원형 필터를 사용해야 한다.

```
filter-primitive site1
    type ip-address-prefix
    permit 192.0.2.0/24

filter-definition site1
    match ip-source-address site1
    or
    match ip-destination-address site1
```

그 다음에는 **flow-print**를 사용해서 필터가 이들 주소의 흐름만 통과시키는지를 확인하고, **flow-cat**과 **flow-nfilter**를 사용해서 이 데이터만 포함하는 흐름 파일을 생성한다.

```
# flow-cat ft-v05.2011-02-18.112001-0500 | flow-nfilter -F
  ① site1 > ② ft-v05.site1
```

ft-v05.site1 파일(②)은 site1 필터(①)가 허용한 흐름만 포함하는 흐름 파일이다. 이것을 flow-print로 검증한다.

흐름 레코드 나누기 스크립팅

FlowScan은 흐름 파일이 안정적으로 공급될 것으로 기대한다. 새로운 모든 흐름 파일에 대해 **flow-cat**과 **flow-nfilter**를 수작업으로 실행할 수는 없다. 그 대신 흐름 로테이션 스크립트를 사용해서 새로운 각 흐름 파일을 더 작은 데이터 셋으로 필터링할 수 있다. 그 예는 다음과 같다.

```
#!/bin/sh
PATH=/bin:/usr/bin:/usr/local/bin

#for our primary flowscan instance
cp $1 /var/db/flows/test/flowscandata

#for flowscan on a data subset
flow-cat /var/db/flows/test/$1 | \
  flow-nfilter ① -f /usr/local/etc/flow-tools/site1-filter.cfg \
  -F site1 > \
  ② /var/db/flows/site1/flowscandata/
```

이 스크립트의 시작 부분은 흐름 파일을 기존의 FlowScan 인스턴스로 복사하기 위해 사용된 흐름 로테이션 스크립트와 동일하다. (이미 처리된 것을 나누고 싶지는 않을 것이다!) 마지막 명령어는 한 개의 특정 사이트의 흐름을 나누고 해당 데이터의 흐름 파일을 별도의 디렉토리에 생성한다. flow-nfilter에 -f 인수(①)가 있으면 표준이 아닌 흐름 필터 정의를 사용할 수 있다. 흐름 필터 파일에 완전하지 않거나 유효하지 않은 규칙이 있으면 flow-nfilter가 실행되지 않는다.

> **Note**
> 로테이션 스크립트가 실행될 때 필터 규칙을 편집하면 스크립트에서는 오류가 생긴다. 흐름 나누기에 최적화된 별도의 필터 정의 파일을 만드는 것이 최선의 방법이다.

FlowScan의 각 인스턴스는 들어오는 데이터 디렉토리(②)를 필요로 하며, 이에 대해서는 다음 절에서 설명한다. 이 스크립트에 여러분의 데이터에 맞는 라인을 추가하면 된다. 그리고 로테이션 스크립트를 변경할 때마다 flow-capture를 다시 시작해야 한다.

필터링된 CUFlow와 디렉토리 셋업

각 FlowScan 인스턴스의 자체 디렉토리를 만든다. 메인 흐름은 /var/db/flows/test에 수집되므로, 각 FlowScan 인스턴스의 디렉토리를 /var/db/flows/site1과 같이 만든다. 이 디렉토리에는 세 개의 하위 디렉토리가 있어야 한다. 필터링되어서 들어오는 흐름 데이터용인 flowscandata 디렉토리와 처리된 흐름 파일에서 생성된 RRD 파일용인

flowscanrrd 디렉토리와 해당 FlowScan 인스턴스용인 bin 디렉토리가 필요하다. 이들 디렉토리에 flowscan 사용자가 쓸 수 있는 퍼미션을 확보한다.

원래의 FlowScan bin 디렉토리에 있는 모든 것을 이번 FlowScan 인스턴스의 디렉토리로 복사해서, 업데이트된 모든 모듈을 확보한다. 그런 다음에 새로운 인스턴스를 셋업하기 위해서 flowscan.cf를 편집한다. FlowFileGlob를 변경해서 새로운 인스턴스의 데이터 디렉토리에 대한 경로를 제공한다.

이제, 각 FlowScan 인스턴스는 스코어보드와 상위 호스트 목록을 저장하기 위해 웹 서버 아래에 개별 디렉토리를 필요로 하기 때문에 해당 디렉토리를 만든다. 그런 다음에 CUFlow.cf를 편집해서 OutputDir 디렉토리, Scoreboard 디렉토리, Aggregate 디렉토리, 파일들이 새로 만든 디렉토리를 지정하도록 변경한다. 마지막으로, 각 FlowScan 인스턴스에 맞는 자체 스타트업 스크립트를 만든다. 이를 위해서 기존의 스타트업 스크립트를 복사해 오고, 새로운 인스턴스에 맞도록 편집하고, 새로운 로그 파일을 할당한다. (로그 파일이 꼭 있어야 하고, FlowScan을 시작하기 전에 flowscan 사용자에게 쓰기 퍼미션이 부여되어야 한다는 점을 기억하기 바란다.) 이제 두 번째 FlowScan 인스턴스를 시작한다. 문제가 생기면 그 문제를 로그 파일에서 확인할 수 있다.

모든 서버 그룹이나 네트워크의 모든 호스트에 대해 별도의 FlowScan 인스턴스를 만들고 싶은 유혹이 들 수 있겠지만 그렇게 하면 시스템 부하가 높아지고 유지보수 과부하가 증가한다. FlowScan은 5분마다 실행되므로, 서버가 수백 개의 FlowScan 인스턴스를 완전하게 처리하기 위해 5분 이상의 시간이 필요하면 시스템을 사용할 수 없게 된다.

> **Note**
>
> **Perl의 필요성**
> FlowScan과 CUFlow가 모든 사람을 충족시키지 못한다. 이 장의 나머지 부분에서는 흐름 레코드를 읽기 위한 Perl 모듈의 작성 방법을 논의한다. 여기에 나오는 코드는 Perl에 대해 아주 기본적인 지식을 갖추고 있다고 간주하고 설명된다. 그러나 이 책을 읽는 많은 사람들은 네트워크 엔지니어나 시스템 어드민이지 Perl 프로그래머가 아니다. 코드가 간단하지만 해독이 부담스럽거나 변수나 함수를 이해하기 힘들면 다음 장으로 그냥 넘어가기 바란다.

Cflow.pm 사용

Perl은 시스템 관리와 웹 개발에 적합한 인기 있는 언어다. Cflow.pm 모듈을 이용해서 흐름 파일을 직접 읽는 Perl을 작성할 수 있다. 여러분도 한 번 시도해 보기 바란다.

Cflow.pm 스크립트 샘플

여기서 제시하는 간단한 스크립트는 Cflow.pm 문서의 스크립트에서 가져온 것으로서 모든 UDP 500번 포트(IPSec VPN에 사용된 체크포인트 ISAKMP) 흐름을 인쇄하는 Cflow.pm Perl 스크립트다. 이 스크립트에는 한 개 혹은 여러 개의 흐름 파일이 인수로 들어간다.

```perl
#!/usr/bin/perl

① use Cflow qw(:flowvars find);
② find (\&wanted, @ARGV);

③ sub wanted {
    return unless (($srcport == 500 && $dstport == 500 ) &&
                   $udp == $protocol);
    printf("%s %15.15s.%-5hu %15.15s.%-5hu %2hu
            %10u %10u\n", $localtime, $srcip, $srcport,
            $dstip, $dstport, $protocol, $pkts, $bytes)
}
```

이 스크립트는 ①에서 먼저 Cflow.pm을 가져오고 흐름 변수명과 find() 함수를 모듈에서 내보내기한다. Cflow.pm의 핵심은 find() 함수와 wanted() 함수다(②). 흐름 파일이 스크립트로 갈 때 find() 함수는 파일의 각 흐름을 wanted() 함수로 전송한다. wanted() 함수(③)에서 스크립트는 개별 흐름에 대해 프로그래밍한 모든 기능을 수행한다.

Cflow.pm은 흐름 데이터에 접근하기 위해 많은 변수를 제공한다. 이들 변수의 의미가 $srcport, $dstport, $protocol 등과 같이 되어 있어서 추측하기 쉽지만 표 6.1에 별도로 정리해 두었다.

find() 함수와 wanted() 함수를 활용하면 흐름 데이터를 데이터베이스인 RRD로 공급하는 엔진으로서 Cflow.pm을 사용할 수 있다.

Cflow.pm 변수

Cflow.pm이 제공하는 흐름을 판별하기 위한 변수를 표 6.1에 정리해 두었다.

표 **6.1** Cflow.pm 변수

변수	의미	예제
$unix_secs	흐름 시작 시간의 에포크 초	1229490004
$exporter	센서 IP 주소-10진수	1430200323
$exporterip	센서 IP 주소-점이 있는 4자리 수	192.0.2.3
$localtime	에포크 시간을 로컬 시간으로 변환	2011/12/16 23:59:43
$srcaddr	출발지 IP 주소-10진수	1430200341
$srcip	출발지 IP 주소-점이 있는 4자리 수	192.0.2.27
$dstaddr	목적지 IP 주소-10진수	1166468433
$dstip	목적지 IP 주소-점이 있는 4자리 수	69.134.229.81
$input_if	입력 인터페이스 인덱스	2
$output_if	출력 인터페이스 인덱스	9
$srcport	TCP나 UDP 출발지 포트 번호	53
$dstport	TCP나 UDP 목적지 포트 번호	46819
$ICMPType	ICMP 타입	3
$ICMPCode	ICMP 코드	1
$ICMPTypeCode	사람이 읽을 수 있는 ICMP 타입과 코드	HOST_UNREACH
$pkts	흐름의 패킷	5
$bytes	지속 시간 동안 전송된 옥텟	138
$nexthop	넥스트 홉 라우터의 IP 주소-10진수	1398215405
$nexthopip	넥스트 홉 라우터의 IP 주소-점이 있는 4자리 수	12.61.8.12
$starttime	흐름 시작 로컬 시간-에포크 초	1229489984
$start_msecs	시작 시간의 밀리세컨드 부분	131
$endtime	흐름 종료 로컬 시간-에포크 초	1229489985
$end_msecs	종료 시간의 밀리세컨드 부분	871
$protocol	TCP/IP 프로토콜 번호	17
$tos	서비스 타입	0
$tcp_flags	모든 TCP 플래그의 비트와이즈 OR	16
$TCPFlags	사람이 읽을 수 있는 tcp_flag	ACK
$raw	오리지널 흐름 파일 형식	2진수
$reraw	수정된 흐름 파일 형식; 새로운 파일 작성용	2진수
$Bps	흐름의 초당 최소 바이트	40
$pps	흐름의 초당 최소 패킷	5
$src_as	현재 흐름의 BGP 출발지 AS	701
$dst_as	현재 흐름의 BGP 목적지 AS	11512
$src_mask	출발지 주소 프리픽스 마스크 비트	/23

변수	의미	예제
$dst_mask	목적지 주소 프리픽스 마스크 비트	/16
$engine_type	흐름 스위칭 엔진의 유형(벤더 특정)	1
$engine_id	흐름 스위칭 엔진의 엔진 ID(벤더 특정)	0

이들 변수를 사용하려면 예제 스크립트의 위에서 했던 것처럼 Cflow.pm에서 내보내기하거나 변수 앞에 Cflow::을 붙인다.

Cflow.pm 내보내기

Cflow.pm은 TCP 플러그, ICMP 타입, ICMP 코드의 심볼릭 네임을 내보내기한다. 심볼릭 네임을 이용하면 번호로 작업하는 것보다 더 쉽게 작업할 수 있다. 특히 복잡한 스크립트에서는 그 효과가 더 크게 나타난다. 표 6.2는 내보내기된 TCP 플래그의 심볼릭 네임이다.

표 6.2 내보내기된 TCP 플래그의 심볼릭 네임

변수	의미	값
$TH_FIN	FIN	1
$TH_SYN	SYN	2
$TH_RST	RST	4
$TH_PUSH	PUSH	8
$TH_ACK	ACK	16
$TH_URG	URG	32

tcpflags를 내보내기함으로써 TCP 플래그에 접근할 수 있게 만들 수 있다. 이와 비슷하게 icmptypes와 icmpcodes를 내보내기해서 ICMP 타입과 ICMP 코드의 심볼릭 네임을 사용할 수 있다(표 6.3 참고).

표 6.3 내보내기된 ICMP 타입의 심볼릭 네임

변수	의미	값
$ICMP_ECHOREPLY	에코 회신	0
$ICMP_DEST_UNREACH	목적지 도달 불가능	3
$ICMP_SOURCE_QUENCH	출발지 퀀치	4
$ICMP_REDIRECT	리다이렉트	5

변수	의미	값
$ICMP_ECHO	에코 요청	8
$ICMP_TIME_EXCEEDED	시간 초과	11
$ICMP_PARAMETERPROB	다른 ICMP 타입이 커버하지 못한 오류	12
$ICMP_TIMESTAMP	타임스탬프 요청	13
$ICMP_TIMESTAMPREPLY	타임스탬프 응답	14
$ICMP_INFO_REQUEST	네트워크 정보 요청(폐기)	15
$ICMP_INFO_REPLY	네트워크 정보 회신(폐기)	16
$ICMP_ADDRESS	넷마스크 요청	17
$ICMP_ADDRESSREPLY	넷마스크 요청 응답	18

ICMP 타입 3(표 6.4의 unreachable), ICMP 타입 5(표 6.5의 redirect), ICMP 타입 11(표 6.6의 time exceeded)의 ICMP 코드에 대한 심볼릭 네임을 표 6.4, 표 6.5, 표 6.6에 정리해 두었다.

표 6.4 내보내기된 ICMP 타입 3 코드의 심볼릭 네임

변수	의미	값
$ICMP_NET_UNREACH	네트워크 도달 불가능	0
$ICMP_HOST_UNREACH	호스트 도달 불가능	1
$ICMP_PROT_UNREACH	프로토콜 도달 불가능	2
$ICMP_PORT_UNREACH	UDP 포트 도달 불가능	3
$ICMP_FRAG_NEEDED	단편화 필요	4
$ICMP_SR_FAILED	출발지 라우팅 오류	5
$ICMP_NET_UNKNOWN	알려지지 않은 네트워크	6
$ICMP_HOST_UNKNOWN	알려지지 않은 호스트	7
$ICMP_HOST_ISOLATED	고립된 출발지 호스트	8
$ICMP_NET_ANO	관리상 금지된 네트워크	9
$ICMP_HOST_ANO	관리상 금지된 호스트	10
$ICMP_NET_UNR_TOS	이 TOS에서 네트워크 도달 불가능	11
$ICMP_HOST_UNR_TOS	이 TOS에서 호스트 도달 불가능	12
$ICMP_PKT_FILTERED	필터링에 의해 금지된 통신	13
$ICMP_PREC_VIOLATION	호스트 우선권 위배	14
$ICMP_PREC_CUTOFF	우선권 차단	15

표 6.5 내보내기된 ICMP 타입 5 코드의 심볼릭 네임

변수	의미	값
$ICMP_REDIRECT_NET	리다이렉트-네트워크	0
$ICMP_REDIRECT_HOST	리다이렉트-호스트	1
$ICMP_REDIRECT_NETTOS	리다이렉트-네트워크와 TOS	2
$ICMP_REDIRECT_HOSTTOS	리다이렉트-호스트와 TOS	3

표 6.6 내보내기된 ICMP 타입 11 코드의 심볼릭 네임

변수	의미	값
$ICMP_EXC_TTL	송신 중 TTL 초과	0
$ICMP_EXC_FRAGTIME	프래그먼트 재조립 시간 초과	1

> **Note**
> 모든 흐름, TCP 플래그, ICMP 타입 코드에 사용할 수 있는 값들 사이에 코드를 추가해서 흐름을 분석할 수 있다.

모든 파일에 작용

Cflow.pm은 흐름 파일이 처리된 후에 해야 할 기능도 지원하며, 이에는 메모리 비우기, 변수 재초기화, 어카이브 디렉토리로 파일 이동하기 등이 포함된다. 이런 기능이 스크립트에 들어 있으면 Cflow.pm은 흐름 파일당 한 번씩 perfile() 함수를 호출한다. find() 함수에서 wanted 레퍼런스 바로 다음에 perfile 레퍼런스를 넣는다.

```
#!/usr/bin/perl
use Cflow qw(:flowvars find );
find (\&wanted, \&perfile, @ARGV);

sub wanted {
}

sub perfile {
  print "working on \"$_[0]\"...\n";
}
```

이 코드 예는 파일마다 한 개의 파일명을 출력한다.

반환 값

find() 함수는 wanted() 함수와 일치한 흐름의 수 비율을 반환한다. 예를 들어, 필자는 흐름 파일에 있는 ICMP 흐름의 수를 반환한다.

```
#!/usr/bin/perl
use Cflow qw(find :flowvars );
$hitrate = find (\&wanted, @ARGV);
sub wanted {
  return unless (1 == $protocol);
  $icmp++;
}

print "hitrate is $hitrate\n";
```

이 소스를 실행하면 다음과 같은 결과가 나온다.

```
hitrate is 34/4140
```

입력 파일의 4,140개 흐름 중에서 34개가 ICMP 흐름이었다.

Verbose 모드

Cflow.pm은 기본적으로 오류 메시지를 생성한다. 이 기능을 비활성화하려면 verbose를 0으로 지정한다.

```
use Cflow qw(find :flowvars );
verbose(0);
...
```

이렇게 지정하면 쓸모없는 데이터를 포함해서 매우 많은 출력이 만들어진다. 그래도, 디버깅을 할 때 이 모드는 유용하다.

이번 장에서는 간단한 웹 기반 보고서를 만드는 방법을 이해했으므로, 다음 장에서는 조금 더 어려운 작업을 배울 차례다.

7

FlowViewer

대부분의 사람들은 네트워크 트래픽이 보기 좋은 그림으로 설명되어 있으면 더 좋아한다. FlowScan과 CUFlow는 일반적이면서 예상 가능한 트래픽 유형을 사용자에게 친숙한 방식의 그래프로 만들 수 있다. 그러나 여러분의 네트워크가 항상 일반적이거나 예상 가능하지는 않다. CUFlow가 지원하는 것보다 더 섬세한 분석 툴이 필요하다. 왜냐하면 전혀 일반적이지 않은 트래픽을 자세히 보아야 하거나 작년의 트래픽을 자세히 분석해야 할 수 있기 때문이다. 이번 장에서 배우겠지만 FlowViewer 스위트(http://ensight.eos.nasa.gov/FlowViewer/나 http://sourceforge.net/projects/flowviewer/)는 웹 기반 보고서를 신속하게 생성하고 접근할 수 있는 사용자 정의가 가능한 툴이다.

FlowViewer에는 세 개의 구성요소, 즉 FlowViewer, FlowTracker, FlowGrapher가 있다. FlowViewer는 flow-print와 flow-nfilter용 웹 인터페이스로서 일치 흐름을 출력한다. FlowGrapher를 이용하면 데이터를 그래프로 작성할 수 있다. FlowTracker는 CUFlow처럼 RRD를 빌드하고 보는 간단한 방법이다. FlowTracker를 이용하면 트래픽을 더 특별하게 필터링할 수 있다. ERP enterprise resource planning 시스템의 HTTPS 트래픽과 텔

넷 트래픽을 지속적으로 추적하고 싶으면 FlowTracker가 적절하다. 한 마디로 말해서, 이 세 툴을 이용하면 네트워크 상태를 시각적으로 표현할 수 있다.

> **Note**
> FlowViewer에는 방대한 매뉴얼이 있으며, 이 매뉴얼에는 이번 한 장에서 이야기할 수 있는 것보다 훨씬 더 많은 내용이 수록되어 있다. 이번 장에서 기본적으로 중요한 내용을 살펴보겠지만 추가로 더 자세한 내용을 보고 싶으면 FlowViewer 매뉴얼을 이용한다.

FlowTracker 및 FlowGrapher 대 CUFlow

FlowTracker, FlowGrapher, CUFlow의 기능이 비슷하다면 이 중에서 어떤 것을 사용해야 하는가? 주된 결정 근거는 사용의 용이성이다.

CUFlow는 이해하기가 쉽다. 일반 고객 입장에서 CUFlow 그래프는 접근하기가 쉽다. 설명이 조금만 있어도 결과를 꽤 정확하게 해석할 수 있다. 머리가 아주 나쁜 동료도 CUFlow의 출력 결과를 이해할 수 있다. 그러나 좋은 일이 있으면 나쁜 일이 있듯이, 이해하기 쉽다는 것은 유연성이 떨어진다는 의미도 된다. 일반 사용자는 네트워크 어드민이 설정한 기능과 보고서만 사용할 수 있으며, 6장에서 설명한 것처럼 오래된 보고서는 RRD 데이터베이스 처리에 문제를 드러낸다.

반면에 FlowViewer의 그래프 생성 및 추적 기능은 CUFlow보다 더 강력하다. 그러나 설정할 것이 더 많다. FlowViewer를 이용할 경우 보고서를 원하는 수준으로 사용자 정의하고, 조정하고, 구성할 수 있다. FlowViewer에 이렇게 다양한 기능이 있다는 것은 유용한 정보를 얻으려면 여러분이 무엇을 하고 있는지를 실제로 알 필요가 있다는 것을 의미한다. 또한 FlowViewer에는 읽기 전용 사용자 개념이 없다. FlowViewer 웹 사이트에 가면 FlowViewer의 모든 기능을 이용할 수 있다. FlowViewer는 일반 사용자를 위한 것이 아니라 네트워크 어드민을 위한 것이다.

FlowViewer 보안

앞에서 언급한 것처럼 FlowViewer에 접근할 수 있는 사람은 내부 네트워크에 관한 모든 정보를 볼 수 있다. 경험이 풍부한 침입자에게 FlowViewer의 이 특징은 굉장히 매력적이다. 고객센터 직원 같이 숙달되지 않은 방문자는 FlowViewer의 결과를 엉뚱하게 해석하고, 여러분에게 그 이유를 설명해 달라고 요청할 것이다. 이런 여러 가지 이유가 있기 때문에 필자는 FlowViewer의 웹 사이트를 보호하고 서버에 접근할 수 있는 IP 주소를 제한하기 위해 패스워드를 사용할 것을 강력하게 권고한다. HTTPS를 이용하면 사용자 크리덴셜과 데이터가 전송될 때 그것을 보호할 수 있다.

FlowViewer의 기본 설치에서는 보고서를 저장하는 디렉토리를 아무 곳에서나 쓸 수 있게 만든다. 이는 보안상 위험 요소다. 특히 다중 사용자 시스템에서는 더 그렇다. 공유 시스템을 분석 워크스테이션으로 사용하면 FlowViewer의 기본보다 더 강력한 퍼미션으로 접근을 제한해야 한다.

FlowViewer 설치

가능하다면 OS 벤더가 제공한 패키지에서 FlowViewer를 설치한다. 벤더가 FlowViewer 패키지를 제공하지 않으면 직접 설치해야 한다.

선수 조건

FlowViewer를 설치하기 전에 다음의 소프트웨어 패키지를 설치한다. 이들 패키지는 대부분의 운영체제에서 사용 가능하다.

- 웹 서버(예: 최신 아파치)
- Perl
- RRDtool(http://oss.oetiker.ch/rrdtool/); Perl 공유 모듈 지원
- GD 그래픽스 라이브러리(http://www.boutell.com/gd/)
- gd::graph Perl 모듈
- GDBM Perl 모듈(GDBM_File로 패키지되어 있을 것임)

웹 페이지를 실행하는 시스템 사용자를 알아야 한다. 시스템 사용자의 이름은 아마 www, http, www-data일 것이다. 웹 서버가 실행되고 있다면 ps -axe 명령어나 ps -axj 명령어를 실행해서 서버를 실행하는 사용자 이름을 확인한다.

FlowViewer 설치 과정

FlowViewer를 설치하기 위해 http://ensight.eos.nasa.gov/FlowViewer/에서 최신 버전의 FlowViewer를 먼저 다운로드한다. 압축된 설치 파일에는 FlowViewer 디렉토리가 있고, 전체 패키지가 들어 있는 여러 개의 파일이 있다. 웹 서버의 디렉토리에 압축

파일의 압축을 푼다.

특정 디렉토리에서의 CGI 실행을 허용하기 위해 웹 서버를 설정한다. 예를 들어, /usr/local/www/flowviewer 디렉토리의 FlowViewer를 지원하기 위해 아파치를 설정하는 방법은 다음과 같다.

```
① Alias /FlowViewer/ /usr/local/www/flowviewer/
② <Directory /usr/local/www/flowviewer/>
    Options +ExecCGI
    AddHandler cgi-script .cgi
    Order allow,deny
    Allow from all
  </Directory>
```

①의 alias 정의는 웹 위치인 http://servername/FlowViewer/를 로컬 디렉토리 /usr/local/www/flowviewer에 매핑한다. 그런 다음에 ②에서 특정 퍼미션을 FlowViewer 디렉토리에 할당해서, CGI 실행과 클라이언트 접근을 허용한다. 마지막으로, 아파치를 다시 시작한다.

이렇게 하면 설치가 끝난다. FlowViewer에서는 설치보다 설정이 더 어렵다.

FlowViewer 설정

FlowViewer 스위트의 모든 툴은 Flow_Viewer_Configuration.pm 설정 파일을 사용한다. 이 파일에 많은 설정 값이 있지만 적절한 운영을 위해서는 몇 개의 설정 값만 있으면 된다. 그 외에 다른 설정 값은 애플리케이션의 외양이나 FlowTracker의 RRD 파일의 작동 방식을 조정하는 것이다. 여기서 언급되지 않은 설정 값에 관심이 있다면 FlowViewer의 매뉴얼을 참고한다.

여기서는 FlowViewer가 기능을 수행하는데 필요한 설정만 다룰 것이다. (일부 운영체제 패키지는 이들 설정 값을 설치 과정의 일부로서 지정할 수 있게 한다.) 꼭 필요한 설정 값은 다음과 같다.

- $ENV{PATH} 변수에는 FlowViewer에게 필요한 시스템 명령어의 경로가 들어간다. 대부분의 시스템에서는 이것을 그냥 두면 된다. 이 디렉토리에 flow-tools와 RRDtool을 둘 필요가 없다. 뒤에서 보겠지만 이것들에는 자체의 경로 변수가 있다.

- $FlowViewer_server 변수에는 웹 사이트의 호스트명이 들어간다. 예를 들어, 필자의 테스트 콜렉터가 https://netflow.blackhelicopters.org라면 $FlowViewer_server를 netflow.blackhelicopters.ogr로 설정한다.
- $FlowViewer_service 변수는 웹 페이지 구축에 사용된다. http나 https로 지정하면 된다.

디렉토리와 사이트 경로

FlowViewer는 웹 서버에 파일을 저장한다. 그리고 웹 서버 사용자는 파일이 저장된 모든 스토리지 디렉토리에 쓸 수 있어야 한다. 파일 저장 디렉토리를 만들고 디렉토리의 소유자를 웹 서버 사용자로 변경해야 한다. (FlowViewer 문제의 일반적인 원인은 디렉토리에 쓸 수 없다는 것에서 발생한다.)

대부분의 디렉토리 변수에는 웹 브라우저가 서버에 있는 디렉토리를 발견할 수 있는 곳을 정의하는 '짧은' 버전이 있다. FlowViewer는 이 '짧은' 이름을 이용해서 콘텐츠의 링크를 만든다. 이번 절에서 몇 가지 예제를 가지고 함께 살펴보자.

> **Note**
> FlowViewer_Configuration.pm은 아파치의 DocumentRoot 디렉토리가 /htp/htdocs라고 가정하고, FlowViewer가 설치되는 CGI 디렉토리가 /htp/cgi-bin이라고 가정한다. 여러분의 환경에 맞게 DocumentRoot 및 FlowViewer 설치 디렉토리를 바꿀 수 있다. 이후의 모든 예제에서 필자의 웹 사이트 루트 디렉토리는 /var/www/ssl이고, FlowViewer는 /usr/local/www.flowviewer에 설치된다. FlowViewer가 사용할 모든 디렉토리를 만들어야 한다.

$reports_directory는 보고서가 저장되는 곳이고, $reports_short는 $reports 디렉토리가 있는 곳이다. 보고서 디렉토리는 아파치의 DocumentRoot 밑이나 아파치가 접근할 수 있는 또 다른 디렉토리 밑에 있다. 이번 예에서, 필자는 FlowViewer 디렉토리를 DocumentRoot에 만들었다.

```
$reports_directory = "/var/www/ssl/FlowViewer";
$reports_short = "/FlowViewer";
```

FlowViewer는 생성된 그래프를 $graphs_directory에 저장하고, $graphs_short는 클라이언트가 $graphs_directory를 발견할 곳을 정의한다. $reports_directory처럼 $graphs_directory는 웹 사이트에서 접근할 수 있어야 한다. 필자는 /var/www/ssl/

FlowGrapher 디렉토리를 사용한다.

```
$graphs_directory = "/var/www/ssl/FlowGrapher";
$graphs_short = "/FlowGrapher";
```

FlowTracker 툴은 파일을 $tracker_directory에 저장한다. 이곳은 웹 사이트에서 $tracker_short로서 접근할 수 있다. 필자는 /var/www/ssl/FlowTracker 디렉토리를 사용한다.

```
$tracker_directory = "/var/www/ssl/FlowTracker";
$tracker_short = "/FlowTracker";
```

$cgi_bin_directory 변수에는 FlowViewer 소프트웨어가 있는 디렉토리가 값으로 들어간다. 이 디렉토리를 여러분의 웹 서버의 정규 CGI 실행 디렉토리로 복사할 수 있다. 그러나 필자는 FlowViewer를 자체 디렉토리에 설치한 다음에 해당 디렉토리에서 CGI 스크립트가 실행되도록 웹 서버를 설정할 것을 권고한다. 예를 들어, 여기서 볼 수 있듯이, 필자는 FlowViewer를 /usr/local/www/flowviewer에 설치하고, 웹 서버가 이것을 http://servername/flowviewer로 제공하도록 설정했다.

```
$cgi_bin_directory = "/usr/local/www/flowviewer";
$cgi_bin_short = "/flowviewer";
```

FlowViewer는 임시 파일을 $work_directory에 저장하고, 웹 서버에서 이곳을 $work_short로서 접근할 수 있다. 이번 예에서 필자는 /var/www/ssl/FlowWorking을 사용한다.

```
$work_directory = "/var/www/ssl/FlowWorking";
$work_short = "/FlowWorking";
```

다음에 저장되는 보고서와 필터는 $save_directory에 저장되며, 이곳을 $save_short 로서 접근할 수 있다. 필자는 여기서 /var/www/ssl/FlowViewer_Saves를 생성한다.

```
$save_directory = "/var/www/ssl/FlowViewer";
$save_short = "/FlowViewer_Saves";
```

나머지 디렉토리에는 웹 사이트의 경로를 나타내기 위한 '짧은' 변수가 없다. Flow Viewer는 내부 추적을 위해서, 혹은 핵심 소프트웨어를 찾기 위해서 '짧은' 변수를 사용하며, 클라이언트는 이들 변수에 직접 접근할 수 없다.

- IP 주소의 이름을 처리해야 할 때 FlowViewer는 결과를 $names_directory에 캐싱한다. 예를 들어, 필자는 필터의 이름을 /usr/local/www/flowviewer/names에 캐싱한다. 호스트가 IP 주소를 변경하면 캐싱된 DNS 데이터는 서서히 쓸모없게 된다는 점을 기억하기 바란다.
- FlowTracker는 트래커를 만들기 위해 사용하는 필터를 $filter_directory에 저장하고, RRD 파일을 $rrdtool_directory에 저장한다.
- flow-tools는 $flow_bin_directory 디렉토리에 저장된다. 이것은 일반적으로 /usr/local/bin이나 /usr/local/flow-tools/bin이다.
- rrdtool_bin_directory에는 RRDtool의 설치 디렉토리가 들어가며, 설치 디렉토리는 일반적으로 /usr/local/bin이나 /usr/local/rrdtool/bin이다.

설정을 보면 다음과 같이 되어 있을 것이다.

```
$names_directory = "/usr/local/www/flowviewer/names";
$filter_directory = "/usr/local/www/flowviewer/
            FlowTracker_Files/FlowTracker_Filters";
$rrdtool_directory = "/usr/local/www/flowviewer/
            FlowTracker_Files/FlowTracker_RRDtool";
$flow_bin_directory = "/usr/local/bin";
$rrdtool_bin_directory = "/usr/local/bin";
```

웹 사이트 셋업

다음에 제시된 네 개의 값은 FlowViewer 웹 인터페이스의 기본 속성을 지정한다.

- FlowTracker는 현재 실행 중인 모든 트래커를 목록으로 보여주는 웹 페이지를 만든다. 기본 파일은 $tracker_directory에 있는 index.html이다. $actives_webpage를 원하는 파일명으로 지정해서 파일을 변경할 수 있다.
- 자동으로 생성된 트래커 페이지는 조직명을 $trackings_title에 값으로 넣는다.
- 각 페이지의 상단에 있는 FlowViewer 그래픽 옆에 회사 로고를 넣으려면 86 픽셀 높이의 로고 파일을 만든 다음에 그것을 $reports_directory로 복사한다.
- $user_logo에 파일명을 할당한다. 로고는 $user_hyperlink에 정의된 웹 사이트로 링크된다.

위의 값이 설정에서는 다음과 같이 보일 것이다.

```
$actives_webpage = "index.html";
$trackings_title = "Lucas LLC";
$user_logo = "myfirm.jpg";
$user_hyperlink = "http://www.michaelwlucas.com/";
```

디바이스와 익스포터

모든 센서로부터 흐름 레코드를 받아들이는 하나의 콜렉터를 사용하는 방법이나 각 센서를 위해 별도의 콜렉터를 사용하는 방법 중 한 가지를 선택할 수 있다는 이야기를 2장에서 했었다. FlowViewer는 두 방법을 모두 지원하며, 두 방법 중 어떤 방법을 사용할 것인지를 지정해야 한다.

가장 간단한 시나리오는 그냥 한 개의 센서와 하나의 콜렉터를 사용하는 것이다. 그러나 필자는 이런 방식을 권장하지 않는다. 네트워크는 시간이 지나면서 변한다. 따라서 FlowViewer 설치도 그런 변화를 따라가야 한다. 그럼에도 불구하고, 한 개의 콜렉터와 한 개의 센서를 고집한다면 $no_devices_or_exporters를 변경하면 되고, 자세한 내용은 FlowViewer 매뉴얼을 참고한다.

센서당 한 개의 콜렉터

2장에서 센서당 한 개의 콜렉터를 셋업할 것을 권고했다. 흐름 데이터는 /var/db/flows 디렉토리로 갈 것이며, 각 디바이스에 대해 한 개의 하위 디렉토리가 있을 것이다. 가령, 센서 라우터 1을 위해서는 /var/db/flows/router1 디렉토리를, 센서 라우터 2를 위해서는 /var/db/flows/router2 디렉토리를 둘 것이다.

이번 셋업을 위해서 흐름 데이터 루트 디렉토리를 $flow_data_directory에 할당한다. 필자의 셋업에서 $flow_data_directory는 /var/db/flows다. 이제, 센서를 나타내는 디렉토리 이름 목록을 @devices 변수에 할당한다. 예를 들어, 필자의 네트워크에는 센서로 router1, router2, router3이 있다. 필자는 @devices에 다음의 값들을 할당한다. (FlowViewer는 @devices의 모든 값을 드롭다운 메뉴의 옵션으로서 제공한다.)

```
$flow_data_directory = "/var/db/flows";
@devices=("router1","router2","router3");
```

모든 센서에 하나의 콜렉터

모든 센서가 센서의 데이터를 하나의 콜렉터로 전송하면 @devices나 $flow_data_directory를 지정하지 마라. 그 대신, $exporter_directory를 통합된 흐름 데이터의 위치로 지정한다. 하나의 콜렉터를 실행했고 모든 데이터가 /var/db/flows로 갔다면 $exporter_directory를 /var/db/flows로 지정한다. 또한 @exporters 변수의 주석을 해제하고, @exporters를 콜렉터의 센서 목록으로 지정해서, IP 주소와 호스트명으로 익스포터 목록을 만든다.

```
$exporter_directory = "/var/db/flows";
@exporters = ("192.0.2.1:router1","192.0.2.2:router2",
              "192.0.2.3:router3");
```

이제, FlowViewer를 설정했고 사용할 준비도 끝났다. 웹 브라우저에서 FlowViewer.cgi로 가서 초기 화면을 본다.

FlowViewer 스위트 트러블슈팅

FlowViewer에는 셋업 옵션이 많이 있으며, 처음 설치하다 보면 실수를 할 것이다. 필자는 터미널 창을 열어 둔 상태에서 웹 서버 오류 로그에 tail -f 명령어를 실행해서 오류가 발생할 때 오류를 보여줄 것을 강력하게 권고한다. 필자의 경험상 가장 일반적인 오류는 부정확한 디렉토리 변수와 디렉토리 퍼미션이다.

FlowViewer를 사용할 때 오류 로그를 보고, 오류가 나오면 오류를 수정한다. 여기서 이야기한 절차를 따르고, 여러 번 테스트하다 보면 제대로 설치되어서 정확하게 돌아가는 FlowViewer를 확보할 것이다.

FlowViewer 사용

설치가 정확하게 되었으면 그림 7.1과 같은 FlowViewer가 보인다.

화면 상단의 Filter Criteria 부분에서 트래픽을 선택할 수 있다. 이것은 기본적으로 flow-nfilter에 대한 인터페이스로서, 이 인터페이스를 이용해서 어떤 흐름을 조사할 것인지를 정확하게 선택할 수 있다. FlowGrapher와 FlowTracker는 FlowViewer의 필터 인터페이스 대부분을 공유한다. 화면의 아래쪽에 있는 Reporting Parameters 부분에서 결과의 표시 방법을 정할 수 있다. 트래픽에 대한 보고서를 만들 수 있고, 아니면 일치 흐름을 보기만 할 수도 있다.

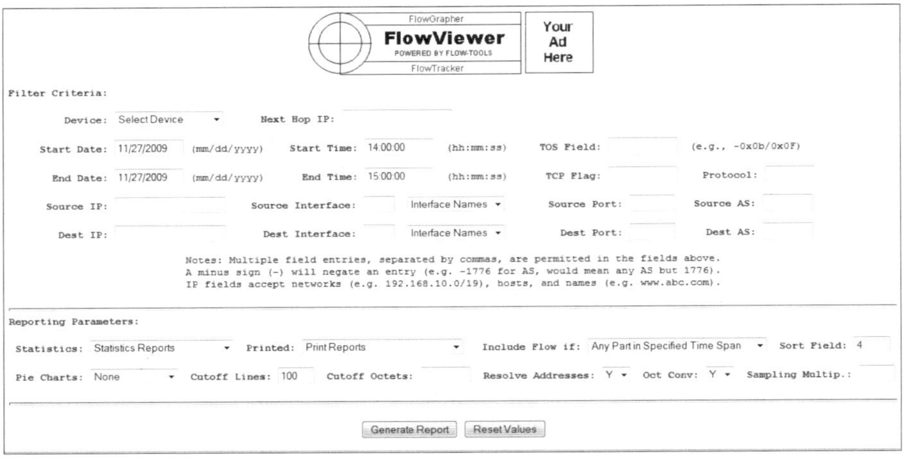

그림 7.1 FlowViewer의 기본 인터페이스

다음 절에서는 필터링 인터페이스의 사용 방법을 먼저 살펴본 다음에 보기 옵션을 설명한다.

흐름 필터링: FlowViewer 이용

Filter Criteria 부분에서 수정하는 각 필드는 flow-nfilter로 제공된다. 대부분의 필드에는 여러 개의 엔트리가 들어갈 수 있으며, 엔트리들을 콤마로 구분하면 된다. 또한 엔트리 앞에 마이너스 부호를 붙여서 엔트리를 무효화할 수 있다. (흐름 필터링에 대해 일반적인 내용을 알고 싶으면 4장을 참고한다.)

Device 필드

센서가 여러 개라면 조사하고 싶은 데이터를 제공하는 디바이스를 먼저 선택해야 한다. 이 드롭다운 메뉴에는 FlowViewer를 위해 설정한 디바이스와 익스포터 목록이 바로 들어간다. 이 메뉴에서는 꼭 하나를 선택해야 한다.

Next Hop IP 필드

센서가 트래픽을 전송할 IP 주소다. 라우터나 스위치 같은 하드웨어 흐름 센서만 흐름에 넥스트 홉 주소 정보를 가지고 있다는 점을 기억하기 바란다. 소프트웨어 흐름 센서는 넥스트 홉 주소 정보에 접근하지 못한다.

Start Date 필드, End Date 필드, Start Time 필드, End Time 필드

원하는 시간을 선택한다. 시간은 24시간 형식이다. FlowViewer는 가장 최근에 완료된 시간을 기본 값으로 넣는다. 시작 시간이나 종료 시간이 교차된 흐름을 FlowViewer가 어떻게 처리하는지를 뒤의 'Include Flow If' 절을 참고한다.

TOS Field 필드, TCP Flag 필드, Protocol 필드

FlowViewer의 TOS(DSCP)와 TCP 플래그 필터링에는 10진수 값(예: 16)과 16진수 값(0x10)을 모두 넣을 수 있다.

IP 프로토콜에는 이름(예: TCP, UDP)이나 번호(예: 6, 17)를 넣을 수 있다.

Source IP 필드와 Dest IP 필드

주소, 이름, 콤마로 구분된 여러 개의 주소를 넣거나 프리픽스 길이(슬래시) 표기법으로 넷마스크가 붙은 네트워크를 넣을 수 있다. 예를 들어, 넷마스크가 255.255.255.128인 192.0.2.0 네트워크의 트래픽을 리포팅하려면 192.0.2.0/25를 넣으면 된다.

> **Note**
> 네트워크 분석을 위해 호스트 이름을 사용할 때 주의하기 바란다. 일부 호스트에는 여러 개의 IP 주소가 있다. 이 경우에 모호함을 줄이기 위해 실제 IP 주소를 사용하는 것이 더 좋다.

Source Interface 필드와 Dest Interface 필드

트래픽이 어떻게 흘러가는지 안다면 출발지 인터페이스나 목적지 인터페이스로 필터링할 수 있다. 그렇게 할 때 인터페이스 번호가 SNMP로부터 얻을 수 있는 인덱스 번호에 의해 매겨진다는 점을 기억하기 바란다. 인터페이스 이름을 FlowViewer에 추가할 수 있으며, 이에 대해서는 이번 장의 뒤에서 논의한다.

필자는 흔히 문제를 분석할 때 FlowViewer를 사용한다. 그렇게 할 때 인터페이스별로 필터링할 것을 권고한다. 왜냐하면 부정확하게 흘러가는 트래픽이 문제의 일반적인 원인이며, 인터페이스로 필터링하면 문제 트래픽을 필터링할 수 있다.

Source Port 필드, Dest Port 필드, Source AS 필드, Dest AS 필드

FlowViewer는 TCP 포트나 UDP 포트로 필터링할 수 있다. ICMP 타입과 코드를 포트로서 인코딩할 수 있으며, 이에 대해서는 3장의 'ICMP 타입 및 코드와 흐름 레코드' 절에서 설명했었다. 그리고 ICMP 타입과 코드를 이용해서 ICMP 흐름을 필터링할 수 있다. 또한 센서가 BGP 정보를 내보내기할 경우 출발지 AS와 목적지 AS로 필터링할 수 있다.

리포팅 매개변수

FlowViewer는 통계 보고서나 인쇄 보고서를 제공할 수 있다. 두 보고서의 옵션은 같다. 여기서는 옵션을 먼저 설명한 다음에 두 보고서를 설명한다.

한 번에 한 개의 보고서를 실행할 수 있다. 통계 보고서와 인쇄 보고서를 둘 다 선택하면 FlowViewer는 오류 메시지를 낸다.

Include Flow If 필드

리포팅할 흐름을 FlowViewer가 어떻게 선택하는지를 정한다. 기본 값인 Any Port in Specified Time Span이 지정되어 있을 경우에, 흐름의 일부라도 지정된 시간 안에 있으면 흐름 레코드에 들어간다. 예를 들어, 9시와 10시 사이의 흐름 데이터에 관심이 있다고 가정하자. 한 흐름은 8:59:30에 시작해서 9:01:30에 끝났고, 다른 흐름은 9:59:59에 시작해서 10:05:59에 끝났다. 두 흐름의 종료 시간이 지정된 시간 안에 모두 들어간다.

대부분의 경우에 기본 값인 Any Part in Specified Time Span으로 되어 있으면 지정된 시간 안에 들어 있는 트래픽을 가장 잘 보여준다. 기본 설정 값을 이용하면 필터링된 데이터에 위의 흐름들이 들어 있을 것이다. 반면에, End Time in Specified Time Span으로 지정되어 있으면 종료 시간이 지나간 것을 잘라버린다. 이번 예제에서는 9:59:59에 시작해서 10:05:59에 끝나는 흐름이 선정된 데이터에 들어가지 않을 것이다. Start Time in Specified Time Span으로 되어 있으면 8:59:30에 시작하는 흐름을 자른다. 그리고 Entirely in Specified Time Span이 되어 있으면 시작 시간과 종료 시간이 지정된 시간 안에 모두 들어가야 하므로 이번 예의 흐름은 둘 다 배제된다.

Sort Field 필드, Resolve Addresses 필드, Oct Conv 필드, Sampling Multip. 필드

flow-report처럼 FlowViewer는 필드의 결과를 정렬하고 출력 행에 1부터 시작해서 번

호를 넣을 수 있다. 개별 필드로 정렬하려면 정렬하고 싶은 행 번호를 Sort Field 필드에 넣는다.

일부 보고서는 IP 주소 대신 호스트명을 넣을 수 있다. 그러나 FlowViewer는 기본적으로 이름을 해석한다. FlowViewer가 IP 주소만 보게 만들려면 Resolve Address를 N으로 변경한다.

이와 비슷하게 FlowViewer는 기본적으로 옥텟을 백만 단위의 바이트나 일억 단위의 바이트 대신 킬로바이트, 메가바이트, 기가바이트로 카운트할 수 있다. 원래의 바이트 카운트를 보려면 Oct Conv를 N으로 지정한다. (결과를 킬로바이트, 메가바이트, 기가바이트로 본다고 해서 정렬이 영향을 받지는 않는다. FlowViewer는 다른 단위에서도 정확하게 정렬할 수 있을 정도로 똑똑하다.)

센서가 트래픽을 샘플링한 경우, 보고서에 표시된 트래픽 레벨은 실제 트래픽의 일부가 된다. 실제 트래픽과 거의 맞추기 위해서 Sampling Multip. 필드에 숫자를 넣어서 결과를 곱할 수 있다.

파이 차트

FlowViewer의 통계 보고서는 결과를 파이 차트로 만들 수 있다. 그러나 파이 차트는 FlowViewer 보고서에서 유용하지 않다. 왜냐하면 전화번호부를 파이 차트로 만드는 것처럼 되기 때문이다. 통계 보고서의 경우 그래프에 기타 잡동사니 카테고리를 넣을 수 있으므로, 이 기능을 활용하는 것도 좋은 방법이다. 여러분의 환경에서 어떤 것이 가장 유용한 그래프를 생성하는지 파악하기 위해 두 가지 방법을 모두 시도해 본다.

잘라내기

라우터의 트래픽 양이 많으면 필터링을 잘하더라도 보고서에는 수백 개 흐름이나 수천 개의 흐름이 포함된다. 이런 경우에 잘라내기 기능이 유용하다. 왜냐하면 결과 출력을 중단할 시점을 FlowViewer에게 알려줄 수 있기 때문이다. 출력의 라인 수나 옥텟 수로 보고서를 자를 수 있다.

전체 데이터를 원하면 보고서를 명령어 라인에서 실행하고, 추후 분석을 위해서 결과를 파일로 저장한다.

출력 보고서

FlowViewer의 출력 보고서는 flow-print의 웹 인터페이스다. 표 7.1은 FlowViewer의 출력 보고서와 flow-print 형식을 비교한 것이다. 출력 형식을 자세히 알고 싶으면 3장을 참고한다.

표 7.1 출력 보고서와 flow-print 형식 비교

출력 보고서	flow-print 형식
Flow Times	-f 1
AS Numbers	-f 4
132 Columns	-f 5
1 Line with Tags	-f 9
AS Aggregation	-f 10
Protocol Port Aggregation	-f 11
Source Prefix Aggregation	-f 12
Destination Prefix Aggregation	-f 13
Prefix Aggregation	-f 14
Full(Catalyst)	-f 24

모든 보고서가 출력을 만들지는 않는다. 예를 들어, 흐름 데이터에 BGP 정보가 없는데 BGP 기반 보고서를 실행하면 보고서에 아무런 내용도 없을 것이다.

통계 보고서

FlowViewer의 통계 보고서는 flow-report의 이전 모델인 flow-stat을 기반으로 한다. flow-stat은 flow-report보다 훨씬 덜 유연하지만 일부 보고서가 웹 애플리케이션에는 더 적합하다. 대부분의 flow-stat 분석은 flow-report 출력 형식의 부분으로서 사용 가능하다. 이를 표 7.2에서 확인할 수 있다.

표 7.2 FlowViewer 통계 보고서에 대응하는 flow-report 보고서

통계 보고서	flow-print 형식
Summary	summary(기본)
UDP/TCP Destination Port	ip-destination-port
UDP/TCP Source Port	ip-source-port
UDP/TCP Port	ip-port

통계 보고서	flow-print 형식
Destination IP	ip-destination-address
Source IP	ip-source-address
Source/Destination IP	ip-source/destination-address
Source or Destination IP	ip-address
IP Protocol	ip-protocol
Input Interface	input-interface
Output Interface	output-interface
Input/Output Interface	input/output-interface
Source AS	source-as
Destination AS	destination-as
Source/Destination AS	source/destination-as
IP ToS	ip-tos
Source Prefix	prefix-len으로 지정된 ip-sourceaddress-format의 ip-source-address와 비슷
Destination Prefix	prefix-len으로 지정된 ip-destination-address-format의 ip-destination-address와 비슷
Source/Destination Prefix	prefix-len으로 지정된 ip-source-address-format 및 ip-destination-address-format의 ip-source/destination-address와 비슷
Exporter IP	ip-exporter-address

> **Note**
> 여기에 없는 보고서가 필요하면 flow-report를 대신 사용한다.

FlowGrapher

FlowGrapher는 임의의 흐름 데이터의 그래프를 만든다. FlowViewer 페이지의 상단에 있는 로고에서 FlowGrapher 글자를 선택하면 FlowGrapher가 실행된다.

FlowGrapher 셋팅

FlowGrapher 페이지의 상단 부분에서 필요한 수준으로 패킷 필터를 정의할 수 있다. FlowGrapher 필터는 그림 7.1의 FlowViewer 필터 정의와 동일하므로 별도로 설명하지 않는다. 그러나 FlowGrapher 페이지의 하단 부분에는 그림 7.2와 같이 새로운 옵션이 있다.

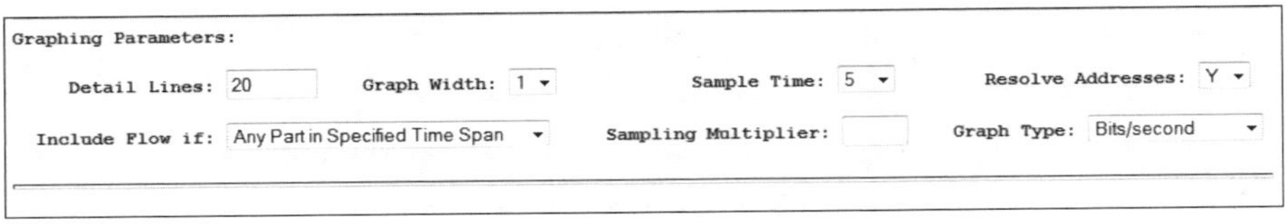

Graphing Parameters:			
Detail Lines: 20	Graph Width: 1	Sample Time: 5	Resolve Addresses: Y
Include Flow if: Any Part in Specified Time Span	Sampling Multiplier:	Graph Type: Bits/second	

그림 7.2 FlowGrapher 옵션

Include Flow if, Resolve Addresses, Sampling Multiplier는 FlowViewer와 같은 방법으로 작동하다. FlowGrapher에만 있는 옵션인 Detail Lines, Graph Width, Sample Time은 그래프의 차트 생성 방법, 외양, 관련 데이터의 표현 방법을 지정한다.

Detail Lines 필드

FlowGrapher는 선택된 흐름 파일에 대한 flow-print 출력의 처음 몇 라인을 그래프 아래에 출력한다. 이 목록을 보고 필터에 의해 포함될 것이라고 생각한 흐름이 그래프에 실제로 포함되어 있는지를 확인할 수 있다.

Graph Width 필드

FlowGrapher 이미지의 기본 너비는 600픽셀이다. 그러나 여러 시간을 처리하는 그래프는 600픽셀보다 더 넓어야 세부 정보를 보여줄 수 있다. Graph Width에 입력된 숫자만큼 너비가 배가된다. 가령, 3을 입력하면 그래프의 너비는 1800픽셀이 된다.

Sample Time 필드

FlowGrapher는 대역폭을 시간 버킷bucket으로 계산해서 그래프를 더 현실적으로 표현한다. (이렇게 하는 것이 왜 중요한지를 8장에서 살펴보자.) 기본 버킷 크기는 5초인데, 이 정도면 거의 모든 환경에서 적절하다. 버킷 크기가 클수록 대역폭 폭등 규모가 줄어들 것이고, 대다수의 트래픽이 오래 진행되는 흐름으로 구성되어 있으면 그래프가 현실을 더 잘 반영한다.

Graph Type 필드

Bits/second(기본 값), Flows/second, Packet/second 중에서 하나를 선택할 수 있다. 대부분의 경우에 Bits/second를 원할 것이다. 그러나 소규모 패킷이 매우 많은 환경이라면 Packet/second가 더 유용할 수 있다. Flow/second는 평상시보다 활동이 더 많거나 더 적은지를 파악할 때 유용하다.

FlowGrapher 출력

그림 7.3은 필자가 운영하는 한 서버의 트래픽 그래프다. 로고와 flow-print 결과는 생략했다.

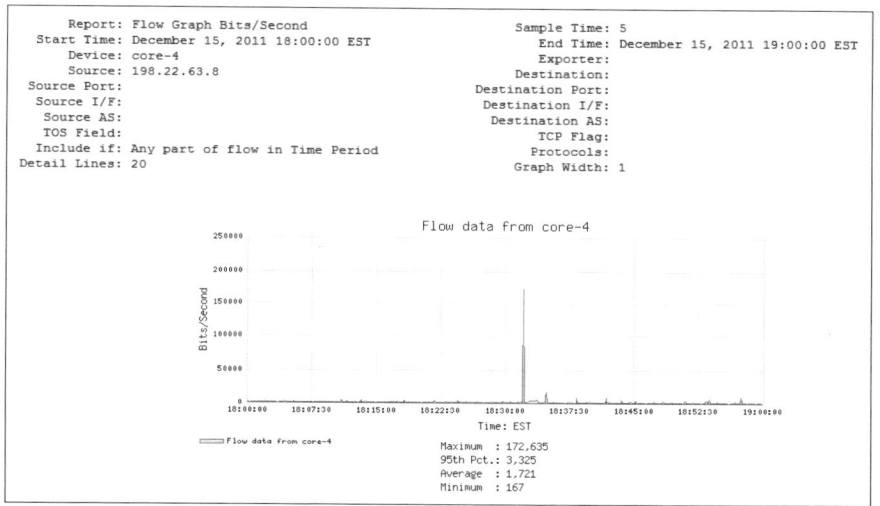

그림 7.3 트래픽 그래프 예제

FlowGrapher는 필터 기준을 그래프 위에 표시하고 있다. 이 정보가 있으면 약간 다른 조건으로 그래프를 다시 작성하는 일이 쉬워지며, 나중에 이미지를 보고 어떤 조건으로 그래프를 만들었는지를 파악할 수 있다.

> **Note**
> FlowGrapher가 지원하지 못하는 트래픽 그래프를 만드는 방법을 8장에서 설명한다.

FlowTracker

FlowTracker는 RRD를 기반으로 흐름 데이터 그래프를 만들며, 만들어진 각 그래프를 트래커tracker라고 한다. 한 개의 트래커 그래프는 인바운드 트래픽이나 아웃바운드 트래픽이지, 그래프에 두 트래픽이 모두 들어가지는 않는다. FlowTracker는 FlowScan보다 훨씬 더 유연하지만, 유연하다는 것은 엔지니어가 아닌 고객이나 관리자가 직접 접근하기에는 적절하지 않다는 이야기이기도 하다.

FlowTracker 프로세스

FlowScan처럼 FlowTracker는 flow-capture 파일에서 RRD 파일을 생성한다. FlowTracker는 흐름 파일을 이동시키기보다는 flow-capture 디렉토리를 보고, 새로운 흐름 파일을 읽는 프로세스를 진행한다. 프로세스들이 중단되면 FlowTracker는 새로운 흐름에 맞게 RRD를 업데이트하지 않거나 새로운 그래프를 생성하지 않을 것이다.

시스템이 부팅될 때 FlowTracker_Collector 프로세스와 FlowTracker_Grapher 프로세스가 시작된다. 운영체제에 flowcap 스크립트가 포함되어 있으면 작동을 할 것이고, 만약 포함되어 있지 않으면 다음과 같이 해서 두 프로세스를 시작할 수 있다.

```
#!/bin/sh
PERL5LIB=/usr/local/www/flowviewer/ /usr/local/www/
        flowviewer/FlowTracker_Collector &
PERL5LIB=/usr/local/www/flowviewer/ /usr/local/www/
        flowviewer/FlowTracker_Grapher &
```

네트워크가 초기화된 다음에 이 두 프로세스를 시작한다. 네트워크 관리 시스템이 이 두 프로세스를 모니터링하게 만들고, 오류가 생기면 경보를 보내거나 자동으로 재시작하게 한다.

FlowTracker 설정 값

FlowTracker에는 FlowViewer 및 FlowGrapher와 같은 필터링 옵션들이 있다. 다만 처리하고 싶은 시간을 선택하는 옵션은 없다. (FlowTracker는 흐름 데이터를 지속적으로 처리하기 때문에 시간 기반 필터링은 의미가 없다.) FlowTracker는 FlowGrapher 및 FlowViewer처럼 여러분이 정의한 필터를 기반으로 그래프를 생성한다.

그림 7.4는 FlowTracker의 설정 옵션이다.

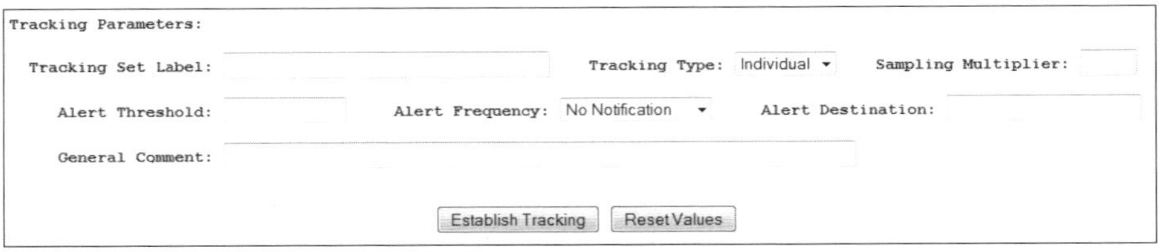

그림 7.4 FlowTracker 옵션

원하는 설정 값을 입력한 다음에 Establish Tracking 버튼을 눌러서 트래커를 시작한다.

Tracking Set Label 필드

Tracking Set Label 필드에는 트래커의 이름이 들어간다. 트래커의 이름을 호스트명, 네트워크명, 트래픽명으로 할 수 있다. 아니면 트래픽의 진행 방향(예: Server 1 Web Traffic inbound, Server 2 outbound)을 이름으로 넣을 수도 있다. 여기에 입력된 텍스트는 FlowTracker의 머신 페이지에서 실제 트래커의 링크로 표시될 것이다.

Tracking Type 필드

FlowTracker는 개별 트래커들을 그룹 트래커로 모을 수 있다. 필자는 그룹 트래커를 뒤에서 다룰 것이고, 지금은 모든 트래픽의 타입을 Individual로 한다.

Sampling Multiplier 필드

FlowViewer의 다른 부분들처럼 FlowTracker는 그래프의 트래픽 레벨을 조정하기 위해서 샘플링 멀티플라이어를 적용할 수 있다.

Alert Threshold 필드

지속적인 실행 프로세스로서 FlowTracker는 전체 트래픽 레벨을 모니터링하고, 트래픽이 일정 수준을 넘으면 경보를 보낼 수 있다. 경보를 보내는 bps 수를 여기에 넣는다. (경보를 보내기 위해 서버에는 적절하게 설정된 메일 시스템이 있어야 한다는 점에 주목하기 바란다.)

Alert Frequency 필드

트래픽 로드가 정해진 레벨을 기준으로 위 아래로 계속 오가는 상황에서 트래픽이 정해진 레벨을 초과할 때마다 경보가 울리면 귀찮을 수 있다. Alert Frequency를 이용해서 트래픽이 한계를 넘을 때마다 경보를 보내거나, 하루에 한 번만 보내거나, 이메일 경보를 아예 비활성화할 수 있다.

Alert Destination 필드

경보를 받을 이메일 주소가 들어간다.

General Comment 필드

여기서 들어간 주의사항이나 설명 문구가 완성된 그래프에 표시된다.

트래커 보기

이미 생성된 트래커는 FlowTracker 페이지의 하단에 표시된다. 그림 7.5에는 네 개의 트래커가 있으며, 두 머신의 인바운드 트래픽과 아웃바운드 트래픽이다.

```
Individual Trackings:
    bewilderbeast inbound                    Revise    Archive    Remove
    bewilderbeast outbound                   Revise    Archive    Remove
    torch inbound                            Revise    Archive    Remove
    torch outbound                           Revise    Archive    Remove
```

그림 7.5 FlowTracker의 개별 트래킹

트래커를 보려면 트래커의 이름을 클릭한다. 지난 24시간, 7일, 4주, 12개월, 3년 단위로 트래커를 볼 수 있다. 각 그래프는 FlowGrapher의 결과와 거의 비슷하므로 여기서 그래프를 다시 살펴보지는 않는다.

필터를 업데이트하거나 실수를 정정하기 위해 트래커를 편집할 수 있다. 그렇게 하기 위해 트래커 옆에 있는 Revise 링크를 클릭해서, 트래커의 설정 값을 초기화한 다음에 원하는 값으로 변경을 한다. 그래프에 표시할 메모를 추가하거나 트래커가 변경되었을 때 보여줄 메모를 추가할 수 있다.

Archive 링크를 누르면 FlowTracker는 특정 트래커의 현재 흐름 처리를 중단한다. 이때 다른 트래커들의 업데이트는 계속된다. 어카이브된 트래커의 설정과 그래프는 보존된다. 어카이브를 하면 컴퓨팅 자원을 소모하지 않고도 히스토리 정보를 보존할 수 있으며, 필요할 때 트래커를 쉽게 다시 가동시킬 수 있다.

마지막으로, Remove 링크를 클릭해서 특정 트래커를 완전히 제거할 수 있다. 트래커를 제거하면 모든 그래프와 관련된 데이터베이스도 삭제된다.

그룹 트래커

FlowTracker에서는 개별 트래커들을 그룹 트래커로 결합해서 여러 종류의 트래픽을 통합해서 볼 수 있다. 예를 들어, 그림 7.5에서 두 서버의 인바운드 트래커와 아웃바운드 트래커가 별도로 있는 것을 보았다. 서버의 인바운드 트래픽과 아웃바운드 트래픽

을 동시에 보기 위해 그룹 트래커를 사용할 필요가 있다.

그룹 트래커를 생성하기 위해 트래커의 이름을 정하고, Group의 트래킹 종류를 선택한다. 그 다음에 Establish Tracking 버튼을 누르면 FlowTracker는 그룹 트래커를 정의할 개별 페이지를 연다(그림 7.6 참고).

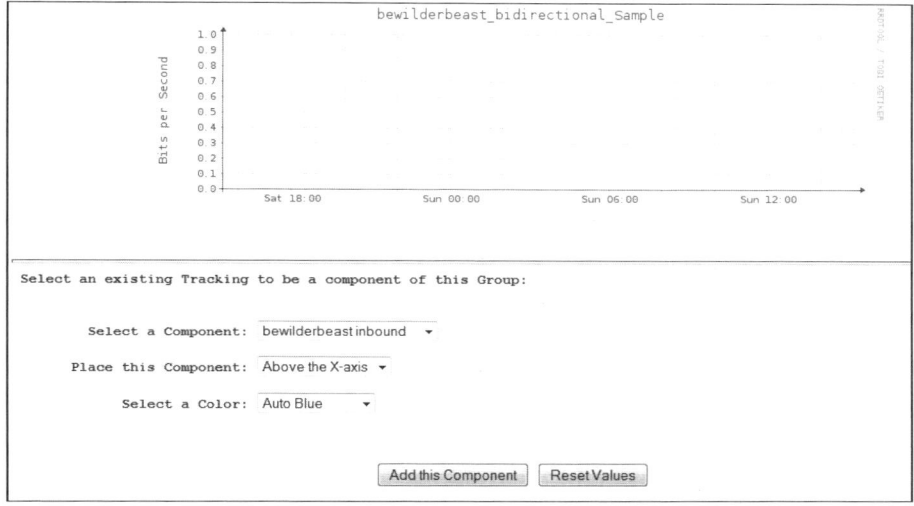

그림 7.6 FlowTracker 기본 셋업

그림 7.6의 상단에 있는 예제 그래프에 실제 데이터가 들어 있지는 않지만 실제 그래프에서는 컬러로 데이터가 표시된다.

그림의 조금 아래로 내려가면 주요 구성요소들이 있다. 여기서 그룹 트래커에 포함시킬 개별 트래커를 선택하거나, 트래커를 x축 위나 x축 아래 중 어디에 표시할 것인지를 선택할 수 있다. 필자는 혼란을 최소화하기 위해서 인바운드 트래커를 x축 위에 두고, 아웃바운드 트래커를 x축 아래에 둘 것이다. 원한다면 반대로 해도 된다. 다만, 원칙을 정하고 그 원칙을 계속 고수하기 바란다.

그룹의 각 트래커의 컬러를 정할 수 있다. Auto를 선택하면 같은 계열의 컬러들이 선택된다. 필자 생각에는 모든 인바운드 트래커에 하나의 Auto 컬러를 사용하고, 모든 아웃바운드 트래커에 또 다른 Auto 컬러를 사용하는 것이 좋은 것 같다.

그룹 트래커에 개별 트래커를 추가했으면 Add this Component 버튼을 누른다. 그리고 나면 그룹 트래커에 속한 모든 개별 트래커 목록이 옵션 바로 아래에 보일 것이다. 예를 들어, 그림 7.7의 그룹 트래커는 두 서버의 인바운드 트래커와 아웃바운드 트래커를 추가한 후의 모습이다.

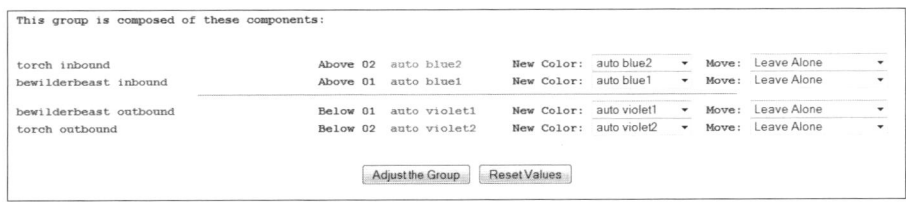

그림 7.7 그룹 트래커 구성요소

torch 서버와 bewilderbeast 서버는 이제 한 개의 트래커에 표시된다. 인바운드 트래커는 x축 위에 보일 것이다. 컬러도 선택된 대로 표시된다. 컬러가 마음에 들지 않으면 New Color에서 원하는 컬러를 선택한다.

서버 순서를 재정렬하고 싶으면 오른쪽의 Move 드롭다운을 이용한다. 변경 내역을 적용하려면 Adjust the Group 버튼을 누른다. 필자는 인바운드 트래커와 아웃바운드 트래커에서 서버 순서를 동일하게 한다.

그룹 트래커를 설정했으면 페이지 하단의 Done 버튼을 눌러서 트래커를 생성한다. 개별 트래커에서 했던 것처럼 그룹 트래커마다 Revise, Archive, Remove 링크가 붙을 것이므로 필요한 작업을 할 수 있다.

> **Note**
>
> **RRD 소프트웨어**
> FlowTracker가 추적 니즈에 적절하지 않다는 판단이 서면 http://wvnetflow.sourceforge.net/ 의 Webview Netflow Reporter를 본다.

인터페이스 이름과 FlowViewer

흐름은 인터페이스를 인덱스 번호로 관리하지만 사람은 인터페이스 이름을 사용한다. 각 인터페이스 번호와 연계된 이름을 FlowViewer에게 알려주면 FlowViewer는 웹 인터페이스에서 그 이름을 옵션으로서 제공한다. FlowViewer 디렉터리에 NamedInterfaces_Devices 파일을 생성하면 FlowViewer는 세 툴 모두의 필터 부분의 Interface Names 드롭다운 리스트에 NamedInterfaces_Devices 파일 정보를 값으로 넣는다.

NamedInterfaces_Devices 파일의 각 라인에는 세 개의 엔트리가 있다.

```
exporter name:SNMP index:human-friendly name
```

예를 들어, 필자의 메인 라우터의 기가비트 업링크가 SNMP 인덱스 5에 있다. 이 인터페이스의 엔트리는 다음과 같을 것이다.

```
core-4:5:Gigabit Ethernet 1/0 - uplink
```

모든 익스포터의 인터페이스 정보를 FlowViewer에 넣어두면 나중에 작업이 쉬워지고, 문제 해결도 더 간소화된다. 관심 있는 인터페이스의 번호를 일일이 찾지 않고 메뉴에서 번호를 선택하면 된다.

FlowTracker, FlowViewer, FlowGrapher를 이용하면 가장 일반적인 상황을 시각적으로 보여줄 수 있다. 그러나 세 툴이 모든 것을 해결하지는 못한다. 다음 장에서는 FlowGrapher로 충분히 소화하지 못하는 수준의 데이터를 그래프로 만드는 방법을 살펴본다.

8

특별한 흐름 시각화

흐름 내용을 검토하고 보고서를 만들면 문제 추적에 도움이 되지만 일부 이슈를 제대로 파악하려면 시각적인 표현이 필요하다. 보통 사람의 두뇌에서 평문 데이터를 일관성 있게 이해할 수 있는 분량은 최대 6000줄이라고 한다. 그러나 그 이상 되는 많은 양의 데이터를 시각적인 형식으로 변환하면 평문일 때보다 이해가 더 쉬워진다.

데이터를 그래픽 형식으로 변환하는 가장 일반적인 방법은 마이크로소프트 오피스나 오픈오피스 같은 오피스 프로그램이다. 그러나 오피스 프로그램은 자동화에 맞추어져 있지 않아서, 그래프를 한번 설계했더라도 새로운 데이터로 그래프를 다시 만들려면 사소한 작업들을 또 해야 한다. CUFlow(6장)와 FlowGrapher(7장) 같은 툴은 기본적인 그래프 생성 기능을 지원한다. 그러나 그래프 스타일을 선택하거나 한 그래프를 다른 그래프 위에 겹쳐서 표현하는 것과 같은 특별한 유연성은 부족하다. 빠른 시간 안에 재생산할 수 있는 방법으로 제한 없는 유연성을 확보하고 싶거나 자동화를 해야 한다면 gnuplot이 최선의 선택이다.

gnuplot 101

gnuplot(http://www.gnuplot.info/)을 배우는 일은 매우 어려우며 복잡하기로도 유명하다. gnuplot을 배우는 일이 어렵거나 툴이 복잡하다고 해서 gnuplot이 나쁘다고 할 수는 없다. gnuplot의 성능과 효율성은 그런 단점들을 충분히 상쇄하고도 남는다. gnuplot을 숙달하려면 꽤 많은 시간이 필요하지만 네트워크 데이터의 그래프를 만드는 방법을 빠르게 익힐 수 있다. 유닉스 계열의 거의 모든 운영체제에는 gnuplot 패키지가 있으며, 윈도우, DOS, VMS를 포함해서 지난 20년 동안 나온 대부분의 운영체제에 gnuplot 패키지가 있다.

리포팅 서버에서 gnuplot을 사용하면 리포팅과 그래프 개발을 간단하게 처리할 수 있다. 리포팅 서버에서 gnuplot을 사용하기 위해 워크스테이션에서 X 서버가 필요하다. 유닉스 워크스테이션을 사용하면 모든 것이 셋팅되어 있다. 유닉스 워크스테이션을 사용하지 않더라도 마이크로소프트 윈도우용 X 윈도 서버들이 많이 있다. (필자는 윈도우에서 PuTTY SSH 클라이언트와 Xming X 서버를 사용한다.)

데스크톱에서 X 터미널을 사용하고 싶지 않으면 워크스테이션에 gnuplot을 설치한 다음에 서버에서 보고서를 실행해서 보고서를 워크스테이션으로 보낸다. 워크스테이션에서 그래프를 개발하고, 설정을 저장하고, 설정을 서버로 복사해서 더 많은 그래프를 자동으로 생성한다.

> **Note**
>
> **다른 그래프 생성 프로그램**
> gnuplot의 주된 장점은 자동화가 쉽다는 것이다. 나중에 다시 제작할 필요 없이 즉석에서 그래프를 만들고 싶으면 Grace(http://plasma-gate.weizmann.ac.il/Grace/)를 사용하는 것도 괜찮다.

gnuplot 시작

gnuplot을 배우는 가장 좋은 방법은 gnuplot을 실제로 사용하는 것이다. gnuplot을 시작하면 메시지가 조금 나오고 자체 명령어 프롬프트가 나온다.

```
# gnuplot
...
Terminal type set to 'x11'
gnuplot>
```

gnuplot을 종료하려면 exit 명령어나 quit 명령어를 입력한다.

대다수의 gnuplot 명령어는 그래프의 외양을 변경하거나 새로운 그래프를 만드는 것이다. gnuplot이 어떻게 작업하는지를 알기 위해 사인파를 그려보자. (어떤 이유에서인지 gnuplot 매뉴얼에는 사인파가 많이 사용된다.) gnuplot 명령어 라인에서 다음의 내용을 입력하면 된다.

```
gnuplot> plot sin(x)
```

또 다른 창이 나타나면서 전통적인 사인파가 그림 8.1과 같이 표시된다.

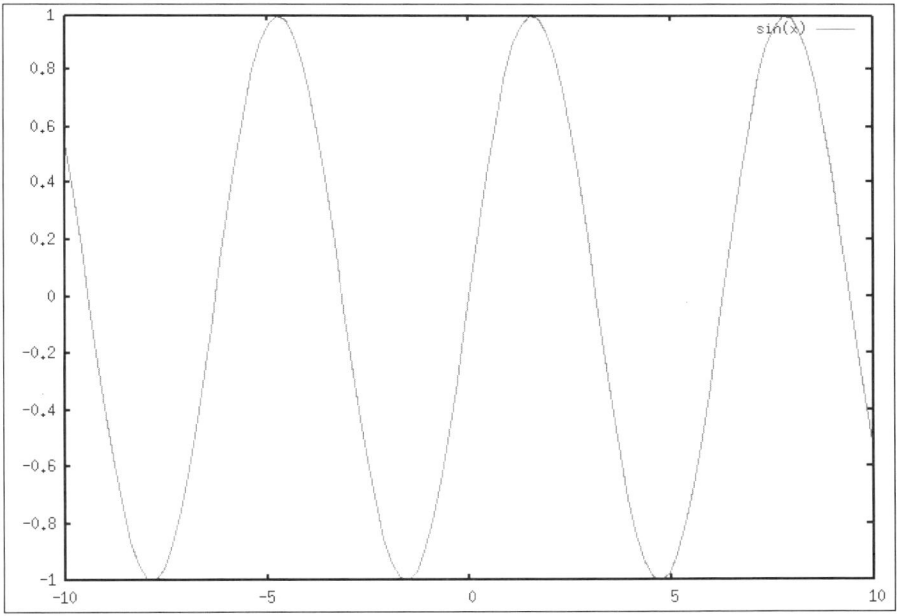

그림 8.1 사인파

그래프를 수정하려면 set 명령어를 이용한다. 그래프의 제목부터 x축과 y축의 라벨이나 사용 색상에 이르기까지 다양한 값을 지정할 수 있다. 아래의 예는 그래프의 제목을 test graph로 지정한다.

```
gnuplot> set title "test graph"
```

화면에 표시된 그래프를 변경하고 싶으면 데이터를 다시 표시하라는 지시를 gnuplot에게 다음과 같이 하면 된다.

```
gnuplot> plot sin(x)
```

이제, 제목이 붙은 그래프가 보일 것이다.

gnuplot 설정 파일

앞에서 만든 테스트 그래프에는 매우 적은 노력이 들어갔다. 데이터를 읽거나 복잡한 공식을 입력하지 않았다. 그러나 흐름 데이터는 사인파보다 훨씬 더 복잡하다. 이번 장에서는 그래프를 정확하게 표시하기 위해서 그래프를 여러 번 반복해서 만들 것이다. gnuplot 세션에서 지정하는 모든 설정 값을 저장해 두었다가, 같은 설정 값을 나중에 불러와서 새로운 데이터를 그래프로 그릴 때 활용할 수 있다. 이를 위해서 설정 값이 저장될 파일명을 다음과 같이 지정하면 된다.

```
gnuplot> save "test.plt"
```

현재 디렉토리에 test.plt라는 이름의 gnuplot 설정 파일이 있을 것이다. 이 파일에는 제목과 plot sin(x)를 포함해서 여러분이 입력한 모든 gnuplot 명령어가 들어 있다. gnuplot을 종료한 다음에 다시 시작한다. 그런 다음에 설정 파일을 다음과 같이 로드한다.

```
gnuplot> load "test.plt"
```

그래프가 다시 보일 것이며, 변경된 값이 모두 적용되어 있을 것이다.

그래프를 다시 생성하기 위해 두 개 정도의 명령어를 다시 입력하는 일은 어렵지 않다. 그러나 흐름 보고서를 기반으로 하는 그래프에는 수 십 개의 명령어가 사용되며, 이들 명령어 중 일부는 길어서 입력하기에 매우 지루하다. gnuplot 설정을 저장하고 새로운 데이터로 그래프를 그리기 위해 저장된 설정을 다시 사용하려면 시간과 노력을 들여야 하고, 여러 번 하다 보면 오류를 줄일 수 있다.

이제 실제 데이터로 그래프를 만들어보자.

시계열 예: 대역폭

네트워크 엔지니어들이 빼놓지 않고 던지는 질문은 "이 애플리케이션이 얼마나 많은 대역폭을 사용하는가?"이다. 필자가 일한 여러 곳의 글로벌 기업에서 어떤 경영진은 이메일이 내부 대역폭을 얼마나 많이 사용하고 있는지에 관심이 있었고, 어떤 Active Directory 팀은 도메인 내부의 컨트롤러 통신에서 얼마나 많은 대역폭이 사용되었는지를 알고 싶어 했다.

흐름 보고서는 이 질문에 다양한 방법으로 답할 수 있다. 하루 동안 사용된 평균 대역폭이 유용할 수 있지만 그것으로는 간헐적으로 일어나는 성능 병목 현상을 밝히지 못한다. 대부분의 시간 동안은 완전히 휴면 상태지만 하루의 특정 피크 시간 동안에 엄청난 처리량 폭증을 일으키는 연결의 평균 처리량이 50Kbps에 이를 수 있다. 이 경우에, 일일 평균이 정확하더라도 쓸모가 없을 수도 있다. 이 질문에 최고의 답을 내는 방법은 그래프를 이용하는 것이다.

이번 절에서는 지난 24시간 동안 내부 네트워크의 원격지 사이트에 있는 Active Directory 도메인 컨트롤러와 데스크톱 DHCP 범위 사이에서 얼마나 많은 대역폭이 사용되었는지를 조사하는 것으로 한다. 이 질문은 네트워크 엔지니어가 항상 받는 유형의 질문으로서, 이 기법을 이용해서 대역폭에 관련된 다른 유형의 질문에 답할 수 있을 것이다. 총 대역폭 보고서의 인바운드 총 트래픽과 아웃바운드 총 트래픽을 먼저 살펴보자.

총 대역폭 보고서

시간이 지나면서 대역폭, 패킷, 흐름이 어떻게 변하는지를 나타내는 그래프를 만들어야 할 경우에 이에 필요한 데이터를 얻는 가장 좋은 방법은 linear-interpolated-flows-octets-packets 보고서(5장 참고)다. 이 보고서는 선택된 흐름 데이터의 옥텟, 흐름, 패킷 수를 보여준다. 현재, 초당 대역폭(옥텟)에 관심이 있는 것으로 가정하고 있으므로 이 정보를 얻기 위해 stat.cfg 설정을 이용한다.

송신되는 바이트 수에 관심이 있으므로 이번 보고서에서 패킷 수와 흐름 수를 제거한다(①). 다른 설정 값은 flow-report의 기본 값이다. 그 다음에는 보고서에 어떤 데이터를 넣을 것인지를 결정해야 한다.

```
    stat-report octets
        type linear-interpolated-flows-octets-packets
        output
①       fields -packets,-flows
        path |/usr/local/bin/flow-rptfmt
        sort -key

    stat-definition octets
        report octets
```

흐름 필터링: 총 트래픽 얻기

데스크톱 DHCP 범위와 여러 원격 호스트들 사이에서 사용되는 대역폭 양을 그래프로 보기를 원한다. 흐름 데이터에서 호스트들을 필터링하기 위해 해당 호스트들을 위한 원형을 사용한다.

```
filter-primitive localDesktops
    type ip-address-prefix
    permit 172.17.3/24
    permit 172.17.4/23

filter-primitive remoteDC
    type ip-address
    permit 172.18.0.10
    permit 172.18.0.11
...
```

원격 도메인 컨트롤러에 대해 한 개의 필터가 필요하고 데스크톱에 대해 한 개의 필터가 필요하다. (데스크톱에서 도메인 컨트롤러로 왔다 갔다 하는 트래픽을 캡처하는 필터를 한 개만 작성할 수도 있지만 두 개의 필터를 별도로 두면 더 쓸모가 있다.)

```
filter-definition desktops
    match src-ip-addr desktops
    or
    match dst-ip-addr desktops

filter-definition remoteDCs
    match src-ip-addr remoteDC
    or
    match dst-ip-addr remoteDC
```

필터를 통해서 선택한 날짜의 흐름을 실행한다. 여기서는 2011년 1월 14일의 모든 흐름을 리포팅한다.

```
# flow-cat ft-v05.2011-01-14.* | flow-nfilter -F desktops
  | flow-nfilter -F remoteDCs | flow-report -S octets >
  desktop-DC-traffic.txt
```

파일의 상단에 다음의 내용이 있을 것이다.

```
# ['/usr/local/bin/flow-rptfmt']
unix-secs               octets
1294981479              168.000000
1294981610              30.000000
...
1295066753              15.000000
1295066757              367.000000
...
```

왼쪽의 숫자는 유닉스 에포크 초다. 보고서 시간을 한 번 더 점검하기 위해 date 프로그램을 이용해서 첫 번째 시간과 마지막 시간을 다음과 같이 변환한다.

```
# date -r 1294981479
Fri Jan 14 00:04:39 EST 2011
# date -r 1295066757
Fri Jan 14 23:45:57 EST 2011
```

첫 번째로 일치하는 흐름은 자정 후 4분에 시작했고 마지막 흐름은 오후 11:46에 끝났다. 둘 다 1월 14일에 속한다. 이 보고서는 여러분이 관심을 두고 있는 시간에 속한다.

gnuplot에서 이 파일의 행 제목을 사용하는데 문제가 있다. 왜냐하면 unix-secs와 octets는 그래프로 만들 수 있는 숫자가 아니기 때문이다. 이 문제를 해결할 수 있는 가장 간단한 방법은 처음 두 라인을 직접 제거하거나 sed를 이용해서 제거하는 것이다. (그래프를 직접 만들 때는 파일을 직접 편집하는 것이 더 쉬울 수 있지만, sed를 이용하면 편집 작업을 자동화할 수 있다.)

```
# sed '1,2d' desktop-DC-traffic.txt > octets.txt
```

타깃 그래프

그래프 모양을 어떻게 하고 싶은가? 그래프에서는 얼마나 많은 대역폭이 사용되는지를 확실하게 보여줄 것이다. x축과 y축에는 시간과 대역폭 단위를 라벨로 넣을 수 있고, 그래프 자체에도 라벨을 붙일 수 있다. 그래프를 실제 사람이 보아야 한다면 시간을 유닉스 에포크 초나 GMT Greenwich mean time로 하지 말고 지역 시간으로 하기 바란다. 그래프에 여러 종류의 트래픽을 각기 다른 선으로 표시하고 있다면 설명 키 interpretation key를 별도로 둘 수 있다. 그리고 이 모든 것을 자동으로 생성할 수 있다.

첫 번째 그래프

데이터를 가지고 gnuplot 기본 보고서를 만들고, 보고서의 결과를 원하는 결과와 비교해보자.

```
gnuplot> plot "octets.txt"
```

특정 시간의 대역폭을 점으로 표현할 수 있다(그림 8.2 참고). 대역폭 사용량을 초 단위로 그래프를 만들면 곡선이 너무 이상하게 나온다. 점이 아닌 다른 표식을 이용해서 그래프를 만드는 방법을 뒤에서 배운다.

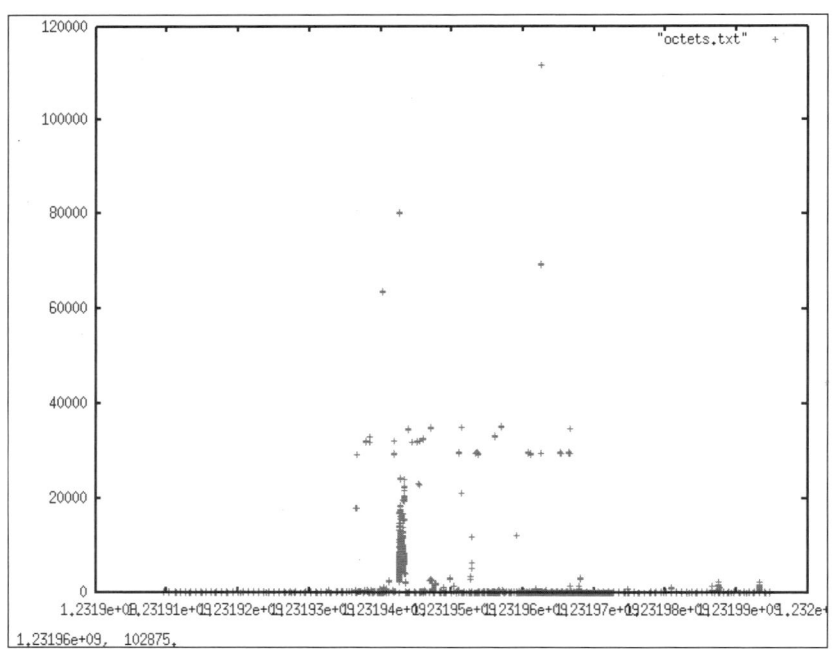

그림 8.2 처리량을 나타내는 원래 그래프

두 축에 라벨이 없다. 그리고 아래쪽의 시간은 1.2819E+08처럼 에포크 초로 표시되어 있어서 유용하지 않다. 엄밀히 말해서 에포크 초가 정확하지만 이 상태로 사람들에게 보여주고 싶지는 않을 것이다. 이번 절에서는 이 그래프를 하나씩 개선할 것이다. 먼저, 두 축에 라벨을 붙인 다음에 시간 형식의 지정 방법을 gnuplot에게 지시한다.

```
① gnuplot> set xdata time
② gnuplot> set timefmt x "%s"
③ gnuplot> set format x "%H"
④ gnuplot> set xlabel "time"
⑤ gnuplot> set ylabel "bytes"
⑥ gnuplot> plot "octets.txt" using ($1):($2)
```

먼저, x축에 있는 데이터가 시간이라는 것을 gnuplot에게 알린다(①). 그런 다음에 x축의 시간 데이터의 형식을 지정한다(②). %s 문자는 gnuplot 시간 형식으로서, 에포크 초를 나타낸다. 그리고 %s 문자에 의해 gnuplot은 에포크 초를 시간이 읽을 수 있는 시간으로 변환할 필요가 있다는 정보를 받는다. gnuplot은 flow-rptfmt(5장 참고)에서 사용된 것과 동일한 strftime 형식으로 시간을 출력할 수 있다. 그래프가 24시간을 담을 경우 시간을 출력하면 좋으므로 형식을 ③과 같이 지정한다. 그런 다음에 ④와 ⑤에서 x축과 y축의 라벨을 붙인다.

파일에 있는 데이터를 좌표에 어떻게 그릴 것인지를 gnuplot에게 알려야 한다(⑥). 달러 부호 다음에 숫자가 오면 데이터의 행을 나타낸다. ($1)은 '1행'을, ($2)는 '2행'을 의미한다. plot "octets.txt" using ($1):($2) 문장에 의해 gnuplot은 octets.txt를 읽고, 1행과 2행을 좌표에 넣는다. 그 결과는 그림 8.3과 같이 나온다.

이 그래프는 앞에서 설명한 타깃 그래프와 거의 비슷하다. x축에 사람이 읽을 수 있는 time을 라벨로 넣고, y축에는 bytes 라벨을 넣었다. 그러나 하단의 시간이 보고서의 시간과 일치하지 않는다. 흐름 데이터는 자정 이후에 시작해서 자정 전에 끝나지만 이 그래프는 오전 5시에 시작해서 24시간 후에 끝나는 것으로 되어 있다. 이렇게 된 이유는 표준시각대 문제 때문이다. 필자는 EST Eastern standard time에 있고, gnuplot은 그래프를 UTC Coordinated Universal Time로 만들었다. 이 그래프에서는 지역 시간을 표시해야 한다. 또한 필자는 대역폭을 킬로바이트가 아니라 킬로비트로 구매했다. 킬로바이트 라벨은 정확하지만 필자는 그래프에서 킬로비트를 보여주고 싶다.

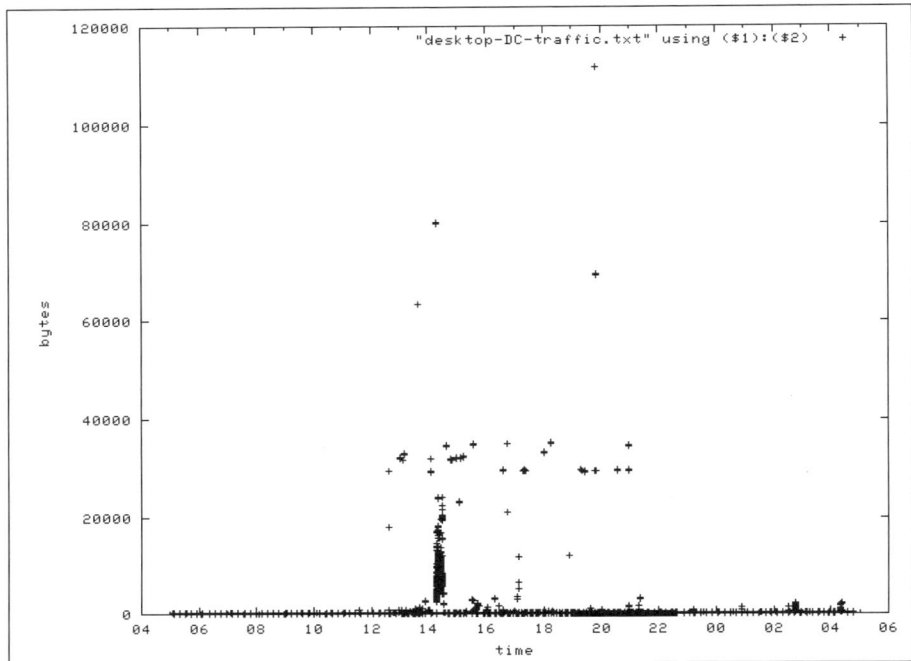

그림 8.3 기본 라벨이 붙은 흐름 다이어그램

UTC를 EST로 변환하기 위해 5시간(5*60*60=18000초)을 뺀다. 그래프에서 정확한 시간을 표시하기 위해 데이터의 모든 값에서 18,000초를 뺀다. 바이트를 킬로비트로 변환하기 위해 기존 값을 125로 나눈다. (1바이트는 8비트고, 1킬로비트는 1,000비트이므로 1,000을 8로 나누면 125가 된다.) 이 두 변환을 gnuplot에 상수로 두어서 그래프로 만들 때 데이터를 변형할 수 있다. (측정치를 변경할 때 y축의 라벨을 변경하지 마라.)

```
① gnuplot> edt = -18000
② gnuplot> kb = 125
③ gnuplot> set ylabel "kb"
   gnuplot> plot "octets.txt" using ($1+edt) ④ :($2/kb) ⑤
```

①에서 EST와 UTC 사이에서 차이나는 초 수를 상수로 정의한다. ②에서 킬로비트당 옥텟 수를 상수로 정의한다.

그 다음에 y축의 측정치를 바이트에서 킬로비트로 변경하기 때문에 y축 라벨을 ③과 같이 변경할 수 있다.

그래프에 넣을 데이터를 변경할 수 있다. 앞에서는 두 번째 행에 대해서 첫 번째 행을 그래프로 만들었다. 첫 번째 행의 모든 값에 표준시각대 오프셋을 추가해서 행을 변형해야 한다(④). 두 번째 행도 모든 엔트리를 상수 kb로 나눈다(⑤). octets.txt 파일의 숫자를 변경하지 않고 그래프에 표시하는 방법을 변형한다.

몇 가지 다른 변경 작업을 할 수 있다. 가령, 제목을 변경하거나 그래프에 그리드를 넣을 수 있다.

```
gnuplot> set title "Traffic between desktops and remote DCs, 14 Jan"
gnuplot> set grid
gnuplot> replot
```

그래프가 그림 8.4와 같이 바뀐다. 얼핏 보기에 그림 8.2의 그래프와 비슷하지만 시간이 더 정확해졌고 대역폭 측정치가 더 유용하게 바뀌었으며, 이렇게 하면 다른 사람들과 데이터를 공유하기가 더 적절하다.

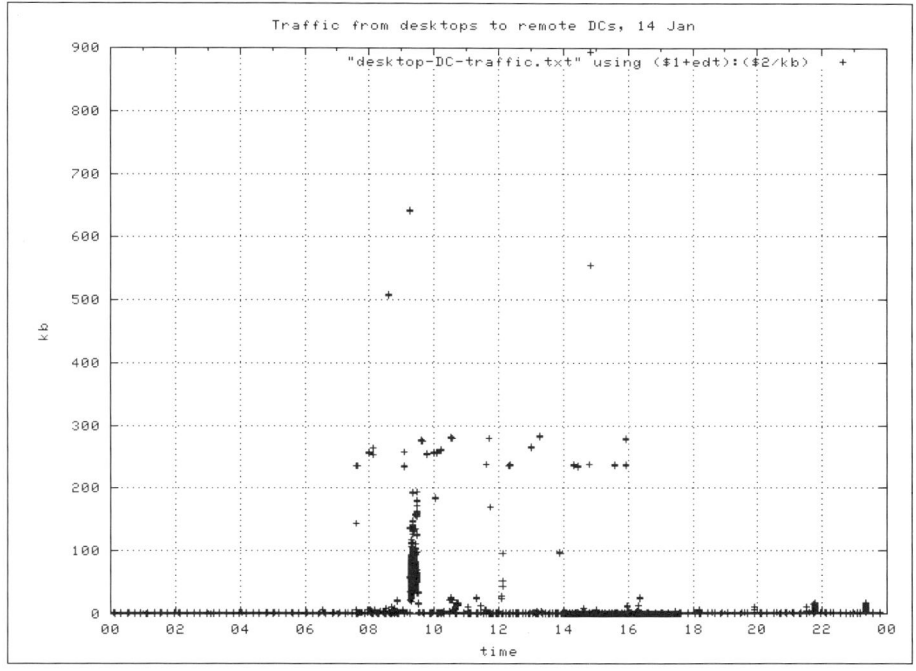

그림 8.4 시간, 대역폭 단위, 그리드, 제목 변경 및 추가

그래프 표시 방법 변경

필자는 점으로 되어 있는 그래프를 좋아하지만 다른 스타일의 그래프를 좋아하는 사람들도 많다. gnuplot은 다양한 스타일의 그래프를 지원한다. 인기 있는 대역폭 그래프는 실선을 사용하는 것으로서, 특정 시간에 사용된 대역폭을 표현하며, 이 스타일을 임펄스impulse라고 한다. 이번 예에서는 앞에 나온 그래프를 임펄스 스타일로 만든다.

```
gnuplot> plot "octets.txt" using ($1+edt):($2/kb) with impulses
```

임펄스를 지정하는 것 외에는 앞에서 사용한 것과 같은 명령어다.

이렇게 하면 그림 8.5와 같은 그래프가 나온다. 어떤 사람은 이전 스타일의 그래프가 이해하기에 더 쉽다고 생각한다. 여러분에게 적합한 형식의 그래프를 이용하기 바란다.

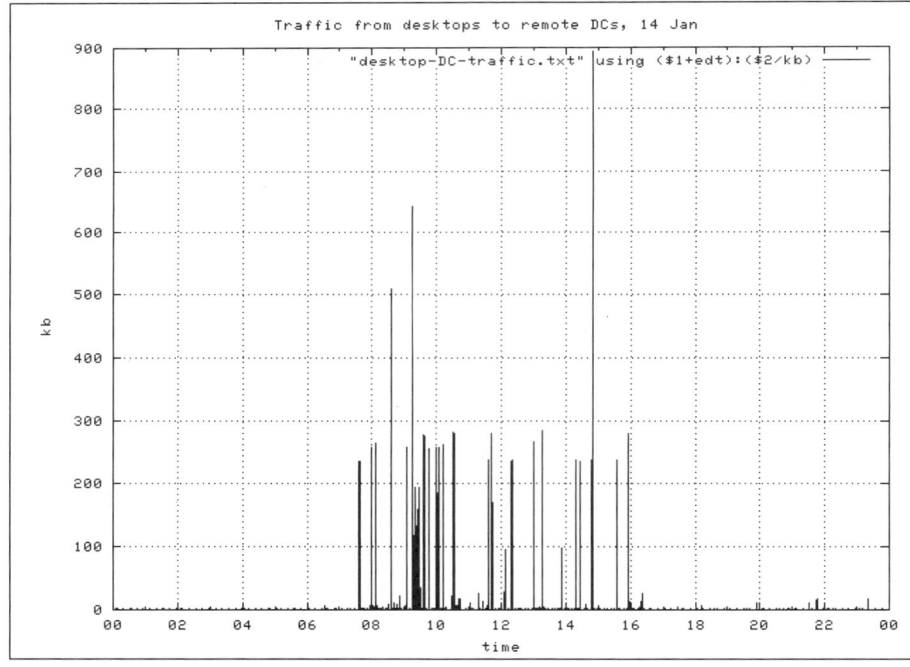

그림 8.5 임펄스를 사용한 그래프

클리핑 레벨

그림 8.5를 보면 몇 개의 데이터 포인트가 다른 데이터 포인트와 크게 다르다는 것을 알 수 있다. 원래 데이터를 살펴보면 몇 개의 연결에는 3~4개의 패킷만 있다는 것을 알게 될 것이다. 1밀리세컨드에 4옥텟을 넘기는 것은 1,000밀리세컨드(1초)에 4,000옥텟을 넘기는 것과 같지 않다. 그러나 대부분의 시간 동안 휴면 상태를 유지하는 네트워크에서 '초당 평균 옥텟'을 계산해서 많이 이용한다.

이렇게 보통과 전혀 다른 데이터 포인트를 제거하기 위해 적절한 클리핑 레벨을 설정해서 더 현실적인 그래프를 만들 필요가 있다. 이 작업을 하기 위해서 gnuplot에 내장되어 있는 논리 연산자를 아래의 형식으로 사용할 것이다. (Perl과 C에 익숙하면 이 구문이 익숙할 것이다.)

```
(a ? b : c)
```

이 구문은 'a가 참이냐? 참이면 b를 사용하고, 참이 아니면 c를 사용하라'는 의미다.

첫 번째 그래프와 데이터를 평가한 후에 그래프의 최댓값을 300Kbps로 정할 수 있다. 값이 300Kbps를 초과하면 300으로 처리할 수 있다. 앞의 구문을 적용하면 다음과 같이 된다.

```
($2/kb>300 ? 300 : $2/kb)
```

$2/kb는 단위가 킬로비트인 대역폭이다. >300 ?에 의해 대역폭이 300을 초과하는지 여부를 점검한다. 300이 넘으면 값 300을 사용한다. 300을 넘지 않으면 $2/kb의 실제 값을 사용한다.

이 작업을 진행하려면 plot 문에 그 내용을 넣는다.

```
gnuplot> plot "octets.txt" using ($1+edt):($2/kb>300 ? 300
         : $2/kb ) with impulses
```

이 문을 실행하면 그림 8.6과 같은 그래프를 얻을 것이다.

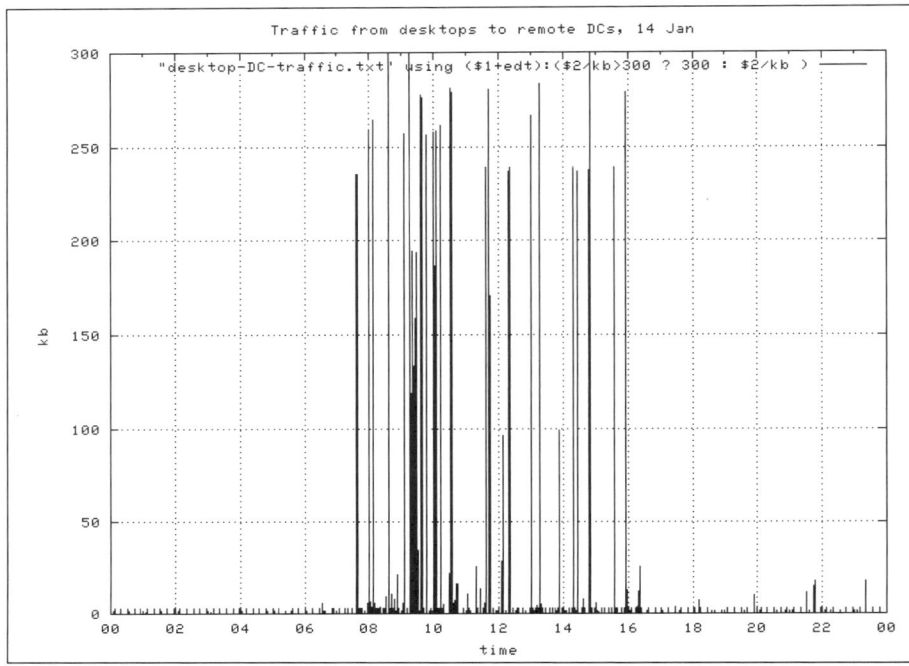

그림 8.6 클리핑 레벨을 이용한 예

클리핑 레벨을 설정함으로써 실제 대역폭 사용을 현실적으로 보여주는 그래프를 얻을 수 있다.

> **Note**
>
> **클리핑 레벨과 다수의 그래프**
> 비교를 위해 여러 개의 그래프를 만들 때 모든 그래프의 클리핑 레벨을 동일하게 한다. 클리핑 레벨이 다양하면 결과 분석이 혼란스럽다.

그래프를 파일로 출력

gnuplot은 다양한 그래픽 형식을 지원한다. gnuplot이 지원하는 전체 형식을 보려면 gnuplot> 프롬프트에서 set terminal 명령어를 입력한다. 웹 사이트용으로 가장 많이 사용되는 형식은 GIF, JPEG, PNG다.

그래프를 화면이 아닌 파일로 출력하려면 파일 형식과 이름을 gnuplot에게 알린다. 이번 예에서는 그래프를 JPEG 파일로 저장한다.

```
① gnuplot> set terminal jpeg
  Terminal type set to 'jpeg'
  Options are 'nocrop medium '
② gnuplot> set output "bandwidth.jpeg"
③ gnuplot> replot
④ gnuplot> set terminal x11
```

①은 출력 형식을 지정하고, ②는 주석을 어디에 둘 것인지를 지정한다. 파일을 실제로 생성하기 위해 그래프를 다시 그려야 한다(③). 마지막으로, 출력을 화면에 다시 표시하도록 지정한다(④).

작업 내용 저장

이 설정을 사용해서 비슷한 그래프를 쉽게 생성할 수 있다. 향후에 만들 보고서의 기초 보고서로 이용하기 위해 설정을 저장한다. 다음과 같이 하면 된다.

```
gnuplot> save "totalBW.plt"
```

단방향 대역폭 보고서

그림 8.6의 그래프는 원격 사이트의 도메인 컨트롤러와 데스크톱 사이의 통신에 사용된 총 대역폭 양을 보여준다. 서버에서 데스크톱으로, 혹은 데스크톱에서 서버로 가는 것과 같이 한 방향에서만 사용된 대역폭에 대한 보고서를 원하면 어떻게 해야 하는가?

여러분이 만든 보고서는 앞 절에서 생성한 총 대역폭 보고서와 많이 다르지 않을 것이다. 보고서를 만들기 위해 flow-nfilter 설정을 사용해서 관심 있는 데이터를 추출하고, 그것을 flow-report로 넣는다. 그 다음에, 앞에서 사용한 것과 매우 비슷한 gnuplot 설정을 적용한다.

흐름 필터링: 단방향 트래픽

필터 설정에는 총 대역폭 보고서에 사용한 것과 동일한 **desktops** 원형과 **remoteDCs** 원형을 사용한다. 각 방향에 한 개씩 해서 두 개의 새로운 필터를 만든다.

```
filter-definition DCtoDesktops
    match src-ip-addr remoteDC
    match dst-ip-addr desktops

filter-definition DesktopsToDC
    match src-ip-addr desktops
    match dst-ip-addr remoteDC
```

첫 번째 필터는 도메인 컨트롤러가 데스크톱으로 전송하는 트래픽만 보여주고, 두 번째 필터는 데스크톱이 도메인 컨트롤러로 전송하는 트래픽을 보여준다. 이들 필터 중 하나를 먼저 실행한다. 흐름 파일은 동일하다. 먼저, 도메인 컨트롤러에서 데스크톱으로 가는 트래픽부터 처리한다. 다음과 같이 하면 된다.

```
# flow-cat ft-v05.2011-01-14.* | flow-nfilter -F
  DCtoDesktops | flow-report -S octets > DCtoDesktop.txt
# sed '1,2d' DCtoDesktop.txt > octets.txt
```

파일의 상단에 있는 두 개의 추가 라인을 제거하기 위해 앞에서 설명했던 **sed** 명령어를 사용한다. 마지막으로, 데이터 파일의 내용이 앞선 보고서의 내용과 비슷한지, 즉 두 행에 에포크 날짜와 대역폭 양이 들어가는지를 확인한다.

단방향 그래프 생성

단방향 트래픽 그래프는 총 대역폭 그래프와 매우 비슷하다. 사실, 최종 그래프를 만들기 위해서 기존의 **gnuplot** 설정을 수정하고 제목을 변경하면 된다.

```
① gnuplot> load "totalBW.plt"
② gnuplot> set title "DC to Desktop Traffic, 14 Jan 11"
③ gnuplot> replot
```

①에서 총 대역폭 그래픽에 사용했던 설정 파일을 가져온다. 이 설정 파일은 정확한 시간을 주고, 옥텟 대신 비트를 사용한다. 그 다음에, ②에서 제목을 변경하고, ③에서 새로운 데이터를 가지고 그래프를 새로 그린다. 결과는 그림 8.7과 같을 것이다.

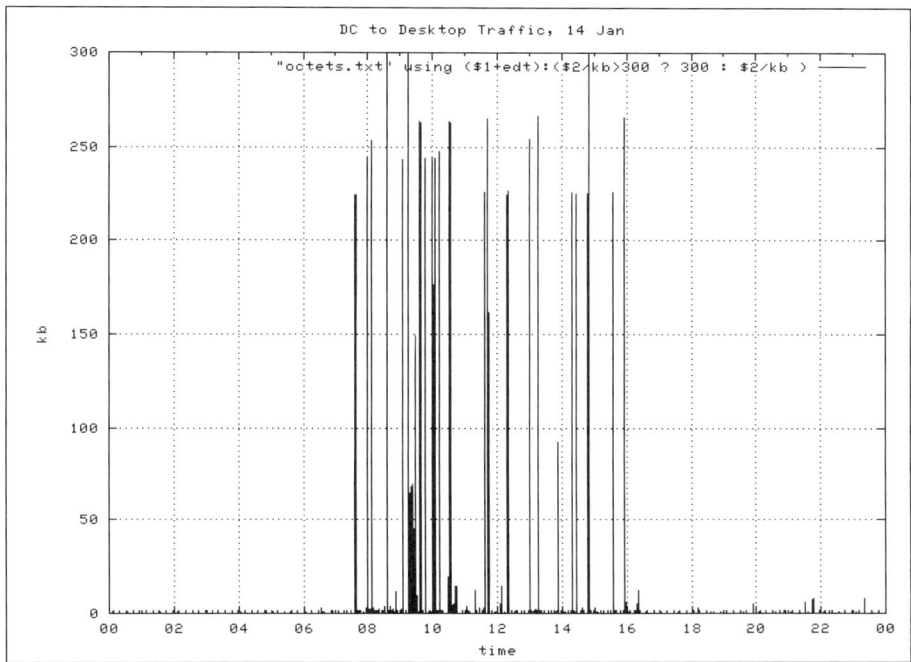

그림 8.7 단방향 대역폭 사용

여기서 볼 수 있듯이 다른 데이터에 gnuplot 설정을 재사용하면 데이터는 다르지만 모양은 일관된 그래프를 빠르게 만들 수 있다.

반대 방향으로 가는 트래픽의 그래프를 생성하기 위해서 지금 한 것과 거의 같은 방식으로 하고, 그래프 제목과 흐름 필터를 바꾸면 된다.

인바운드 트래픽과 아웃바운드 트래픽 결합

인바운드 트래픽과 아웃바운드 트래픽을 동시에 보여주는 그래프는 한 방향의 트래픽만 보여주는 그래프보다 더 유용할 수 있다. 양방향 트래픽을 보여주는 그래프를 생성할 데이터를 여러분은 이미 가지고 있으므로 gnuplot 설정을 조금만 다르게 하면 된다.

데이터 파일 준비

두 개의 단방향 그래프를 만들었으면 필요한 데이터 파일을 이미 가지고 있는 셈이다. 두 데이터 파일을 모두 octets.txt로 할 수는 없고, 각 파일에 별도의 이름을 붙여야 한다. 로컬 호스트와 원격 호스트 사이의 트래픽을 측정하고 있으므로 두 파일 중 한 파일의 이름을 inbound.txt로 하고, 다른 파일의 이름을 outbound.txt로 한다. sed를 이용해서 원래의 데이터 파일의 헤더를 잘라낸다. 그렇게 하지 않으면 데이터는 변경되지 않고 그대로 유지된다.

```
# flow-cat ft-v05.2011-01-14.* | flow-nfilter -F
  DCtoDesktops | flow-report -S octets > DCtoDesktop.txt
# flow-cat ft-v05.2011-01-14.* | flow-nfilter -F
  DesktopsToDC | flow-report -S octets > DesktopToDC.txt
# sed '1,2d' DCtoDesktop.txt > inbound.txt
# sed '1,2d' DesktopToDC.txt > outbound.txt
```

두 그래프를 동시에 표시

두 그래프를 동시에 보여주려면 단방향 그래프 설정에서 먼저 시작한다. 그래프 데이터를 제공할 파일 이름을 변경할 것이다. 그러나 다른 설정 정보(예: 표준시각대)들은 새로운 그래프에 그대로 적용된다.

두 개의 다른 파일에서 가져온 두 개의 다른 데이터 셋을 하나의 그래프에 나타내기 위해 한 개의 plot 문 안에 데이터 셋을 넣고, 각 데이터 셋을 콤마로 구분한다. 다음과 같이 하면 된다.

```
gnuplot> plot "inbound.txt" using ($1+edt):($2/kb>300 ? 300 : $2/kb) ① \
       > ② title "inbound" ③, \
       > "outbound.txt" using ($1+edt):($2/kb>300 ? 300 : $2/kb) \
         title "outbound"
```

여기에는 몇 가지 새로운 것이 있다. ①의 백슬래시(\)는 명령어가 다음 라인까지 계속된다는 것을 보여준다. 라인이 지속되는 것을 보여주기 위해 백슬래시를 사용해야 할 경우 백슬래시를 입력한 다음에 엔터키를 누른다. 그러면 다음 라인으로 넘어갈 것이다.

plot 문의 title(②)은 라벨 데이터를 붙인다. 이번 예에는 두 종류의 데이터가 있으며, 하나에는 inbound 라벨이 붙고, 다른 것에는 outbound 라벨이 붙는다. ③의 콤마는 두 개의 데이터 셋을 분리하다. 결과 그래프는 그림 8.8과 같이 나온다.

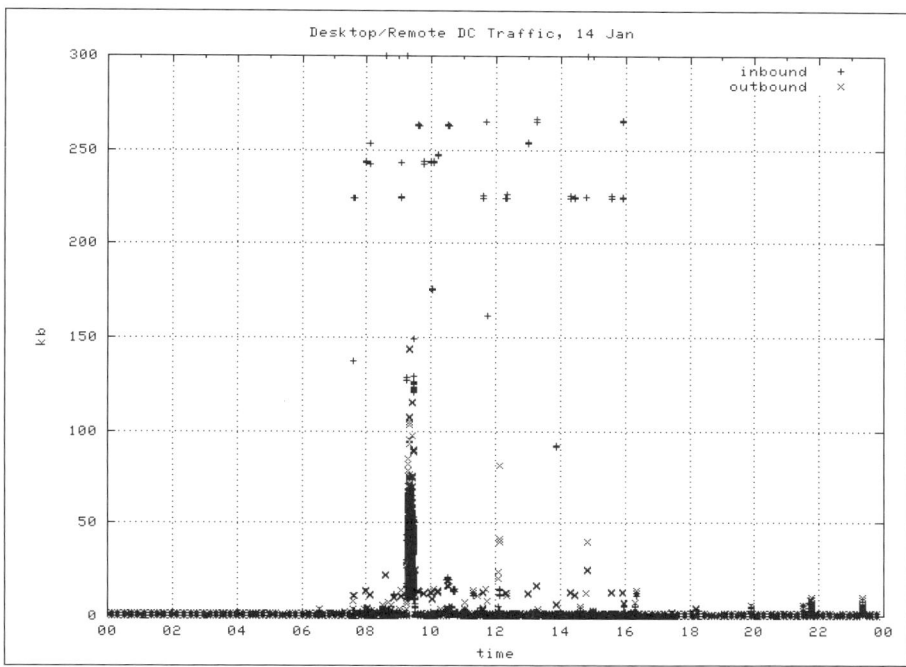

그림 8.8 인바운드 트래픽과 아웃바운드 트래픽의 그래프

키에 따르면 인바운드 트래픽의 데이터 포인트는 플러스 부호(+)다. 그리고 아웃바운드 트래픽 데이터 포인트는 x 문자로 표시된다. gnuplot은 데이터 포인트에 다른 컬러를 사용할 것이다. (그림 8.8을 컬러로 보면 이해가 더 쉽겠지만 이 책은 컬러 책이 아니다. 그러나 흑백으로 봐도 충분히 이해가 될 것이다.) 두 데이터 포인트의 문자를 다르게 하면 그래프를 보기가 더 쉽다. 그러나 충분치는 않다. 그리고 이렇게 두 종류의 트래픽을 동시에 보면 더 좋다.

이 그래프를 더 쉽게 이해하기 위해서 아웃바운드 트래픽을 음수로 그리는 것도 괜찮은 방법이다. 이 작업을 하기 위해서 다음과 같이 하면 된다.

```
gnuplot > plot "inbound.txt" using ($1+edt): \
        > ($2/kb>300 ? 300 : $2/kb) \
        > title "inbound", \
        > "outbound.txt" using ($1+edt): \
        > ($2/kb>300 ? ① -300 : ② -$2/kb) title "outbound"
```

앞의 plot 문과 두 가지가 다르다. 아웃바운드 그래프의 plot 문의 ①과 ②에 마이너스 부호를 붙였다. 결과 그래프는 그림 8.9와 같이 된다.

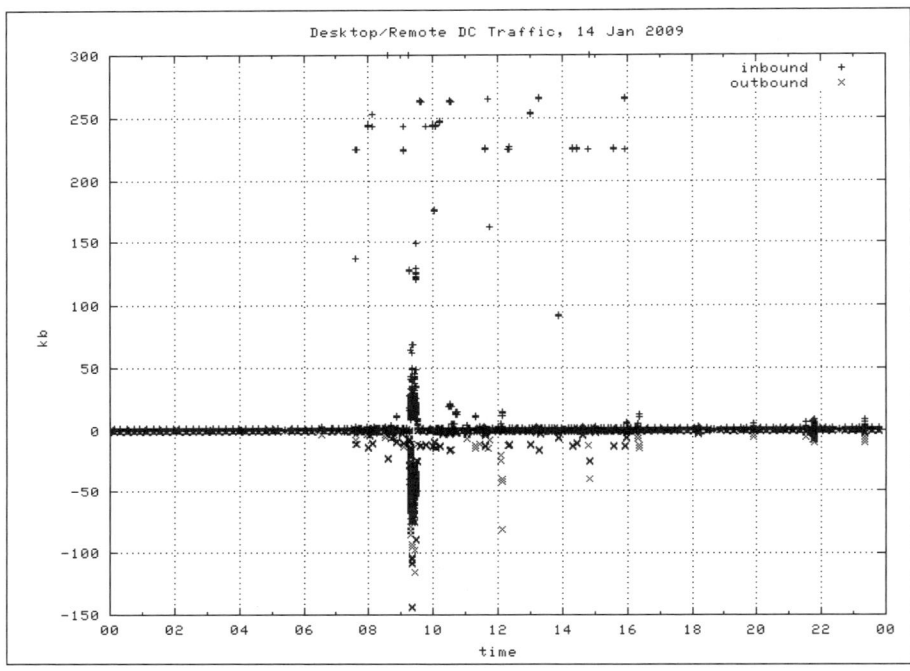

그림 8.9 아웃바운드 트래픽을 음수로 표현

이 그래프에서 볼 수 있듯이 전송하는 트래픽보다 수신하는 트래픽이 훨씬 더 많다는 것을 알 수 있으며, 수신 빈도도 훨씬 더 높다는 것을 알 수 있다. 인바운드 클리핑 레벨과 아웃바운드 클리핑 레벨은 바뀌지 않았지만 아웃바운드 트래픽이 클리핑 레벨에 접근하지는 못했다. 또한 EST AM 9 이후에만 사용량이 크게 증가한다는 것을 볼 수 있다.

임펄스를 적용해서 이 데이터를 다르게 볼 수 있다.

```
gnuplot> plot "inbound.txt" using ($1+edt): \
    > ($2/kb>300 ? 300 : $2/kb) \
    > title "inbound" with impulses, \
    > "outbound.txt" using ($1+edt): ($2/kb>300 ? -300 \
    > : -$2/kb) \
    > title "outbound" with impulses
```

결과 그래프는 그림 8.10과 같이 나온다.

적절한 그래프를 이용하면 기술적인 지식이 없는 경영진이라고 하더라도 네트워크 이용 현황을 쉽게 이해할 수 있다. 그림 8.10을 보면 데스크톱이 원격 도메인 컨트롤러와 트래픽을 교환하고 있다는 것을 알 수 있다. 물론 마이크로소프트 클라이언트가 로컬 도메인 컨트롤러와만 접촉하고 있다는 주장을 할 수 있다. 이제, 간헐적인 패킷 스니퍼 스냅샷 결과와 추측이 아니라 문서로 된 사실을 가지고 문제를 해결할 수 있다.

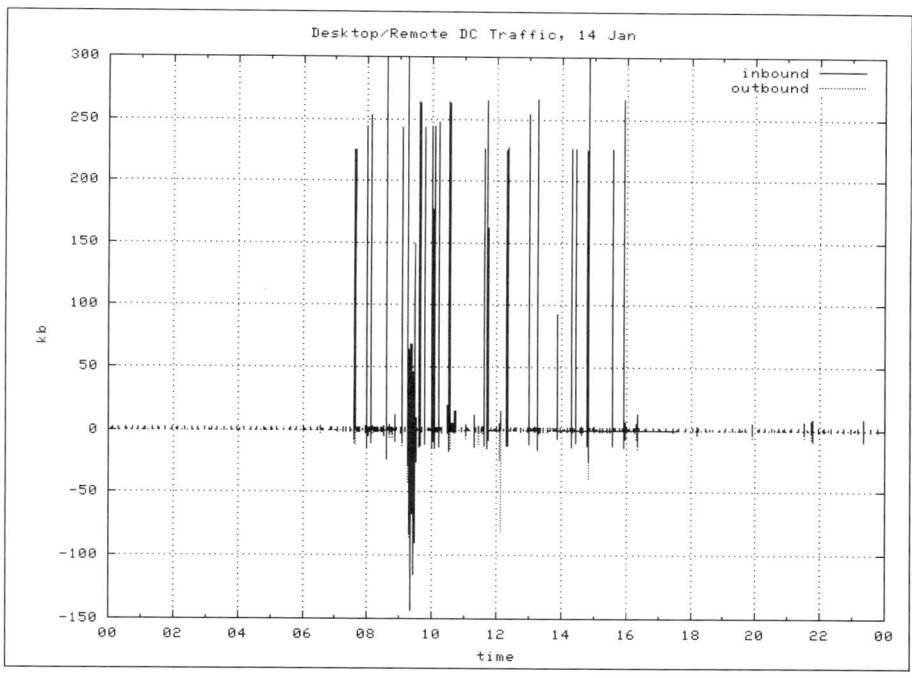

그림 8.10 아웃바운드 트래픽을 음수로 표현; 임펄스 적용

그래프 생성 자동화

상황에 맞는 특별한 리포팅은 항상 필요하다. 그러나 특정 그래프가 계속 되풀이해서 필요할 때도 있다. 그런 목적에 맞는 그래프를 쉽게 만들 수 있으며, cron을 이용해서 일정에 맞추어서 그래프를 만들 수도 있다. 이 작업을 관리할 수 있는 최선의 방법은 스크립팅과 자동화다. gnuplot을 이용하면 스크립팅을 쉽게 처리할 수 있다. 아래에 예로 든 스크립트는 어제 발생한 흐름 파일을 처리해서 양방향 트래픽 그래프를 만든다.

```perl
#!/usr/bin/perl

#where are our flow files?
$logdir="/var/log/flows/";
#flow file version
$version=5;

#get yesterday's date
@T=localtime(time-86400);
$year=$T[5]+1900;
$month=$T[4]+1;
unless ($month>9) {
    $month = '0'.$month;
}
$day=$T[3];

$filePrefix="ft-v0$version.$year-$month-$day";

#generate the reports and prepare them for graphing
system ("flow-cat $logdir$filePrefix* | flow-nfilter -F DCtoDesktops
| flowreport -S octets > /tmp/DCtoDesktop.txt");

system ("flow-cat $logdir$filePrefix* | flow-nfilter -F DesktopsToDC
| flowreport -S octets > /tmp/DesktopToDC.txt");

system ("sed '1,2d' /tmp/DesktopToDC.txt > /tmp/outbound.txt");
system ("sed '1,2d' /tmp/DCtoDesktop.txt > /tmp/inbound.txt");

#run gnuplot
open GNUPLOT, "| gnuplot";
print GNUPLOT <<gnuplot_settings;
set terminal jpeg
set output "/tmp/desktop-DC.jpeg"
set xdata time
set timefmt x "%s"
set format x "%H"
set xlabel "time"
set ylabel "kb"
set title "Desktop/DC Traffic, $day $month $year"
edt = -18000
kb=125
set grid
plot "/tmp/inbound.txt" using (\$1+edt):(\$2/kb>300 ? 300 : \$2/kb) \\
    title "inbound" with impulses, \\
    "/tmp/outbound.txt" using (\$1+edt):(\$2/kb>300 ? -300 : -\$2/kb) \\
    title "outbound" with impulses
gnuplot_settings
close GNUPLOT;

#send mail
system ("mutt -s \"Traffic for $day $month $year\" -a /tmp/desktop-
DC.jpeg mwlucas@localhost < /dev/null");
```

> **Note**
>
> 이 스크립트는 최적화되어 있지 않다. 그리고 실제 환경에서는 Perl을 이용해서 이메일을 전송할 것이다. 여러분은 시스템에서 메일을 전송하는 기본적인 방법을 이미 갖추고 있을 것이므로 이번 예제가 필요 없을 수도 있다. 또한 이번 스크립트는 안전하지 않은 임시 파일을 사용하므로 이런 파일을 공유 시스템에 사용해서는 안 된다. 한 마디로 말해서 이 스크립트를 그대로 사용하지는 마라. 이번 스크립트는 여러분의 니즈에 맞는 스크립트를 작성하기 위한 하나의 지침으로서 활용하기 바란다.

이번 소스의 일부 명령어는 조금 길다. 그리고 흐름 보고서를 Perl에서 직접 실행하는 인터페이스는 없다. sed를 Perl 루틴으로 대체할 수 있다. 여기서는 system() 함수를 여러 곳에서 호출한다.

run gnuplot 부분에서 gnuplot을 모두 설정한다. 또한 gnuplot 설정 대부분을 파일에서 가져올 수도 있다.

스크립트의 끝에는 메일 전송 부분이 있다. 여러분은 서버에서 메일을 전송하는 방법을 이미 갖추고 있을 것이다. 그렇지 않다면 Perl의 MIME::Lite 모듈을 추천한다. 이외에도 mutt나 metamail 같은 프로그램도 괜찮다.

그래프 비교

여러 기간에 일어난 트래픽을 비교하는 가장 쉬운 방법은 한 그래프를 또 다른 그래프 위에 겹쳐서 보는 것이다. 그렇게 하면 네트워크에서 시스템이 변경될 때 어떤 영향이 미치는지를 평가하는데 도움이 된다. 그래프 기법과 시간 값을 필요한대로 변경해서 이번 장에서 살펴본 것과 같은 종류의 방법을 사용할 수 있다.

다음에 나오는 보고서에서는 두 개의 다른 24시간 기간인 A와 B의 인바운드 인터넷 트래픽과 아웃바운드 인터넷 트래픽을 비교한다. 데이터는 두 개의 파일, 즉 inboundA.txt와 inboundB.txt에 있다. 이 두 파일에서 행 제목을 이미 제거했다.

데이터 정규화

그래프들이 서로 겹쳐지게 만들기 위해 데이터 시간을 조정할 필요가 있다. 대역폭 값은 크게 바뀌지 않는다. 그러나 시간 값은 문제가 된다. 데이터 시간을 조정하는 가장 간단한 방법은 각 데이터 셋에서 값을 빼서 각 그래프가 시간 0에서 시작하게 만드는 것이다.

linear-interpolated 보고서의 output 부분에서 sort -key를 사용하면 파일에서 가장 빠른 시간이 상단에 나타난다. 예를 들어, inboundA.txt 파일의 상단은 다음과 같이 되어 있다.

```
# ['/usr/local/bin/flow-rptfmt']
unix-secs               octets
① 1229488610            1033.430171
1229488611              1033.430171
1229488612              1033.430171
...
```

InboundA.txt 파일의 시작 부분에는 에퍼크 초인 1229488610이 있다(①). 모든 시간 값에서 1229488610을 빼서 시간이 0에서 시작하게 만든다. 이와 비슷하게, inboundB.txt 파일의 시작 부분에도 에퍼크 초인 1230179749가 있다. 이들 값을 gnuplot에 저장한다. 상수를 정의하고, 옥텟 수를 킬로바이트 단위로 정의한다.

```
gnuplot> inboundA=1229488610
gnuplot> inboundB=1230179749
gnuplot> kb=125
```

> **Note**
> 날짜를 점검하다 보면 1분 정도 차이가 나서 시작한 때를 발견하기도 한다. 일일 트래픽을 폭이 작은 그래프로 나타낼 때는 1분이라는 차이가 그래프 모양에 큰 영향을 미치지 않는다. 그러나 1분 동안의 트래픽을 그래프로 표현하거나 한 시간을 폭이 넓은 그래프로 표현할 때는 1분이라는 차이가 큰 영향을 미치므로, 시간을 정확하게 조정해야 한다.

시간 척도

시간 축인 x축의 라벨에 'hours into the samples'를 사용하고 싶은데 어떤 상황에서 x축에 초second가 들어갈 수 있다. 초를 시로 변환할 수 있으며, 이를 위해서는 gnuplot의 틱tic을 설정하면 된다. 틱은 축을 나누는 수단이며, 메이저 틱은 라벨로 들어가지만 마이너 틱은 라벨로 들어가지 않는다. 앞의 그래프들에서는 2시간(7,200초)을 메이저 틱으로 했고, 각 시간 사이 중간에 마이너 틱을 두었다.

```
gnuplot> set xtics 7200
gnuplot> set mxtics 2
```

기본 라벨을 위와 같이 하고, 데이터를 가지고 다음과 같이 그래프를 그릴 수 있다.

```
gnuplot> plot "inboundA.txt" using ($1-inboundA):($2/kb) with lines
title "day 1 traffic", "inboundB.txt" using ($1-inboundB):($2/kb)
with lines title "day 2 traffic"
```

결과는 그림 8.11과 같이 나올 것이다.

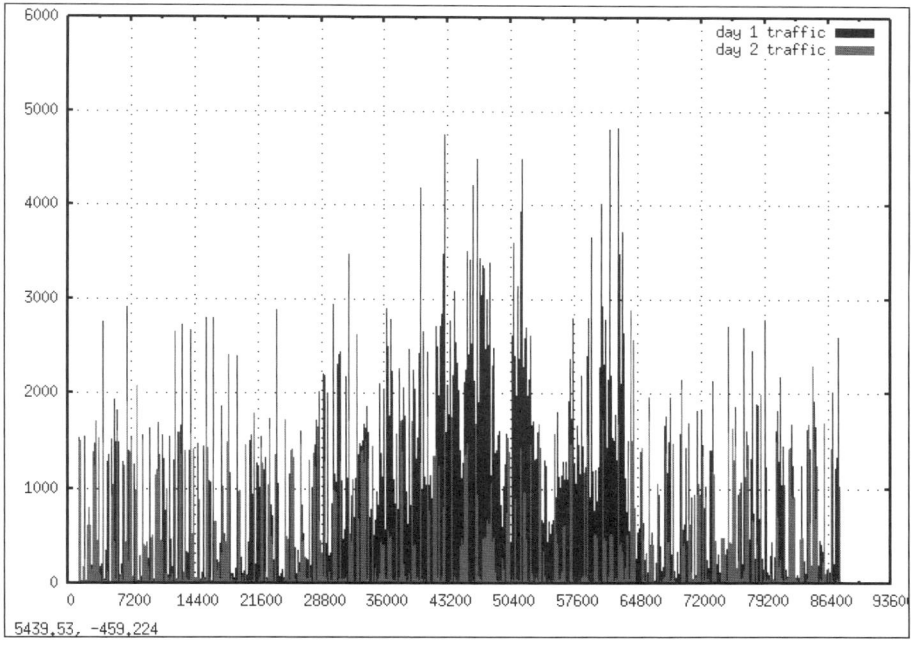

그림 8.11 다른 두 날의 트래픽 비교

인바운드 트래픽과 아웃바운드 트래픽을 동시에 보여주는 그래프와 위와 같은 유형의 비교 그래프를 결합할 수 있으며, 두 개의 시간 창에서 트래픽을 비교해서 이해력을 높일 수 있다. 아니면, 월요일부터 금요일까지, 아침 9시부터 오후 5시까지 얼마나 많은 인터넷 트래픽이 일어나는지를 보여주는 그래프를 만들어서 네트워크 사용자에게 미치는 영향을 파악할 수 있다. 또한, 작년에 인터넷 회선이 새로 설치되었을 때의 사용량과 현재의 네트워크 사용량을 비교할 수 있다. gnuplot을 이용해서 모든 데이터를 시각적으로 표현할 수 있다. gnuplot을 이용해서 흐름 데이터를 처리하는 더 상세한 예제를 보고 싶으면 CAIDA 툴이나 FloCon(http://www.cert.org/flocon)을 참고한다.

9

기타 툴 및 흐름 분석 활용

이 책에서 설명한 툴들을 이용하면 흐름 데이터를 다양한 방법으로 분석하고 표현할 수 있다. 이번 장에서는 여러 개의 비슷한 시스템들을 살펴볼 것이고, 이들 시스템을 흐름 콜렉터에 연결하는 방법을 배울 것이다. 그런 다음에 흐름 분석으로 무엇을 할 수 있는지를 설명하는 공통된 유스 케이스를 몇 가지 살펴본다.

넷플로우 v9

넷플로우 버전 9는 주로 IPv6용으로 사용된다. (물론 버전 9가 다른 유형의 정보를 포함할 수도 있다.) 그런데 넷플로우 버전 9는 많이 배치되어 있지 않다. 대부분의 넷플로우 센서가 버전 9가 아닌 버전 5나 버전 7을 지원한다. 그러나 일부 제조업체의 하드웨어는 버전 9만 지원한다. 버전 9가 더 널리 사용되면 flow-tools와 flow-tools를 따르는 툴들도 버전 9를 지원할 것이다. 그러나 실제로 그렇게 되기 전까지, 넷플로우 버전 9 데이터를 어떻게 처리해야 하는가?

버전 9 흐름을 받아들이는 무료 흐름 콜렉터들이 있다. 이들 콜렉터는 버전 9 데이터를

flow-tools 형식으로 변환할 수 있다. 여기서는 그 중에서 flowd(http://www.mindrot.org/projects/flowd/)의 사용 방법을 설명한다. 데이터를 flow-capture 레코드 파일로 변환하기 위해 flowd를 먼저 설치해야 한다.

flowd 설치

운영체제에 flowd 패키지가 있으면 그 패키지를 이용한다. 없으면 flowd를 직접 설치하면 된다. 설치하기 전에 다음의 소프트웨어를 설치해야 한다.

- BSD yacc(리눅스에서 일반적으로 byacc로 패키지되어 있음)
- GNU make

그렇다. GNU 스타일의 make와 BSD 스타일의 yacc가 필요하다.

flowd 소프트웨어를 실행하려면 비특권 사용자인 _flowd가 필요하다. flowd를 빌드하기 전에 _flowd 사용자를 생성한다.

yacc와 make를 설치했으면 flow-tools나 softflow를 빌드했던 것처럼 flowd를 빌드한다. configure 스크립트에 다양한 옵션이 들어간다. 여기서는 flowd를 /usr/local/flowd에 빌드하고 설치한다.

```
# configure --prefix=/usr/local/flowd
# gmake
# gmake install
```

이렇게 하면, 설정 파일과 flowd 프로그램을 확보할 수 있다.

flowd 설정

flow-capture를 제어할 때는 명령어 라인 인수를 사용한다. flowd에서는 설정 파일을 사용한다. 대부분의 flowd 설정 옵션은 flow-capture의 옵션과 비슷하다.

```
① logfile "/var/flow/router-v9/current"
② pidfile "/var/run/flowd.pid"
③ listen on 0.0.0.0:6789
④ flow source 192.0.2.1
⑤ store ALL
⑥ accept all
```

flowd는 흐름 레코드를 로그파일에 저장한다(①). flow-capture의 ft- 파일처럼 flowd 로그는 2진 파일로 압축되어 있어서 로그 내용을 직접 볼 수는 없다. 대다수의 다른 소프트웨어처럼 flowd는 프로세스 ID를 PID 파일에 기록한다(②). 대다수의 시스템은 PID 파일을 /var/run/ 디렉토리에 저장한다.

flowd는 네트워크를 청취해야 하며, 청취할 IP 주소와 UDP 포트를 지정하고, IP 주소와 포트를 콜론으로 구분한다(③). IP를 0.0.0.0으로 넣으면 flowd는 시스템의 모든 IP 주소에서 들어오는 흐름 데이터를 청취한다. 흐름 데이터를 수락하지 않을 IP 주소를 지정하려면 라우터의 IP 주소를 흐름 출발지로서 정한다(④).

flowd에는 포괄적인 필터링 기능들이 있어서 이들 기능을 이용해서 정해진 유형의 흐름만 기록할 수 있지만 모든 것을 기록하거나(⑤) 센서가 송신하는 모든 것을 수락할 수 있다(⑥).

설정 파일을 모두 편집했으면 flowd를 시작하고, 데이터를 콜렉터의 IP 주소와 포트로 송신하도록 버전 9 센서에게 지시한다. 버전 9 흐름 데이터가 도달하면 flowd는 데이터를 로그파일에 기록하다. 시간이 지나면서 로그파일이 점점 커질 것이다. 이제, 데이터를 네트워크 flow-tools 형식으로 변환해보자.

flowd 데이터를 flow-tools 형식으로 변환

넷플로우 버전 9에는 넷플로우 버전 5 레코드에 있는 정보, 즉 출발지 주소, 목적지 주소, 출발지 포트, 목적지 포트, 프로토콜 번호, 패킷 카운트 등이 있다. flowd 로그에서 이들 정보를 자동으로 추출해서 그것을 flow-capture ft- 파일로 가져오기해야 한다. 다행히, 크레그 웨인홀드Craig Weinhold의 flowd2ft 스크립트로 이 작업을 처리할 수 있다. 다음에 제시된 스크립트를 복사하거나 http://www.networkflowanalysis.com/에서 스크립트를 다운로드해서 사용할 수 있다. 스크립트 코드를 살펴보자.

```
#!/usr/bin/perl
# "flowd2ft" crontab script to move flowd capture files into flow-
tools

# -- flow-tools variables
# where ft's flow-import is
① our $ftImport = "/usr/local/bin/flow-import";
```

```
# put a copy of the flow file here, for flowscan
② our $ftDir = "/var/flow/router-v5/ft";
# timezone for ft capture files
③ our $ftTZ = "-0500";
# seconds per ft capture file and cron interval
④ our $ftPeriod = 300;

# -- flowd variables
# where flowd-reader is
⑤ our $flowdReader = "/usr/local/bin/flowd-reader";
# where flowd.conf is
⑥ our $flowdConf = "/usr/local/etc/flowd.conf";
# SIGUSR1
our $flowdHup = "10";
our ($flowdPid, $flowdLog);

our ($sec,$min,$hour,$mday,$mon,$year,$wday,$yday,$isdst) =
localtime(time - $ftPeriod);
our $ftFile = sprintf("ft-v05.%04d-%02d-%02d.%02d%02d%02d$ftTZ",
$year + 1900, $mon + 1, $mday, $hour, $min, $sec);

⑦ open(IN, $flowdConf) || die "Could not read $flowdConf";
while ( <IN> ) {
   if (/^\s*logfile ["]?([^"\s]+)/) { $flowdLog = $1; }
   if (/^\s*pidfile ["]?([^"\s]+)/) { $flowdPid = $1; }
}
close(IN);

exit if (! -f $flowdLog); # exit silently on empty file

die "$flowdPid does not exist: $!" if (! -f $flowdPid);
my $pid = `cat $flowdPid`;
⑧ `mv $flowdLog $flowdLog.tmp`;
die "$flowdPid ($pid) invalid: $!" if (! kill $flowdHup, $pid);
⑨ `$flowdReader -c $flowdLog.tmp | $ftImport -f 2 -V 5 -z 1 >
$ftDir/$ftFile`;
```

이 스크립트를 사용하기 전에 설정 변수를 지정해야 한다. flow-import 프로그램의 위치를 직접 지정한다(①). 생성된 flow-capture 파일을 저장할 디렉토리를 지정한다 (②). 표준시각대 오프셋을 지정한다(③). 새로운 ft- 파일이 300초마다 만들어지도록 지정하며(④), 이것은 일반적인 flow-capture 인스턴스와 같은 수준이다.

스크립트는 flowd-reader 프로그램이 어디에 설치되어 있는지를 알아야 하고(⑤), flowd 설정을 어디서 찾아야 하는지를 알아야 한다(⑥). 스크립트는 ⑦에서 flowd 설정 파일의 나머지 설정 값을 읽는다. 그리고 ⑧에서 기존의 flowd 파일을 이동시켜서, flowd가 다시 시작하고, 기존 로그 파일을 닫는다. 마지막으로, ⑨에서 금방 닫힌 로그 파일을 읽고 새로운 flow-capture 파일을 생성한다.

스크립트를 설정한 후에 실행한다. 목적지 디렉토리에 새로운 ft- 로그 파일이 생성될 것이며, 얼마나 많은 흐름이 처리되었는지를 알려준다. 스크립트가 정확하게 실행되지 않으면 설정 값, 오류, 로그 메시지를 점검한다. 일단, 스크립트가 제대로 실행되는 것 같으면 cron에 적절한 엔트리를 넣어서 시스템을 5분마다 실행시킨다. 다음과 같이 하면 된다.

```
*/5 * * * * /usr/local/bin/convert-flowd-ft.pl > /tmp/convert.log
```

이제, 나머지 흐름 리포팅 시스템과 비교할 수 있는 흐름 레코드를 확보할 것이다. 이들 레코드를 이용해서 FlowScan을 셋업하고, flow-report를 실행하거나, 여러분이 원하는 다른 작업을 처리할 수 있다.

sFlow

sFlow는 인몬InMon이 개발한 흐름 내보내기 기술로서, 시스코의 NetFlow와 경쟁하고 있다. HP나 익스트림 같은 많은 벤더들이 넷플로우를 지원하지 않고 sFlow를 지원하는 장비를 제공하고 있다. 실망할 필요는 없다. sFlow 패킷을 넷플로우 버전 5 데이터로 변환해서, flow-tools로 넘길 수 있다.

> **Note**
> sFlow 기반 장비가 많다면 sFlow 리포팅 시스템을 살펴보아야 한다. 그러나 flow-tools가 이미 셋업되어 있고 sFlow 장비를 기존 시스템에 통합해야 할 경우 sFlow를 NetFlow로 변환해서 활용하는 것이 더 좋다.

sFlow 내보내기 설정: sflowenable 활용

일부 sFlow 센서를 GUI나 명령어 라인에서 설정할 수 있다. 그러나 일부 sFlow 센서는 SNMP를 통해 설정되어야 한다. sFlow를 셋업하기 위해 SNMP GET 명령어와 SET 명령어를 직접 사용할 수 있지만 인몬에서 제공하는 스크립트를 이용해서 sFlow 셋업 과정을 자동화할 수 있다. 이를 위해 http://www.inmon.com/technology/sflowenable/ 에서 sflowenable 복사본을 가져온다.

sflowenable에는 net-snmp 툴이 필요하며, net-snmp는 네트워크 관리 워크스테이션에 이미 설치되어 있을 것이다. sflowenable은 gawk라고도 알려져 있는 GNU awk를 필요로 한다. 일부 운영체제에서는 gawk가 기본 awk로 되어 있으며, 어떤 운영체제에서는 gawk가 애드온 패키지로 들어 있다. sflowenable에서 알 수 없는 awk 오류가 발생하면 잘못된 awk를 가지고 있다고 보면 된다. gawk를 설치한 다음에 awk 대신 gawk를 사용하도록 스크립트를 편집하거나 쉘에서 awk의 앨리어스로 gawk를 지정한다.

sflowenable을 실행하려면 센서 호스트명, 읽기-쓰기 SNMP 커뮤니티, 콜렉터 IP, sFlow 데이터를 수신할 UDP 포트가 필요하다.

```
sflowenable.sh sFlow센서 커뮤니티 콜렉터IP 콜렉터포트
```

예를 들어, bigSwitch라는 장비에서 SNMP 커뮤니티 LucasRulez를 사용해서 sFlow를 활성화하고, 데이터를 192.0.2.15 호스트의 5515 포트의 sFlow 콜렉터로 데이터를 송신하려면 다음과 같이 하면 된다.

```
# sflowenable.sh bigSwitch LucasRulez 192.0.2.15 5515
```

콜렉터에서 5515 포트로 오는 데이터를 거의 바로 바로 볼 수 있다. 그런데 이 상태에서는 청취할 수 있는 것이 없으므로 아무 일도 할 수 없다. 이를 어떻게 처리할 수 있는지 자세히 살펴보자.

sFlow를 넷플로우로 변환

sflowtool은 sFlow 콜렉터, 캡처, 컨버터 프로그램으로서 무료로 이용할 수 있다. 이것을 http://www.inmon.com/technology/sflowTools.php에서 얻을 수 있다. sflowtool의 기능을 활용해서 sFlow 데이터 스트림을 넷플로우 버전 5로 변환해서, 넷플로우 콜렉터로 전송할 수 있다.

sflowtool은 특별한 선수 프로그램이 필요 없는 간단한 프로그램이다. 늘 사용하는 ./configure, make, make install 루틴을 사용해서 sflowtool을 빌드한다.

sflowtool이 데이터를 변환하고 재송신할 수 있도록 sFlow 연결을 청취할 포트, flow-capture 호스트, flow-capture 포트가 필요하다.

```
sflowtool -p sflow_port -c flow-capture-host -d flow-capture-port > /
dev/null &
```

앞의 예제에서는 sFlow 콜렉터가 5515 포트를 이용한다고 가정했다. sFlow 패킷을 받아들이고, sFlow 패킷을 NetFlow로 변환하고, flow-capture 인스턴스로 재송신하기 위해 앞의 예제와 동일한 호스트의 5516 포트를 이용한다고 가정하자. 그러면 sflowtool을 다음과 같이 실행할 수 있다.

```
sflowtool -p 5515 -c localhost -d 5516 > /dev/null &
```

이제, flow-capture 인스턴스를 설정해서 흐름 데이터를 기록하고, 로컬 스크립트나 변환 루틴 없이도 sFlow만 지원하는 디바이스에서도 데이터를 확보할 수 있다.

흐름 데이터를 이용해서 문제 해결

이 책에서 흐름 분석이 유용하다는 점을 살펴보았다. 지금부터는 몇 가지 사례 연구를 통해서 실제 문제와 해결 방법을 살펴본다. 여기서 이야기하는 것들 중에서 어떤 것은 앞에서 설명한 내용이고, 어떤 것은 새로운 내용이다.

문제를 일으키는 소프트웨어 찾기

일반적으로 네트워크에서 모든 TCP 연결이 100% 정상이지는 않고, 극히 일부 TCP 연결에서 문제가 생길 수 있다. 이런 문제는 소프트웨어가 기능을 잘못 수행하거나, 클라이언트가 존재하지 않는 프린터로 연결하거나, 더 많은 것을 알고 싶은 사용자가 통제되지 않는 프리웨어를 설치할 때 주로 발생한다. 흐름 데이터를 활용해서 네트워크 문제를 해결할 수 있는 가장 빠른 방법은 끊어진 연결을 점검하고, 연결의 출발지와 목적지를 파악하고, 문제가 된 머신에서 어떤 소프트웨어가 문제의 원인인지를 찾는 것이다. 끊어진 TCP 연결을 다음의 두 그룹으로 분류할 수 있다.

- SYN만 있는 흐름: 머신이 원격 호스트와 연결하려고 시도하지만 원격 호스트가 응답하지 않는다.
- RST만 있는 흐름: 머신이 원격 호스트와 연결하려고 시도하지만 원격 호스트가 연결을 거절한다.

각 상황에 대한 필터를 작성해서, 각 상황에 맞는 보고서를 만들 수 있다.

끊어진 연결 필터

다음에 제시된 필터는 끊어진 TCP 연결, 즉 SYN만 있는 흐름과 RST만 있는 흐름을 캡처한다.

```
① filter-primitive syn-only
      type ip-tcp-flags
      permit 0x2
② filter-primitive rst-only
      type ip-tcp-flags
      permit 0x4

③ filter-definition syn-only
      match ip-tcp-flags syn-only
④ filter-definition rst-only
      match ip-tcp-flags rst-only
```

SYN만 있는 흐름의 원형(①)을 정의하고, 이 원형에 대응하는 필터(③)를 정의한다. 그리고 RST만 있는 흐름의 원형(②)을 정의하고, 이에 대응하는 필터(④)도 정의한다.

리셋 점검

'통상적인' 트래픽에서 rst-only 필터를 다음과 같이 사용할 수 있다.

```
# flow-cat ① ft-v05.2010-01-22.10* | flow-nfilter -F rst-only | flow-report -v ②
TYPE=ip-address -v ③ SORT=+flows
ip-address                 flows         octets        packets       duration
④ 192.0.2.184              1186          14880         372           100
192.0.2.197                1186          14880         372           100
198.22.63.8                39            1720          43            4
72.21.91.20                23            920           23            0
192.0.6.197                23            1920          48            16
192.0.64.69                16            640           16            0
...
```

'통상적인' 트래픽이 일어나는 시간대의 레코드를 선택한다. 예를 들어, 사무실이 오전 9시에서 오후 5시에만 연다면 오전 2시의 흐름 레코드는 '통상적인' 트래픽이라고 볼 수 없다. 필자는 필자의 네트워크에서 오전 10시에서 오전 11시 사이(①)의 레코드를 분석하기로 한다.

SYN만 있는 흐름이나 RST만 있는 흐름을 비정상적으로 많이 송신하거나 수신하는 머신을 찾고 있다. 처음에 flow-print로 데이터를 보겠지만 진짜로 원하는 것은 찾는 조건에 일치하는 흐름의 IP 주소 목록과 흐름의 수이며, 이 데이터를 ip-address 보고서 (②)에서 얻을 수 있다. 필자는 결과를 내림차순으로 정렬(③)한다. 오전 10시대에, 처음 두 호스트에는 세 번째 호스트보다 RST만 있는 흐름이 30배 더 많다(④). 처음 두 호스트에서 무언가 비정상적인 일이 일어나고 있다는 것을 알 수 있다.

그 다음으로 할 일은 이런 현상이 지속적으로 일어나고 있는지, 두 호스트에서 특정 시간에 일시적으로 일어났는지를 파악하기 위해서 조금 더 자세한 조사를 진행해야 한다. 이번 예에서는, 이런 현상이 지속적으로 발생한다고 가정하고, 첫 번째 호스트의 RST만 있는 흐름을 자세히 살펴본다. 이번 예에서, 필자는 4장에서 만든 ip-addr 보고서를 사용한다. 지금, 출발지 주소와 목적지 주소 사이를 구별할 필요는 아직 없다.

```
# flow-cat ft-v05.2010-01-22.10* | flow-nfilter -F rst-only | flow-nfilter -F ip-addr -v
ADDR=192.0.2.184 | flow-print | less
srcIP                dstIP             prot    srcPort   dstPort   octets    packets
192.0.2.184          192.0.2.197       6       443       33171     80        2
192.0.2.184          192.0.2.197       6       443       17866     80        2
192.0.2.184          192.0.2.197       6       443       64447     80        2
192.0.2.184          192.0.2.197       6       443       60076     80        2
192.0.2.184          192.0.2.197       6       443       13839     80        2
...
```

얼핏 보기에, 각 흐름이 기본적으로 동일한 것처럼 보인다. 192.0.2.184 호스트는 192.0.2.197 호스트로 두 개의 TCP RST를 보내는데, 출발지 포트는 443번이고, 목적지 포트는 '높은 번호' 포트다. 이것은 거절된 HTTPS 요청이다. 두 호스트 사이에서 일어난 트래픽이 모두 이렇다면, 192.0.2.197이 192.0.2.184에게 HTTPS 요청을 보냈지만, 모든 요청이 거절된 것으로 보면 된다.

타임스탬프가 들어간 형식으로 flow-print를 실행하면 클라이언트가 이 요청을 몇 초마다 한다는 것을 알 수 있다.

```
flow-print -f 5
```

192.0.2.197 호스트는 문제를 일으키거나 잘못 설정된 소프트웨어를 실행하고 있을

것이다. 무슨 일인지 시스템 어드민에게 물어볼 필요가 있다.

여기에 설정된 필자의 테스트 네트워크는 매우 작은 규모라는 점을 기억하기 바란다. 엔터프라이즈 데이터 센터에는 네트워크에 문제를 일으키는 다양한 소프트웨어 패키지가 매우 많이 있다. 필자는 잘못 설정된 소프트웨어가 1초마다 수백 번이나 다른 호스트와 연결하려고 시도하는 상황을 본적이 많다. TCP RST가 많다고 해서 문제가 될 정도로 많은 대역폭을 소모하지는 않는다. 그러나 그런 문제를 해결하면 소프트웨어의 효율성을 높이고, 하드웨어 자원을 절약하고, 네트워크 트래픽 및 서비스의 예상치 못한 지연을 줄일 수 있다.

오류가 발생한 연결 점검

SYN만 있는 흐름은 호스트가 연결을 요청했지만 응답이 없다는 것을 나타낸다. 요청받은 주소가 네트워크에 없거나, 해당 주소의 호스트가 요청에 응답할 수 없거나, 호스트가 요청을 그냥 무시했을 수 있다. SYN만 있는 흐름이 지나치게 많은 IP 주소를 파악하기 위해 RST만 있는 흐름을 점검할 때와 비슷한 방법을 이용하면 된다. 필터만 바꾸면 된다.

```
# flow-cat ft-v05.2011-01-22.10* | flow-nfilter -F hamlin | flow-nfilter -F syn-only |
flow-report -v TYPE=ip-address -v SORT=+flows
ip-address              flows       octets      packets     duration
① 192.0.2.13            8306        526240      16998       2390732
  118.126.4.66          256         10240       256         0
  112.110.75.169        224         40640       635         1828064
  192.0.2.158           193         24624       513         1430236
  192.0.2.233           158         24648       474         1421304
```

보고서를 보면 다른 호스트에 비해 192.0.2.13 호스트가 SYN만 있는 흐름을 지나치게 많이 일으켰다는 것을 알 수 있다(①). 그 이유를 파악하기 위해 해당 호스트의 트래픽을 살펴보기로 한다. 다음과 같이 하면 된다.

```
# flow-cat ft-v05.2011-01-22.10* | flow-nfilter -F rst-only | flow-nfilter -F ip-addr -v
ADDR=192.0.2.13 | flow-print | less
srcIP           dstIP           prot    srcPort  dstPort   octets     packets
① 192.0.2.13   192.0.2.16      6       26064    24        64         1
② 192.0.2.13   192.0.2.16      6       26064    26        64         1
③ 192.0.2.13   192.0.2.16      6       26147    27        64         1
```

```
④ 192.0.2.13    192.0.2.16    6    26148    28    64    1
  192.0.2.13    192.0.2.16    6    26152    29    64    1
  192.0.2.13    192.0.2.16    6    26149    30    64    1
  192.0.2.13    192.0.2.16    6    26246    31    64    1
  192.0.2.13    192.0.2.16    6    26248    32    64    1
  192.0.2.13    192.0.2.16    6    26253    33    64    1
  ...
```

192.0.2.13 호스트는 192.0.2.16 호스트에 반복해서 연결을 시도하는데, 처음에는 24번 포트(①)에서, 그 다음에는 26번 포트(②)에서, 뒤이어 27번 포트(③)와 28번 포트(④)에서 연결을 계속 시도한다. 이 데이터는 192.0.2.13 호스트가 192.0.2.16 호스트의 1번 포트부터 1024번 포트 사이의 모든 포트로 연결을 시도한다는 것을 보여준다.

이 상황은 포트 스캐너를 나타낸다. 그러나 모든 포트 스캐너가 순차적으로 모든 포트를 스캔하지 않는다. 여기서 핵심은 동일한 IP가 비교적 짧은 시간 동안 많은 포트에 접근한다는 점이다. 192.0.2.13이 여러분의 보안 워크스테이션으로서 네트워크를 습관적으로 스캔한다면 이 상황은 정상이다. 그러나 웜과 침입자도 취약점이 있는 대상을 파악하기 위해서 포트 스캐너를 사용한다. 이 머신이 네트워크를 스캔하는 이유를 모른다면 그 원인을 분명히 찾아내야 한다!

여기서 한 가지 재미있는 사실은 25번 포트가 스캔되지 않았다는 점이다. 이번 예에서는 리셋만 있는 흐름을 점검하고 있다는 점을 기억하기 바란다. 어떤 호스트가 어떤 포트에서 응답을 하면 해당 포트는 이 목록에 표시되지 않는다. 이번 경우에, 192.0.2.16에서는 메일 서버가 돌아가고 있어서, 호스트들 사이의 모든 트래픽을 보면 25번 포트로 가는 흐름과 응답하는 흐름이 있다는 것을 확인할 수 있다.

SYN만 있는 흐름 수가 많은 또 다른 IP를 조사하면 다음과 같은 결과가 나올 수 있다.

```
srcIP             dstIP          prot  srcPort  dstPort  octets  packets
221.194.136.17    192.0.2.158    6     35628    80       432     8
66.249.67.245     192.0.2.158    6     44008    80       240     4
221.194.136.17    192.0.2.158    6     35628    80       48      1
66.249.67.245     192.0.2.158    6     44008    80       60      1
65.55.207.118     192.0.2.158    6     52684    80       144     3
65.55.106.137     192.0.2.158    6     54180    80       144     3
65.55.106.185     192.0.2.158    6     21976    80       144     3
...
```

여기서, 여러 출발지 IP 주소들이 192.0.2.158로 연결하려고 시도하며, 모두 TCP 80번 포트를 이용한다. 이 머신은 웹 서버로서, 80번 포트에서 요청에 응답한다는 것을 알 수 있다. 여기서 SYN만 있는 흐름이 보이는 이유가 무엇인가?

네트워크 장비 보고서에 흐름이 있다고 나오면 패킷이 네트워크 노드로 가고 있다고 보면 된다. 왜냐하면 패킷을 보내고 있기 때문에 보고서에 흐름이 있는 것으로 나온다. 이번 경우에, flow-print 명령어에서 syn-only 필터를 제거하면 웹 서버가 수천 개의 요청에 응답하고 있다는 것을 알 수 있다. flow-report를 실행하면 점검 시간 동안 SYN만 있는 흐름이 193개 있었고, 웹 서버가 이 193개 요청에 응답하지 않았다는 것을 알 수 있다. 아마, 메모리가 꽉 차거나 CPU 처리 능력이 다했을 수 있다. 아니면 네트워크 카드의 처리 용량이 한계에 이르거나, 웹 서버 소프트웨어가 다시 로드되었을 수도 있다.

SYN만 있는 패킷이 나타난 시간을 그래프로 표현하면 몇 가지 답을 얻을 수 있다. 특히, 해당 시간에 열려 있는 연결 수나 서버가 내부 유지보수를 수행한 시간 목록을 그래프로 만들어서, 이들 그래프를 비교하면 더 많은 정보를 얻을 수 있다. 네트워크 관리자로서 여러분이 지금 할 수 있는 말은 지정된 시간 동안 사용자들이 '페이지를 표시할 수 없습니다'라는 메시지를 보았거나 그와 비슷한 오류를 193번 경험했다는 것이다. 여러분의 환경에서 이 정도는 용인될 수 있는 수준인가? 아마 그렇지 않을 것이다.

현재 시점에서 여러분은 전송 시스템의 어느 곳에서 오류가 일어났다는 것을 알았다. 네트워크에서 패킷을 보냈지만 웹 서버가 응답을 하지 않았다. 웹 서버 어드민이 네트워크 타임아웃에 관련된 불만 신고를 받고 있다면 그 타임아웃이 실제로는 네트워크 문제가 아닌 다른 문제 때문에 일어났다는 증거를 제시하고, 해당 문제를 해결할 수 있는 방법을 제안할 수 있다.

웜 식별

엔터프라이즈 네트워크에서 웜은 시스템 장애보다 더 나쁜 영향을 미친다. 웜이 일어나면 회의가 소집되며, 이 회의에는 경영진도 참석한다. 웜이 확산되면 데스크톱의 안티바이러스 소프트웨어도 각종 경보 메시지를 많이 내기 때문에 웜 대책 회의에서 임원들은 이 상황에 어떻게 대처할 것인지를 집중적으로 물을 것이다.

최선의 방법은 웜 출처를 최대한 빨리 찾는 것이다. 2009년 봄에 필자가 근무하던 회사의 안티바이러스 시스템은 Conficker 바이러스에 감염되었다는 경고 메시지를 보내기 시작했다. 필자의 회사는 전 세계 각지에 수 십 만대의 데스크톱을 보유하고 있어서, 바이러스 출처를 수작업으로 파악하려면 엄청나게 많은 인력이 동원되어야 하고, 표준시각대와 사용 언어도 제각각이어서 높은 수준의 협업이 필요했다. 그 당시에, 필자는 전 세계 수십 곳의 사업장 중에서 세 곳의 흐름 데이터를 확보하고 있었지만 흐름 분석 작업을 진행한 결과, 15분 만에 웜의 출처를 찾아낼 수 있었으며, 웜 대책 회의에서 여유를 부릴 수 있었다.

웜을 찾으려면 먼저 웜의 전파 방법을 확인해야 한다. Conficker 바이러스는 마이크로소프트의 파일 공유 포트인 TCP 445번을 통해 확산된다. Conficker는 윈도우 호스트를 식별하기 위해 네트워크의 모든 IP를 탐지하고, 발견된 호스트를 감염시킨다. 이것은 일반적인 방식이 아니다. 많은 서버가 많은 호스트로부터 연결 요청을 수신하지만 네트워크의 다른 모드 호스트에 가려고 시도하는 시스템은 매우 극소수다.

시스템이 접촉하려는 호스트의 수를 세기 위해 ip-source-address-destination-count 보고서를 다음과 같이 사용할 수 있다.

```
# flow-cat ① ft-v05.2009-05-29.* | flow-nfilter -F ip-port -v ② PORT=445 | flow-report -v ③ TYPE=ip-source-address-destination-count -v OPTIONS=-header -v ④ FIELDS=-duration,-packets,-octets | ⑤ sort -rnk 2 | less
ip-source-address           ip-destination-address-count      flows
⑥ 172.17.84.14              1851                              1711
⑦ 172.17.84.13              1591                              1483
⑧ 172.19.11.65              59                                225
172.19.11.8                 44                                60
172.19.11.4                 17                                38
...
```

웜이 로컬 네트워크를 공격할 때 흐름 파일을 실행했다(①). 그리고 445번 포트에서 나가거나 445번 포트로 들어오는 흐름만 검색했다(②). 그런 다음에 검색된 흐름들을 ip-source-address-destination-count 보고서로 보았다(③). 가독성을 높이기 위해서 불필요한 필드를 제거했다(④).

> **Note**
>
> ip-source-address-destination-count 보고서와 ip-destination-address-source-count 보고서에는 정렬 기능이 내장되어 있지 않다. 따라서 정렬하려면 ⑤와 같이 외부에서 정렬 방식을 지정해야 한다. (이와 같이 외부에서 정렬하면 각 행의 제목이 목록의 하단에 표시된다. 여기서는 이해를 돕기 위해서 행 제목을 위에 표시했다. 임원들에게 보고할 때도 이와 같이 하기 바란다.)

이 보고서에서는 두 개의 호스트가 다른 호스트보다 현저하게 많은 호스트로 연결을 시도하는 것으로 나타났다. ⑥을 보면 172.17.84.14 호스트가 데이터 센터 네트워크에 있는 1,851개의 다른 호스트로 연결하려고 시도하거나 실제로 연결을 했다. 해당 네트워크에서 가동 중인 컴퓨터가 500대 정도 밖에 없었기 때문에 이 수치는 매우 의심스러웠다. ⑦의 두 번째 호스트도 첫 번째 호스트와 비슷한 양상을 보였다. 반면에 ⑧의 호스트는 파일 서버였는데, 여기서는 연결 수가 많지 않았다.

이 두 머신은 지구 반대쪽의 테스트 네트워크에 있는 호스트로 밝혀졌다. 이 사례에서 흐름 분석을 하지 않았다면 이 두 머신을 결코 찾아내지 못했을 것이다.

정상적이지 않은 주소로 가는 트래픽

방화벽이 잘못 설정되어 있는가? 그런 상황은 충분히 있을 수 있다. 그리고 그런 상황 자체를 아예 모를 수도 있다.

대다수의 방화벽은 사설 주소의 호스트를 공개 인터넷의 호스트로 연결하기 위해 NAT Network Address Translation를 사용한다. 방화벽 정책이 복잡하고 방화벽 플랫폼의 NAT 규칙이 복잡하거나 평범하지 않다면 인터넷과 통신하는 네트워크에서 주소 변환이 우연히 누락될 가능성이 높아진다. 특히, 한 개의 정책을 다수의 방화벽에서 운영하고 있다면 주소 변환 누락 가능성은 훨씬 더 높아진다. ISP는 인터넷 회선에서 내부 주소를 필터링할 것이며, 내부 IP 주소가 있는 외부 네트워크의 모든 트래픽은 내부 네트워크에서 만들어진 것이 된다. (이 상황이 되면 ISP와 상담을 해야 한다.)

사설 주소에서 온 트래픽을 추적하는 작업은 쉽다. 먼저, 내부 주소를 포함하는 필터를 정의한다.

```
    filter-primitive internal
        type ip-address-prefix
①       permit 172.16.0.0/16
        permit 172.17.0.0/16
        permit 172.18.0.0/16

    filter-definition internal
        match ip-source-address internal
        or
        match ip-destination-address internal
```

여기서는, 내부에서 사용되는 세 개의 IP 주소 블록을 지정하고(①), 필터를 정의한다. 그 다음에, 인터넷과 연결된 네트워크의 흐름 레코드를 저장하는 디렉토리로 가서, 주소를 필터링하고, 결과를 출력한다.

 # flow-cat * | flow-nfilter -F internal | flow-print | less

```
srcIP            dstIP             prot  srcPort  dstPort  octets  packets
① 172.16.84.151  137.118.232.3     6     33892    25       40      1
  172.16.84.151  94.190.193.162    6     43729    25       309     1
  172.16.84.151  123.118.100.174   6     25051    25       339     1
  172.16.84.151  189.70.172.2      6     33724    2015     133     1
  172.16.84.151  212.242.180.151   6     33724    11906    133     1
② 172.16.84.130  198.22.66.10      17    4132     53       132     1
  172.16.84.130  198.22.62.19      17    38897    53       132     1
...
```

결과에 제시된 각 흐름에 방화벽 규칙이 적용되었지만 NAT 설정이 잘못되었다. 다시 말해서 방화벽 규칙이 틀렸으며, 이는 예상치 못한 결과로 이어질 수도 있다. 가령, ①의 호스트는 사설 주소에서 이메일을 전송한다. 물론 연결은 제대로 이루어지지 않았다. 그런데 이것이 백업 메일 서버인데, 메인 메일 서버에 오류가 생기면 이 상황은 심각한 문제로 이어지다. ②의 호스트는 사설 주소에서 네임 서비스 질의를 하는 오류에 빠져 있다. 이런 문제들을 사전에 해결하면 나중에 발생할 오류를 줄일 수 있다.

존재하지 않는 호스트로 가는 트래픽

이론상으로는 네트워크 서버를 없애면 네트워크 사용량이 줄어든다. 그러나 항상 그렇지는 않다.

어느 때인가, 필자 회사의 네트워크에 있는 일부 데스크톱에서 일부 사용자들이 사용자 이름과 비밀번호를 입력하고 5분이 지났는데도 데스크톱을 사용할 수 없는 상황이 발생했다. 여러 운영체제에서 동일한 현상이 일어났다. 모든 워크스테이션에서 그런 현상이 일어나지는 않았지만 그런 현상을 일으키는 데스크톱 중에서 대다수는 원격지에 있어서 필자가 직접 진단할 수 없었다. 문제를 일으킨 워크스테이션들 중에서 한 사용자의 협조를 구해서 특정 시간의 흐름 레코드를 점검해서, 해당 워크스테이션이 필자의 데이터 센터에 접촉을 시도하는지를 점검했다.

분석 결과, 해당 워크스테이션에서 오는 대부분의 트래픽은 노벨 로그인 서버로 오려고 시도했다. 그런데 노벨 로그인 서버는 며칠 전에 꺼진 상태였다. 그러나 그 워크스테이션에는 여전히 노벨 로그인 클라이언트가 설치되어 있었다. 노벨 로그인 서버가 셧다운되었다고 알렸을 것임에도 불구하고 노벨 클라이언트 소프트웨어가 로그인 서버와 접촉하려고 시도했던 것이다. 해당 클라이언트에서 노벨 클라이언트를 제거하자 느려졌던 로그인 문제가 해결되었다.

한 가지 문제를 파악한 후에, 필자는 FlowGrapher를 사용해서 해당 원격 사업장에서 연결이 끊어진 서버의 IP 주소로 가는 트래픽을 그래프로 표시했다. 분석 결과, 매일 아침 2시간 동안 연결이 끊어진 서버의 IP 주소로 가는 트래픽이 해당 사업장의 네트워크 연결의 거의 25%를 소모하는 것으로 밝혀졌다. 비활성화된 클라이언트를 제거하는 일이 불필요한 것처럼 보일 수 있지만 이 사건으로 인해 사람들의 인식이 바뀌었다.

엄밀히 말해서, 이것은 네트워크 문제가 아니었다. 그러나 이 상황을 진단하는 일에 네트워크 어드민이 함께 해야 했고, 이 문제를 해결함으로써 네트워크에 대한 불만 건수를 줄일 수 있었다. 네트워크 엔지니어의 유일한 소원은 '사용자가 불만 없이 입을 다물고 있는 것'이라는 점을 꼭 기억하기 바란다.

저자 후기

이 글을 읽는 독자 여러분들 중 대다수는 주변의 동료들과 좋은 관계를 유지하고 있을 것이며, 업무 환경도 만족스러울 것이고, IT 팀도 흠잡을 데 없이 잘 돌아가고 있을 것으로 확신한다. 그러나 모든 사람이 이렇게 좋은 환경에서 일을 하지는 않는다. 업무 지원 환경이 미흡해서 일을 하기가 힘든 독자 여러분은 여기서 이야기하는 필자의 조언을 귀담아 듣기 바란다.

흐름 분석은 여러분의 문제 해결 능력을 바꿀 것이다. 흐름 분석을 활용하면 여러 해 동안 네트워크에 나쁜 영향을 미치던 고질적인 문제를 해결할 수 있다. 모든 사람이 네트워크 때문에 발생했다고 주장하던 문제가 실제로는 서버 문제나 소프트웨어 문제라는 사실을 입증할 수 있다. 또한 여러 사람들이 네트워크에서 일으키던 이상한 문제들을 낱낱이 파악할 수 있다. 이렇게 되면 동료 및 임원들과 여러분의 관계가 빠르게 변화될 것이다.

시스템 어드민과 네트워크 엔지니어는 전통적으로 함께 일하기 어려운 관계에 있다. 그러나 이제 여러분은 흐름 분석을 통해 증거를 확보할 수 있으므로, 다른 엔지니어들의 비타협적인 태도에 반박할 증거를 들이밀 수 있으며, 다른 사람들이 어떤 문제가 여러분의 문제라고 주장할 때 흐름 분석을 통해 확보한 증거를 적극 활용할 수 있다. 또한 여러분은 흐름 분석을 통해 어떤 문제가 네트워크 문제가 아니라고 이야기할 수 있을 뿐만 아니라 문제의 원인까지 파악했을 것이므로 문제의 해결책까지 다른 사람들에게 제시할 수 있다. 한마디로 말해서 은혜를 베푸는 수준까지 가는 셈이다. 이와 같이 능력과 함께 긍정적인 해결 마인드까지 갖춘다면 주변의 동료와 임원들이 여러분을 대하는 태도가 바뀔 것이며, 이는 결국 여러분의 삶의 개선과도 직결된다.

뭐, 이 정도까지 진행되지 않더라도, 최소한 어떤 문제가 여러분 때문에 생긴 것이 아니라는 사실을 확실하게 이야기할 수 있다. 그리고 여러분을 매도하는 누군가를 비난할 힘과 권한도 갖게 된다.

찾아보기

ㄱ

개별 흐름 분석 123
결과 자르기 158
그래프 생성 자동화 233
그래프 표시 176
그래프 표시 방법 224
그룹 트래커 208

ㄴ

네임 서비스 질의 253
네트워크 관리 15
네트워크 관리 툴 16
네트워크 매니지먼트 15
네트워크 블록 데이터 154
네트워크 어드민 14
네트워크 타임아웃 250
네트워크 프로토콜 133
네트워크 프로토콜 보고서 130
넥스트 홉 138
넥스트 홉 주소 141
넥스트 홉 주소 필터 106
넷플로우 29
넷플로우 v9 239
넷플로우 버전 29
논리 연산자 108, 225

ㄷ

단방향 대역폭 227
단방향 트래픽 227, 228
대역폭 217
더블 원형 96
데이터 정규화 235
디렉토리 변수 197
디렉토리 퍼미션 197
디스크 I/O 173
디스크 스토리지 형식 161

ㄹ

라우팅 138
라우팅 필터 105
레지스트리 146
로그파일 241
로테이션 프로그램 174
리셋만 있는 흐름 148
리포팅 매개변수 200
리포팅 시스템 28

ㅁ

마크 풀머 43
메일 서버 253
명령어 라인 보고서 147
목적지 네트워크 145
목적지 포트 필터 100

ㅂ

바이트 68
방화벽 252
변수 111
보고서 115
보고서 사용자 정의 125, 147
보고서 외양 155
보고서 출력 149
보고서 형식 149
보더 라우터 41
비교 연산자 93
비트 68

ㅅ

사설 네트워크 43
사설 주소 252
사용자 정의 보고서 147
사용하기 편한 이름 146
샘플링 규모 152
서브넷 102
서브넷 원형 92
설정 대체 파일 159
세션 27
센서 28, 40
센서 서버 54
센서 출력 보고서 143
센서 필터링 103
소프트웨어 흐름 센서 54
쉘 명령어 155
스니퍼 포트 55
스크립팅 233
스타트업 스크립트 47, 168
스티키 비트 167
시간 원형 94
시간 척도 236
시간 필터 103
시계 동기화 75
시스코 라우터 51
시스코 스위치 51
시작 네트워크 144
심볼릭 네임 184

쓰리웨이 핸드셰이크 26, 36

ㅇ

아웃바운드 트래픽 131, 229
아파치 192
양방향 트래픽 229, 233
에포크 시간 20
오류 로그 197
옥텟 68
옥텟 필터 104
와이드 스크린 74
와이드 터미널 70
원격 시설 42
원형 84
웜 250
웹 기반 보고서 189
이더넷 코어 41
익스포터 196, 211
익스포터 필터링 103
인덱스 번호 210
인몬 243
인바운드 트래픽 131, 229
인터넷 보더 41
인터페이스 138
인터페이스 번호 97
인터페이스 번호 원형 98
인터페이스 원형 96
인터페이스 이름 210
인터페이스 필터 106
임펄스 224, 232

ㅈ

자동화 233
잘라내기 201
정렬 기능 252
정렬 순서 157
정상적이지 않은 주소 252
제어 비트 71, 76
제어 비트 원형 90
제어 비트 필터 101
존재하지 않는 호스트 253
주니퍼 라우터 53

주소 102
지속 시간 필터 104

ㅊ

처리량 메트릭스 140
총 트래픽 218
출력 보고서 202
출력 옵션 158
출발지 포트 필터 100
취약점 249

ㅋ

카운터 원형 95
컨버세이션 27
콜렉터 28, 39
콜렉터 로그 파일 48
콜렉터 트러블슈팅 49
클리핑 레벨 104, 225

ㅌ

타이밍 정보 156
타임아웃 36
통계 보고서 202
트래커 205
트래커 보기 208
트래픽 속도 보고서 135
트래픽의 출처 141
트래픽의 행선지 142
트래픽 크기 보고서 134
트랜싯 제공업체 140
트랜잭션 27
틱 236

ㅍ

파이 차트 201
파이프 기호 149
파일 공유 포트 251
파일 다운로드 145
파일 서버 252
패킷 샘플링 38
패킷 스니퍼 27, 125
패킷 크기 134

패킷 크기 분포 118
패킷 필터 104
퍼미션 192
포트 모니터링 55
포트 미러링 55
포트 번호 69
포트 번호 원형 89
포트 보고서 130
포트 스캐너 249
포트 이름 68
프로브 28
프로세스 ID 241
프로토콜 69
프로토콜 이름 68
프로토콜 필터 100
프록시 로그 125
프록시 서버 125
프린터 소프트웨어 145
플래그 71
필드 선택 125
필터 84, 111
필터 도치 109
필터 일치문 99
필터 적용 150
필터 정의 108

ㅎ

하드웨어 흐름 센서 50
행 제거 150
헤더 정보 70
흐름 26
흐름 관리 31
흐름 나누기 179
흐름 내보내기 28, 31, 36
흐름당 바이트 134
흐름당 패킷 119, 135
흐름 데이터 138
흐름 레코드 26
흐름 레코드 나누기 178
흐름 보고서 정의 147
흐름 분석 255

흐름 분석 시스템 26
흐름 시각화 213
흐름 시간 분포 120
흐름 시스템 아키텍처 27
흐름 콜렉터 239
흐름 필터링 83, 198, 218, 227

A

ACK 35, 76
acknowledge 76
acknowledgment 35
AggregateScore 문 172
AH 36, 88, 173
Alert Destination 필드 207
Alert Frequency 필드 207
Alert Threshold 필드 207
alias 192
ARIN 목록 146
AS 99, 144
ASN 74
asn.sym 파일 146
asn.txt 파일 146
AS 문 173
AS 번호 목록 146
AS 번호 필터 105
AS 원형 99
Autonomous System 99
autonomous system number 74
awk 244

B

BGP 74
BGP 보고서 144, 146
BGP 원형 96
BGP 필터 105
Big Brother 17
bootp 33
Border Gateway Protocol 74
border router 41
bps 필터 105
BSD yacc 240

byacc 240

C

Cacti 16, 165
CAIDA 237
CampusIO 169
cflowd 43, 161
Cflow.pm 162, 181
Cflow.pm 변수 183
CiscoWorks 17
clipping level 104
collector 28
Conficker 바이러스 251
configure 스크립트 57
control bit 71
conversation 27
counter 원형 95, 104
Cricket 16
cron 233
CSV 117, 156
CUFlow 165
CUFlow.cf 170
CUGrapher.pl 176

D

date 명령어 20
date 프로그램 219
default permit 문 85
deny 문 84
Dest AS 필드 200
destination-as 보고서 145
destination-as 일치 105
Dest Interface 필드 199
Dest IP 필드 199
Dest Port 필드 200
Detail Lines 필드 204
Device 필드 198
DMZ 43
DNS 요청 33
DNS 응답 33
double 원형 96, 105
dump-flows 명령어 59

E

End Date 필드 199
End Time 필드 199
epoch time 20
ESP 36, 88, 173
EST 221
exit 명령어 59, 215

F

FIELDS 변수 125
filter.cfg 파일 84
Filter Criteria 198
filter-definition 키워드 86
filter-primitive 키워드 85
filter 문 153
FIN 36, 77
find() 함수 182
finish 36, 77
five-tuple IP flow 26
flag 71
FloCon 237
flow 26
flow analysis system 26
flow-capture 45, 174, 240
flowcap 스크립트 206
flow-cat 65
flowd 240
flowd2ft 스크립트 241
flowd-reader 242
flowdumper 162, 164
flow export 28, 31
FlowFileGlob 169
FlowGrapher 203
flow-import 242
flow management 31
flow-nfilter 83, 124, 179
flow-print 65
flow record 26
flow-report 115
flow-rptfmt 128, 149

flow-rptfmt 옵션 155
FlowScan 165
flowscan.cf 167
flow-stat 202
flow-tools 19, 28, 43
flow-tools-ng 44
FlowTracker 205
FlowTracker_Collector 프로세스 206
FlowTracker_Grapher 프로세스 206
FlowViewer 189
FlowViewer.cgi 197
Flow_Viewer_Configuration.pm 파일 192
FlowViewer 보안 190
FreeSBIE 55
ft- 49
ft- 로그 파일 243

G

gasn 146
gawk 244
GCC 44
General Comment 필드 208
GET 명령어 243
GNU awk 244
GNU make 44, 240
gnuplot 214
Grace 214
Graph Type 필드 204
Graph Width 필드 204
GRE 173

H

header 옵션 126
HTML 형식 155
HTTPS 191, 247

I

IANA 79
ICMP 코드 79
ICMP 코드 원형 91
ICMP 코드 필터 101
ICMP 타입 79

ICMP 타입 원형 91
ICMP 타입 필터 101
ICMP 흐름 32
IETF 31
ifindex 원형 98
Include Flow If 필드 200
InMon 243
input-interface 보고서 138
input-interface 일치 106
input/output interface 보고서 140
invert 키워드 109
ip-address-mask 원형 92
ip-address-prefix 원형 92, 102
ip-address 보고서 129
ip-address 원형 92
ip-addr 보고서 247
ip-destination-address/input-interface
   보고서 142
ip-destination-address/output-interface
   보고서 143
ip-destination-address-source-count
   보고서 130, 252
ip-destination-address 보고서 129
ip-destination-port 보고서 132
ip-destination-port 키워드 87
ip-exporter-address 보고서 143
ip-exporter-address 일치 103
IPFIX 31
ip-next-hop-address 보고서 141
ip-nexthop-address 일치 106
ip-port 보고서 131
ip-port 원형 89
ip-port 키워드 87
ip-protocol 보고서 133
ip-protocol 원형 88
ip-protocol 일치 100
ip-protocol 키워드 87
IPSec VPN 36, 173
ip-source-address-destination-count
   보고서 129, 251

ip-source-address/input-interface
   보고서 143
ip-source-address/output-interface
   보고서 141
ip-source-address 보고서 121
ip-source/destination-port 보고서 132
ip-source-port 보고서 131
ip-source-port 키워드 87
ip-tcp-flags 원형 90
ip-tcp-flags 키워드 101
IPv6 239
IP 어카운팅 75
IP 주소 보고서 128
IP 주소 원형 92
IP 프로토콜 원형 88

L

libpcap 61
linear-interpolated-flow-octets-packets
   보고서 148
linear-interpolated-flows-octets-packets
   보고서 136
linear-interpolated 보고서 236
locate gasn 명령어 146

M

make clean 45
Mark Fullmer 43
match 문 99
match 키워드 86
metamail 235
most common address 보고서 117
most common port 보고서 117
MRTG 16, 165
mutt 235

N

Nagios 17
names 옵션 127
NAT 252
NetFlow 29
net-snmp 97, 244

netstat -s 명령어 61
network administration 15
network administrator 14
network management 15
Network Time Protocol 20
Network Voice Protocol 72
Network 문 170
next hop 106
Next Hop IP 필드 198
NTP 20
NVP 72

O

Oct Conv 필드 200
octets 보고서 134
OpenView 17
OPTIONS 변수 126
options 키워드 158
or 연산자 108
OSPF 원형 100
OutputDir 문 171
output-interface 보고서 139
output-interface 일치 106
output 키워드 155

P

packet-size 보고서 134
packets 보고서 135
path 155
percent-total 옵션 127
perfile() 함수 186
Perl 181
permit 문 84
PID 241
ping 32
plot 문 225
port mirroring 55
port monitoring 55
pps 보고서 136
pps 필터 105
PPTP 173
prefix-len 154

prefix-mask 154
primitive 84
probe 28
Protocol 문 173
Protocol 필드 199
ps -axe 명령어 191
ps -axj 명령어 191
PSH 76
push 76
PuTTY 214

Q

quit 명령어 215

R

records 옵션 158
ReportClasses 169
reporting system 28
reset 77
reset-only 보고서 152
Resolve Addresses 필드 200
Round Robin Database 165
Router 문 172
RPTOPT 변수 128
RRD 165, 171
RRDTool 166
rrdtool_bin_directory 195
RRD 소프트웨어 210
RST 77
rst-only 필터 246
RST만 있는 흐름 245
RTG 17

S

Sample Time 필드 204
Sampling Multiplier 필드 207
Sampling Multip. 필드 200
scale 키워드 152
Scoreboard 문 171
sed 219
sensor 28
Service 문 172

session 27
set terminal 명령어 226
set 명령어 215
SET 명령어 243
sFlow 30, 243
sflowenable 243
sflowtool 244
shutdown 명령어 59
sniffer port 55
SNMP 17, 97
snmpwalk 97
softflowctl 58
softflowctl expire -all 명령어 63
softflowd 57
Sort Field 필드 200
sort -key 236
SORT 변수 122
sort 옵션 157
source-as 보고서 144
source-as 일치 105
Source AS 필드 200
Source Interface 필드 199
Source IP 필드 199
Source Port 필드 200
Start Date 필드 199
Start Time 필드 199
stat.cfg 파일 116, 147, 217
stat-definition 148
statistics 명령어 60
stat-report 148
stat-report 문 153
sticky bit 167
strftime 라이브러리 156
strftime 변수 156
SubNetIO 169
subnets-unscaled 키워드 153
Subnet 문 170
summary-detail 보고서 116
SYN 34, 76
SYN-ACK 패킷 35
synchronization 34

synchronize 76
SYN-only flow 90
syn-only 보고서 152
syn-only 필터 250
SYN만 있는 흐름 245
syslog 46
system() 함수 235

T

tail -f 명령어 197
tcpdump 49, 57
TCP Flag 필드 199
TCP 리셋 137
TCP 흐름 34
tic 236
time-date 원형 95
timeout 37
time 옵션 156
time 원형 94, 103
tmp 49
ToS 73
TOS Field 필드 199
totals 옵션 127
traceroute 138
tracker 205
Tracking Set Label 필드 207
Tracking Type 필드 207
transaction 27
transit provider 140
TYPE 변수 121

U

UDP 흐름 33
up 명령어 56
URG 77
urgent 77
UTC 221

V

VAR_ADDR 원형 112
VAR_PORT 원형 112
VAR_PROT 원형 112

Verbose 169
Verbose 모드 187

W

WaitSeconds 169
wanted() 함수 182
whois 명령어 라인 툴 146

X

xheader 옵션 126
Xming 214
X 서버 214

번호

16진수 71, 76
16진수 변환 78

기호

$actives_webpage 195
$cgi_bin_directory 194
$ENV{PATH} 변수 192
$exporter_directory 197
$filter_directory 195
$flow_bin_directory 195
$flow_data_directory 196
$FlowViewer_server 변수 193
$FlowViewer_service 변수 193
$graphs_directory 193
$graphs_short 193
$names_directory 195
$no_devices_or_exporters 196
$reports_directory 195
$rrdtool_directory 195
$save_directory 194
$save_short 194
$tracker_directory 194
$tracker_short 194
$trackings_title 195
$user_hyperlink 195
$user_logo 195
$work_directory 194
$work_short 194
-arp 명령어 56
@devices 변수 196
@exporters 변수 197
-f 0 형식 71
-f 1 형식 72
-f html 인수 155
-f html 플래그 128
_flowd 240
-f 플래그 71
+name 옵션 133
-p 플래그 70
+totals 옵션 117
-w 플래그 70